休闲农业发展中的羊文化挖掘

邓蓉 王伟 著

中国农业出版社

北京

图书在版编目（CIP）数据

休闲农业发展中的羊文化挖掘/邓蓉，王伟著．——
北京：中国农业出版社，2019.4
ISBN 978-7-109-25256-1

Ⅰ.①休…　Ⅱ.①邓…②王…　Ⅲ.①羊—畜牧业—
文化研究—中国　Ⅳ.①F326.3

中国版本图书馆 CIP 数据核字（2019）第 034906 号

中国农业出版社出版
（北京市朝阳区麦子店街 18 号楼）
（邮政编码 100125）
责任编辑　姚　红

北京中兴印刷有限公司印刷　新华书店北京发行所发行
2019 年 4 月第 1 版　2019 年 4 月北京第 1 次印刷

开本：720mm×960mm 1/16　印张：20.75
字数：315 千字
定价：50.00 元
（凡本版图书出现印刷、装订错误，请向出版社发行部调换）

前　言

在我国大力倡导农村一二三产业融合发展的背景之下，休闲农业与乡村旅游发展迅速，已经成为乡村经济发展新的增长点。对于我国乡村发展而言，休闲农业发展可以充分利用我国乡村的各种资源，可以拓展乡村与农业经营的多功能性，可以延长农业的产业链，有利于在乡村增加农民就业机会，有利于改善乡村生态环境、生活环境和乡土文化环境，也有利于促进乡村社会的和谐发展。

休闲农业是指在乡村范围内利用乡土文化、乡村环境、田园景色、农业生产场所、农业经营设施、农家生活环境等资源，为外来游客提供体验、观光、休闲、度假、娱乐、健身等多种服务的乡村综合经营形态。从广义来看，休闲农业包括休闲种植业、休闲畜牧业、休闲林果业、休闲森林业、休闲渔业、乡土农家乐等经营形式和经营内容。

事实上，休闲农业是以乡村和农业为基础和载体，以休闲为经营目的，以服务为经营方式，以城市游客为目标顾客群，来实现乡村农业和休闲旅游业相结合、一二三产业相融合的新型乡村产业综合发展形态。休闲农业以提供民众休闲、增进民众对农业及乡村之生活体验为经营目的。

养羊业是我国乡村的古老产业，也是我国传统农业经营的重要组成部分，田园牧歌式的乡村景象中一定会有草坡牧羊的情景。中国养羊业历史悠久，且伴随着养羊业的发展产生出了美好的羊传说、羊故事、羊美食和相关民间艺术。

羊文化是中华民族在不同的历史发展阶段，在狩猎羊、饲养羊过程中，创造出来的关于羊的传说、故事、习俗、图腾、文字、民间艺术、艺术品、遗迹、文物、美食、饲养科技等的总和。它是中华农耕文化中不可或缺的重要内容，也是中华民族宝贵的精神财富。

羊文化影响着中华各民族的道德、礼仪、审美、饮食等多个方面，而且已经成为中华传统农耕文化的重要组成部分。在我国实施乡村振兴战略的历史背景之下，挖掘我国传统农耕文化中的羊文化资源，对于我国乡村传承和发展农耕文明，促进乡村和谐安定，促进现代农业生态化发展，促进乡村文化兴盛，都具有十分重要的意义。同时，对于我们实现乡村振兴的发展目标，促进乡村一二三产业的融合发展，也具有十分重要的现实意义。

希望《休闲农业发展中的羊文化挖掘》一书的出版，能够促进以优秀的乡村传统文化引领休闲农业发展，能够丰富我国农村经济研究领域的学术成果，也能够促进农村经济研究领域不同学术观点的交流。由于作者水平有限，本书难免存在不足之处，这一领域的某些观点和问题尚待进一步研究和探讨，敬请专家和读者批评指正。

在本书撰写和出版的过程中得到了"国家社科基金项目——保障我国畜产品食用安全对策研究（项目编号：13BGL098）"和"北京市社科基金项目——北京农业创新与农业多功能拓展研究（项目编号：10AbZH172）"的支持和资助，在此一并表示感谢。

作　者

2019 年 1 月

目　录

第一章

羊对中华农耕文明的推进

农业是人类最古老的产业，农村是人类最早的集居区，农业和农村传承着人类发展过程中最完整的经济和文化基因一直延续至今。伴随着我国农耕文化的发展，羊文化也在中华大地各民族中不断地传承和发展。羊文化是中华民族在不同的历史发展阶段，在狩猎羊、饲养羊过程中，创造出来的关于羊的传说、故事、习俗、图腾、文字、民间艺术、艺术品、遗迹、文物、美食、饲养科技等的总和。它是中华农耕文化中不可或缺的重要内容，也是中华民族宝贵的精神财富。

中国的养羊业历史悠久，早在夏商时代就有有关养羊的文字记载。一千多年前，我国南方主要以饲养山羊为主，以后逐步形成一定的饲养规模，并产生了许多美丽的羊传说、羊习俗和丰富多彩的羊美食文化。而在我国北方的牧区和西部的许多少数民族聚居区，也都有悠久的养羊历史，伴随着养羊产生出了美好的羊传说、羊故事和相关民间艺术，并且伴生出了对羊的膜拜，即羊图腾。

在我国实施乡村振兴战略的历史背景之下，发掘我国农耕文化中丰富多彩的羊文化资源，对于我国乡村传承和发展农耕文明，促进乡村文化兴盛，促进乡村和谐安定，促进现代农业生态化发展，促进休闲农业与乡村旅游深入发展，都有着特殊重要的现实意义。

一、羊文化是中华民族文化的基石

人们总是说，中华民族有着光辉灿烂的文化历史，而在这光辉灿烂的文化历史中，羊文化就是不可或缺的重要内容。

羊是自然界中一种普通的反刍类哺乳动物，也是最早被人类驯化成为家畜的动物之一。它不仅与我们远古先民的生活息息相关，而且与中华民族传统文化的发展有着深厚的历史渊源。羊文化影响着中国人的饮食、审美、文字、图腾、道德、礼仪、习俗等，已经成为中国传统文化的重要组成部分。

在我国的语言文字上，早已打下了深深的羊文化烙印。我们的祖先通过观察羊的外观特征，运用羊头的形状，突出其向上翘的两个羊角，以图案来代表羊这种动物，从而创造了汉字"羊"。随着羊的大量捕获、驯化和繁殖，人们对羊又从年龄、毛色、性别上加以分类，汉字中又增添了羍（出生的羊羔）、羜（五月生羔）、羳（黄腹羊）、羝（公羊）、牂（母羊）、羒（白色的公羊）、羭（黑色的公羊）等汉字。

由于羊有合群的习性，因此甲骨文中常常画三只羊或四只羊表示一群羊。后来，人们又另造了一个形声字"群"。正由于羊有合群的习性，因而能给人以容易相处的感觉。所以"群"，就成为中国传统伦理道德中的一个道德标准，并成为区分小人与君子的标志。孔子曰："君子群而不党"，即君子合群，但不结党营私。

羊也是中华各种艺术形式着力表现的对象。古人有"水之精为玉，土之精为羊"的说法。新石器时代有陶型的羊，东汉有百戏吉祥画像石等。最有代表性的是商周时期的青铜器"四羊方尊"，它以相对的四龙四羊展示了盛酒礼器的至尊气象。古人把羊与传说中的神物龙放在一个平面上，可见羊的地位之高，这也许与羊具有公正、善良、吉祥的文化内涵有关吧。

汉代大儒董仲舒在《春秋繁露·执贽》中就有："羔有角而不任，设备而不用，类好仁者；执之不鸣，杀之不啼，类死义者；羔食于其母，必跪而受之，类知礼者。故羊之为言犹祥。"将众美德集于一身，可见人们对羊的喜爱有加。

《诗经·召南》有"文王之政，廉直，德如羔羊"。《易卦》有"三羊（阳）开泰"，且多用于岁首祝颂之辞。总之，羊寓意道德高尚、吉祥美好，羊文化是中华民族文化的基石，并从饮食、审美、道德、精神崇拜等诸多方面极大地丰富了中华传统文化的内容。

二、"羊"字寓意着吉祥美好

古人通过观察，描绘出羊的头型，并创造出了"羊"这个字。羊，甲骨文像两角弯曲、两鼻孔在鼻尖上形成"V"形的动物，本义是两角弯曲、性情温顺的食草动物。甲骨文中的"羊"字，实际上是羊的正面头像。它的上部是一对左右下弯的羊角，下部有如箭头一样的羊嘴。在金文中，"羊"字的形象明显带有绵羊的特征，它像一对卷弯着的大角，中间一横表示左右两只耳朵，最下端则是羊的嘴巴（图1-1）。

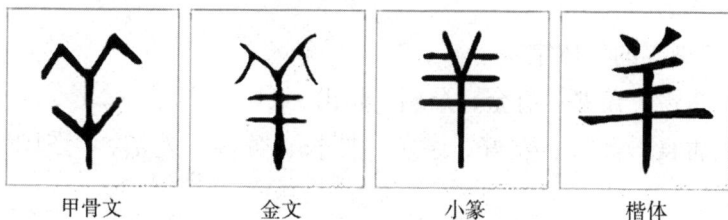

| 甲骨文 | 金文 | 小篆 | 楷体 |

图1-1　羊字的演化过程

时至今日，汉字中"羊"不仅作为独体字代表着一种动物，而且也成为汉字中一个重要的构字部件。而且由"羊"作为表意符号来构建出的汉字大多都带有美好的寓意，例如美、善、养、鲜、祥，等等。

以羊为部首的文字主要有：

羌：古族名，主要分布在今甘肃、青海、四川一带。

差：数学名词，两数相减的结果称为差；不同或差别。

美：指味、色、声、态、相的好，亦可指才德或品质的好。

羑：通"诱"，诱导之意。

养：生育、饲养、栽培、教育、培养。

姜：姓氏称呼；植物名。

羒：白色的大公羊。

羖：黑色的公羊。

羔：小羊。

恙：疾病、伤害、担忧。

羞：进献食品；美好的食品；难为情。

羓：干肉；一种羊的名称。

着：穿、附着、接触到、放置、使、用。

盖：遮盖、掩盖；压倒、胜过；白茅编成的覆盖物。

羚：一种羊的名称。

羋：同"翔"。

羜：出生五个月的小羊。

羕：水流长。

羠：去势的公羊，又称母野羊。

羟：羊名。

羢："绒"的异体字。

羡：贪羡、羡慕；有余、余剩；超出。

善：善良、美好、友好、亲善、擅长、赞许、爱惜、伦理学基本概念；姓。

翔：回旋而飞，行走时张开两臂。

羱：细角的山羊。

群：合群；兽畜相聚之称；朋辈；指成群的同类事物；联系；众。

羧：一种羊毛织品。

羫：掏空内脏的羊躯体。

羷：传说的土中怪羊。

羬：六尺大羊。

羯：去势的公羊；古族名。

羰：一种化学成分名称。

羱：一种羊的名称，即北山羊。

羲：传说古代执掌天文历法的官吏。

羴："膻"的异体字。

羹：本指五味调和的浓汤，亦泛指煮成浓汁的食品。

我国历朝历代都称羊是和平、善良、吉祥的动物。人类所追求的最高境界"真、善、美"，在汉语中其字义都是源于羊。《说文解字》云："真是原本原样（右侧是'羊'）"。"美"字则是"大"字头上一个"羊"。

而"善"字则是口字上面是羊。"善"字从羊从口。其甲骨文就是羊头下有一双眼睛，意为羊的目光温顺，所以羊也成了善的象征。

羊是善良的，喜欢过群居生活，所以"群"字也从羊。羊的这种个性也使之成为人们喜欢的对象。先秦时期，人们对羊的个性有两个归纳：善良知礼、外柔内刚。羊"跪乳"的习性被视为善良知礼，甚至被后世演绎为孝敬父母的典范。羊虽群居但并不侵害他族，且能团结一致抵御异族的侵略。在动物中，"羊"是公正、讲理而又讲情义的一群。所以，义气的"义"字的繁体字"義"也从羊。

在民间，"羊"字与"祥"字是相通的，汉代许慎撰写的《说文解字·羊部》就有："羊，祥也。从丫，象头角足尾之形。"所以，"羊"可以直接替代"祥"，故人们会称"吉祥"为"吉羊"。甲骨文、金文中都有"吉羊（祥）"之语。秦代，朝廷、民间均以羊祭祀。羊字加"示"即为"祥"，便可知"羊"字含"祥瑞"之意。

羊的形象与文字，作为美好吉祥的艺术象征，在中国的剪纸、刺绣、砖刻、木雕、绘画等民间美术作品中也都有表现，而且还曾出现在玺印中。在中国民间，还有一种甚为隆重的用面粉揉塑面羊的习俗。每年农历的七月十五，民间称为"送羊节"，人们要向亲戚朋友送面羊。如今，送面羊这种风俗在陕西、甘肃、河北、山东等省份还依旧保留着。

人们对羊的审美价值取向，还产生于对羊的精神感受、内在特质的认识。《诗经·小雅·无羊》里说："尔羊来思，其角濈濈。"郑玄笺注言："此者美畜产得其所。"在这里，羊被视为美畜。羊，已成为中华民族美好品德的化身，并形成了固定的文化传统，这也体现出了羊文化的独特内涵。

三、羊促进了中华民族农耕文明的发展

（一）养羊促进了中华民族物质生活的丰富

今天的养羊业是畜牧业的重要组成部分。我国养羊业的历史悠久，绵羊、山羊品种资源丰富，尤其是在少数民族地区，羊更是人们主要的生产资料（羊的繁育、羊的喂养、羊群放牧等）和生活资料（用于人的衣、食、住、行等）。

养羊业的发展与各地的农业生产密切相关，也与各地人们的生活密切相关。羊肉和羊奶是人们生活中重要而且营养丰富的食品，羊毛、羊绒和羊皮则是人们生活中的优质衣着材料。因此，在人类漫长的历史发展过程中，只要养羊，就可以基本解决人们的衣食之源。由此可见，养羊确实促进了中华民族的繁衍生息和物质生活的不断丰富。

羊肉作为优质食品，其脂肪含量少，瘦肉多，蛋白质丰富，营养价值很高。而且羊肉风味独特，是我国各民族都广泛喜爱的食物。尤其是在一些游牧地区、偏远山区或少数民族地区，羊肉几乎成为当地各民族日常生活中的主要食物来源。

羊奶也是我国各族民众喜爱的营养食品，在今天已经成为人们日常饮用奶的重要来源之一。羊奶在各种奶源中与人的母乳最为接近，其脂肪球比奶牛小，更容易消化吸收，是婴幼儿最佳的母乳替代品。总之，羊奶对于促进婴幼儿健康成长，对于提高民众的健康水平，都可以发挥出越来越重要的作用。

羊毛和羊绒都是优质的天然动物纤维，羊毛产量大，保暖性好，应用面广，羊绒则更加轻薄、柔软、保暖，并由于稀少而更显珍贵。

羊毛主要成分是蛋白质，人类利用羊毛的历史可以追溯到新石器时代。当时利用羊毛的方式由中亚向地中海和世界其他地区传播，并逐渐成为亚欧大陆的主要纺织原料。羊毛纤维柔软而富有弹性，可用于制作呢绒、绒线、毛毯、毡呢等纺织品。由此就解决了人们穿衣服饰的原料来源问题。对于人类来说，羊毛织物保暖性好，穿着舒适度远远高于兽皮。同时，毛毯、毡呢等也改善了人类的居住环境。

羊绒是生长在山羊外表皮层，掩在山羊粗毛根部的一层薄薄的细绒，入冬寒冷时长出，用来抵御风寒，开春转暖后逐渐脱落，以适应自然气候。羊绒是一根根细而弯曲的纤维，其中含有很多的空气，并形成空气层，可以防御外来冷空气的侵袭，以保留体温不会降低。羊绒比羊毛细很多，外层鳞片也比羊毛细密、光滑，因此，其重量更轻、更柔软、韧性很好，保温性能也更好。但由于羊绒的产量很少，因此羊绒属于稀有的珍贵天然动物纤维。由于其稀有性以及优良的品质和特性，因而羊绒显得十分珍贵，其品质特性是目前人类能够利用的所有纺织原料都无法比拟的。

人类很早就开始利用羊皮来御寒。羊皮是牛科动物山羊或绵羊的皮。山羊皮或绵羊皮都含有水分、蛋白质、脂肪及无机物质，构成表皮层的蛋白质主要为角蛋白，构成真皮层的主要是胶原及网硬蛋白。此外，羊皮还含有弹性硬蛋白、白蛋白、球蛋白以及黏蛋白等。绵羊皮在皮层中脂肪含量较多，皮质的纤维组织松弛，触感很柔软，粒面细致光滑，延伸性较大，但不够坚固。山羊皮的皮层中脂肪含量较少，其纤维组织比绵羊皮更饱满，其毛孔清楚，皮质富有弹性，也更加坚实耐用。

中国是世界上的养羊大国，全国各地绵羊和山羊的品种资源也很丰富。我国养羊业的特点是，不论绵羊还是山羊，其生产方向都是多种多样的，既有以产毛为主的，有以产肉为主的，也有以产皮为主的，还有以产奶的为主的。同时，同一个品种的羊也有一定的兼用性，比如产毛为主兼产肉、产肉为主兼产皮、产皮为主兼产肉等。

（二）养羊促进了中华民族精神生活的丰富

伴随着狩猎羊、圈养羊、放牧羊，羊文化也随之产生。中华羊文化包含了与羊相关的文字符号、有关羊的各种艺术作品、关于羊的各种文学作品、关于养羊的古老科技文献、关于养羊的历史遗迹和遗物等。羊文化是古老中华文化的重要组成部分，也是我们中华民族宝贵的精神财富。

在中华传统农耕文化中，羊总是被人们视为吉祥瑞兆，象征着美好与兴旺。人类早期文化活动的遗迹——保留到今天的岩画，就是用图像的形式记录原始氏族和部落生活场景与精神追求的古老艺术形式。在留存至今的古老岩画中，有许多动物形象，但其中羊的形象占有绝大的比例。羊的岩画形象生动地反映了远古时期人与羊的关系。在甘肃的黑山岩画中，在宁夏的贺兰山岩画中，在内蒙古的大兴安岭岩画和阴山岩画中，羊都是出现频率最高的一种动物。

岩画中有猎羊图、有牧羊图，也有表现双羊角力的斗羊图，还有人羊娱乐的嬉戏图等。岩画表现了远古人们各种狩猎和生活场景，其中羊的形象千姿百态、惟妙惟肖。这些图画与形象让今人感受到远古先民的生活与羊是那么的息息相关。羊岩画历经了数千年乃至上万年岁月的侵蚀，至今依然能够向我们讲述那些远古年代羊与人的精彩故事。

伴随着我国考古事业的发展，我国已经先后挖掘出古代的羊文化遗迹130 余处，遍布全国 22 个省、直辖市、自治区，出土的文物包括羊遗骸（羊骨架、羊下颌骨、羊臼齿、羊头骨等），各种陶制品（陶羊、陶羊圈等）。这些出土文物证明了我国在距今 8 000 年前的新石器时代，就已经有了相当规模的养羊业，而且养羊的范围遍布长江流域、珠江流域、黄河流域和黑龙江流域等地。

制陶是人类早期的艺术手法之一，在原始陶器中就常常会出现羊的形象。比如河姆渡遗址出土的陶羊，就用夸张的手法塑造出羊肥硕的臀部，以显示羊肥壮的体态，给人们留下了羊那种质朴、健美的可爱形象。

在殷商时代的青铜器中，尤其是现存的各种殷商时期的青铜礼器中，也有许多羊的形象。这些具有羊的形象的精美青铜器，既充满了神秘色彩，也体现出了人对于羊的虔诚与尊重。著名的青铜器包括四羊方尊、双羊尊、羊尊、三羊罍、四羊首罍等。同时，在殷商出土的大量玉器和骨器中，也有许多是写实性的羊头作品或羊头形器皿。

我国有许多少数民族，在其发展历史的某一阶段曾经有过对羊的图腾崇拜，比如羌族、苗族、侗族、瑶族、纳西族等少数民族，都曾以羊为其图腾祖先，并流传下来许多与羊图腾有关的信仰和习俗。

在我国的民间文学中，有大量的与羊相关的传说、典故、成语、谚语、对联等。在我国的古典诗词歌赋中，从古老的《诗经》到星汉灿烂、文人辈出的"唐诗宋词"，其中都有许多与羊相关的作品。

在绘画领域，除了古老的岩画之外，现存较早的有西汉时期的《牧羊图》、南宋画家陈居中的《四羊图》、元代画家赵孟頫的《二羊图卷》等。民间流传的寓意美好的"三阳开泰"图，则是历朝历代都有画作遗存，其形象多为明媚阳光下的三羊悠闲嬉戏图，它往往是寓意着每一年的辞旧迎新，并祈祷来年的吉祥与安泰。

在其他民间艺术形式中也都有与羊相关的各种艺术表现形式，比如有羊剪纸、羊花馍、羊面塑、羊泥塑、羊布艺、羊刺绣、羊版画、羊木刻，等等（图 1-2）。

在民间流传的各种游戏中，哈萨克族、塔吉克族、维吾尔族、柯尔克

图1-2　工艺品——羊头

孜族等至今仍然流行一种叫做"叼羊"的游戏。而在我国山东、河南、安徽、江苏等地至今仍然流行一种叫做"斗羊"的游戏，而羊的主人也会以拥有一头获胜的羊为骄傲。

另外，为了促进我国养羊业的发展，现在全国各地每年都举办许多"羊节"或是"赛羊会"。"羊节"或是"赛羊会"作为一种大型综合文化活动，既宣传了当地的羊文化、羊产品，也促进了各地养羊业的信息交流和技术交流。一般在举办"羊节"或是"赛羊会"的时候，都会举办赛羊活动（选拔最优的羊）、种羊拍卖、专家讲座、羊美食大赛、羊文化活动等。

总之，伴随着千百年来华夏大地养羊业的不断发展，养羊业既促进了中华民族物质生活的丰富，同时也促进了中华民族精神生活的丰富。当然，羊文化也在不断地丰富着中华民族的农耕文化，并且成为中华民族宝贵的精神财富。

第二章

丰富多彩的羊家族

　　羊是人类最早狩猎的动物，是原始人的主要衣食之源。在原始先民留下的早期艺术形式——岩画中，羊的形象占了相当大的比例。比如我国新疆各地的岩画、内蒙古大兴安岭岩画、阴山岩画、宁夏贺兰山岩画、甘肃祁连山岩画、青海湖岩画等，其中都有众多羊的图形。这些远古的羊岩画，生动地再现了远古发生的故事和原始人狩猎的场景（图2-1至图2-3）。

图 2-1　贺兰山岩画中的羊图案

　　从岩画可知，我们的先民狩猎的工具有石块、兽夹、投枪、弓箭；狩猎的方式有单人猎、双人猎和围猎，群体的参与表现人类互相协作精神的增强。不难设想，羊由于其性格温顺、食草、形体大小适中、容易被人制服，因而成为先人们首选的狩猎目标。

　　当我们的先民享用着狩猎成果，那些肥美的羊肉、温暖的羊毛和羊皮

图 2-2　新疆杜拉特沟岩画中的羊图案

时，他们自然也会萌生驯养这种动物的强烈欲望。岩画也向我们显示了古人的放牧方式：有羊群排成一列，齐头并进的"一条鞭"式；有羊群自由散开的"满天星"式；有单人放牧，有两人或多人放牧；有徒步放牧，也有骑马放牧。

图 2-3　阴山岩画中的羊图案

羊属脊椎动物，为哺乳类反刍偶蹄动物。其种类较多，主要有绵羊、山羊、羚羊、黄羊、青羊、盘羊、岩羊等。绵羊、山羊已被驯养为家畜，其他各种多为野生动物。

绵羊，体躯较山羊粗壮，面部稍呈弓状，而且中央圆凸，颌无须，角多为螺旋状垂向侧方。家养绵羊与其野生祖先在体形、毛质、产奶等方面均有不同。全世界共有 200 多种绵羊，我国比较有名的绵羊品种有：宁夏黄河沿岸的滩羊、华北一带的寒羊、浙江杭嘉湖一带的湖羊，而分布最广、数量也最多的是蒙古羊。

山羊体较轻，四肢强健，头长颈短，公羊颌下有须。其额角与绵羊异，角基略呈三角形，角尖常向后，表面有环纹。山羊耳大，尾短毛直，其毛色有白、黑、青、褐、白黑混交等多种。

其他野生羊如扭角羚、普氏原羚、藏羚、高鼻羚、赤斑羚、北山羊、塔尔羊等都属于国家一类保护动物；鬣羚、鹅喉羚、岩羊、黄羊、盘羊等属国家二类保护动物。

一、绵羊的家族

人类驯化和饲养绵羊已有数千年的历史。经过不断地选育和品种改良，家养绵羊变成了一种被毛蓬松的动物，覆盖全身的羊毛能够不停地生长，羊毛、羊皮和羊肉已经成为人们的衣食之源。

绵羊具有仿效性，其合群性很强，有跟随领头羊集合成群的习性。在放牧时，绵羊好向高处采食，夜间也是喜睡于牧场的高处。由于其被毛的保温和隔热作用，因此绵羊能耐寒、耐热、耐饥渴。人们一般认为绵羊的特征是温顺而合群，其实研究发现，绵羊还很聪明，有着惊人的智商，其记忆力和认知力也较强。它们相互之间能产生友谊，并在争斗中会相互保护。一头绵羊可以辨认和记住至少50张不同的面孔，其记忆时间可以超过2年。

绵羊按照饲养目的可分为毛用绵羊（细毛羊、半细毛羊、粗毛羊）、肉用绵羊（肉脂羊、肉羊）和皮用绵羊（裘皮羊、羔皮羊）。绵羊按照尾型分类可以分为短瘦尾羊、长瘦尾羊、短脂尾羊、长脂尾羊、脂臀羊5类。而绵羊按照品种来源又可分为本地品种、培育品种、外来品种3类。

细毛羊以产毛为主要饲养目的，其全身被毛细度都在25微米以内，支数不低于60支，毛长在7厘米以上，是制造精纺织物的优质原料。半细毛羊以产肉为主要饲养目的，其全身被毛细度为32～58支，可用于制造毛纺织品、毛线、呢料和地毯等。粗毛羊的毛纤维混杂有细毛（绒毛）、粗毛、两型毛和死毛等，只能用来织造地毯。

（一）毛用绵羊——细毛羊

细毛羊要求生长环境为干旱、半干旱气候，对干燥寒冷地区有较强的适应性。中国细毛羊主要分布在 300～700 毫米降水区，适应干旱草原和草甸草原，牧草类型为禾本科短草并伴生豆科牧草，牧草中蛋白质含量丰富，而且全年都有饲草供应。我国引进的澳大利亚细毛羊，主要分布在 250～700 毫米降水区，其中的中毛型美利奴羊适应性较广，而强毛型美利奴羊则适应在较高降水地区生长。

1. 中国美利奴羊

中国美利奴羊是由内蒙古的嘎达苏种畜场、新疆的巩乃斯种羊场和紫泥泉种羊场、吉林的查干花种羊场育成的。其体质结实，体型呈长方形。公羊有螺旋形角，母羊无角（图 2-4）。

图 2-4　中国美利奴羊

中国美利奴羊公羊与各地细毛羊杂交后，对体型、毛长、净毛率、净毛量、羊毛弯曲度、油汗、腹毛的质量提高和改进均有显著效果。这说明其遗传性较稳定，对提高我国现有细毛羊的毛被品质和羊毛产量均具有重要影响。

2. 内蒙古细毛羊

内蒙古细毛羊主要分布于内蒙古的锡林郭勒盟，其体质结实、结构匀称，体躯皮肤宽松无褶。内蒙古细毛羊是在典型干旱草原地带、大群放牧、粗放饲养、冬季气候寒冷的条件下培育成的，具有体质结实、放牧能力强的特点，在－4℃气温下和积雪 17 厘米左右时仍有刨雪吃草的能力（图 2-5）。

图 2-5　内蒙古细毛羊

3. 敖汉细毛羊

敖汉细毛羊产于内蒙古自治区赤峰市南部，即半农半牧地区。其体躯宽而深长，四肢端正，毛被呈闭合型。敖汉细毛羊具有适应性强、体质结实、体格大、抓膘快、繁殖率高等优点（图 2-6）。

图 2-6　敖汉细毛羊

4. 甘肃高山细毛羊

甘肃高山细毛羊分布于甘肃省牧区、半农半牧区和农区。这一品种是在青藏高原边缘的祁连山区特殊的生态条件下育成的，对当地的生态条件具有良好的适应性（图 2-7）。

甘肃高山细毛羊体质结实,善于爬山远牧,游走能力强,能在粗放饲养管理条件下正常发育,对牧草选择性不大,牧草利用率较高。

图 2-7 甘肃高山细毛羊

5. 新疆细毛羊

新疆细毛羊是毛肉兼用细毛羊,体形较大,公羊体重 85～100 千克,母羊体重 47～55 千克。公羊大多有螺旋形大角,鼻梁微隆起,颈部有 1～2 个完全或不完全的横皱褶。母羊无角,鼻梁呈直线形,颈部有 1 个横皱褶或发达的纵皱褶。胸部宽深,背腰平直,体躯长深无皱,后躯丰满,肢势端正,被毛白色(图 2-8)。

图 2-8 新疆细毛羊

该品种原产于新疆伊犁地区巩乃斯种羊场,是我国于 1954 年育成的第一个毛肉兼用细毛羊品种,是用高加索细毛羊公羊与哈萨克母羊、泊列考斯公羊与蒙古羊母羊进行复杂杂交培育而成。该品种适于干燥寒冷的高原地区饲养，具有采食性好，生活力强，耐粗饲料等特点。

新疆细毛羊的毛，在其细度、强度、伸长度、弯曲度、羊毛密度、油汗和色泽等方面，都达到了很高的标准。成年种公羊平均产毛量为 12.42千克，净毛重 6.32 千克，净毛率 50.88%；成年母羊年平均产毛量为5.46 千克，净毛重 2.95 千克，净毛率 52.28%。

6. 东北细毛羊

东北细毛羊是辽宁、吉林、黑龙江三省从 1959 年开始组成东北细毛羊育种委员会，进行联合育种的成果（图 2-9）。通过采用多品种杂交、选育固定、终年放牧、常温育羔等饲养繁育方法，经过 10 年努力，于 1969年育成的细毛羊新品种。其遗传性稳定，耐粗饲，采食能力很强，抗寒、耐热、抗病，适应性强，生产性能很好，是一个毛肉兼用型培育品种。

图 2-9　东北细毛羊

东北细毛羊体质结实，结构匀称。公羊体重 100 千克左右，母羊体重51 千克左右。公羊有螺旋形角，母羊无角，公羊颈部有 1～2 个横皱褶，母羊有发达的纵皱褶。其被毛密，弯曲正常。其羊毛密度良好、弯曲正常，细度以 64 支为主，油汗适中。

7. 澳洲美利奴羊

澳洲美利奴羊是我国引进的品种，原产于澳大利亚和新西兰。澳洲美利奴羊具有毛被毛丛结构好、羊毛长、油汗洁白、弯曲呈明显、光泽好、剪毛量大和净毛率高等优点（图 2-10）。澳洲美利奴羊为主要的毛用型羊。

图 2-10　澳洲美利奴羊

（二）毛用绵羊——半细毛羊

半细毛羊要求半湿润及全年温差不太大的气候条件，对较湿热的条件有较好的适应性。放牧草场要求以中短型禾草、豆科及杂草类为佳，植被覆盖度要大，全年均衡饲养，饲草含丰富蛋白质，放牧坡度要小。

1. 云南半细毛羊

云南半细毛羊为毛肉兼用型羊，也是国内培育的第一个粗档半细毛羊新品种。其体型外貌一致，体质结构坚实，性成熟早，繁殖性能良好，遗传性能稳定，适应性强。其特点是兼顾产肉性能和产毛性能，尤其是所产半细羊毛，毛丛结构良好，弯曲一致，主体细度为 48～50 支，油汗乳白色，是毛纺工业纺织中粗绒线和高吸水波纹提花毯的优质原料（图 2-11）。

图 2-11　云南半细毛羊

云南半细毛羊，成年公羊平均体重 65 千克，剪毛量 6.55 千克；成年母羊平均体重 47 千克，剪毛量 4.84 千克。毛丛长度 14～16 厘米。母羊集中在春秋两个季节发情，产羔率为 106%～118%。10 月龄羯羊屠宰率为 55.76%，净肉率为 41.2%。

2. 凉山半细毛羊

凉山半细毛羊是借助于我国"七五"和"八五"重点科技攻关项目，培育成功的 48～50 支纱半细毛羊新品种。该品种以山地型藏羊作母本，引进新疆细毛羊、美利奴、罗姆尼、边区莱斯特、林肯羊作父本，采用复杂杂交培育而成。其体质结实，结构匀称，体格大小中等，公母羊均无角（图 2-12）。

图 2-12　凉山半细毛羊

凉山半细毛羊属毛肉兼用型羊，其成年公羊和育成公羊剪毛后体重分别达到 83.58 千克和 56.38 千克，剪毛量分别达到 6.49 千克和 4.61 千克，体侧毛长分别达到 17.19 厘米和 15.64 厘米。成年母羊和育成母羊剪毛后体重分别达到 45.21 千克和 38.07 千克，剪毛量分别达到 3.96 千克和 3.31 千克，体侧毛长分别达到 14.56 厘米和 14.37 厘米，净毛率达到 66.67%。6 月龄羔体重达 16.83 千克，屠宰率达 50.7%。母羊产羔率达 105%，核心群母羊产羔率达 120.5%。

3. 多赛特羊

多赛特羊是我国引进的品种，原产于英国，属于半细毛羊，为肉毛兼用品种，其产肉性能和肉质均好。我国在 20 世纪 70 年代开始引进，分别饲养在新疆、内蒙古等地。多赛特羊被用于改良肉羊品种，是公认的改良效果较好的羊品种之一（图 2-13）。

图 2-13　多赛特羊

多赛特羊的主要特征是公母羊均无角，体躯长、宽而深，后躯发育良好，成年公羊体重为 102～125 千克，母羊体重 75～90 千克。4 月龄肥羔羊可产肉 23 千克左右，产羔率为 130%～180%，每年可剪羊毛 2.3～3.2 千克，毛长 7～10 厘米，细度为 50～56 支，属于半细毛羊。

（三）毛用绵羊——粗毛羊

1. 蒙古羊

蒙古羊是我国分布最广的粗毛绵羊品种之一，原产于蒙古高原，现分布于内蒙古、东北、华北和西北等地。它具有生命力强、适于游牧、耐寒、耐旱等特点，并有较好的产肉、产脂性能，是我国宝贵的畜禽遗传资源之一（图 2-14）。

蒙古羊体质结实，适应性强，能耐极粗放的饲养管理条件。由于分布地区不同，其外形和生产性能差异较大，一般公羊有螺旋形角，母羊多无角，耳大下垂，鼻梁隆起，体格中等，短脂尾。其被毛在农区的多为全白色，毛质较好；在牧区的全白色很少，头、颈和四肢毛为黑色或褐色。成年公羊体重 35～50 千克，母羊 30～40 千克，屠宰率为 45%～50%。秋季或入冬发情配种，年产 1 胎，产羔率为 105%～110%。每年春、秋季剪毛两次，平均剪毛量 1～1.5 千克。毛呈辫状结构，毛长 6～12 厘米不等，净毛率在 50% 以上。

图 2-14　蒙古羊

2. 哈萨克羊

哈萨克羊为粗毛绵羊，原产于天山北麓、阿尔泰山南麓。哈萨克羊头中等大，耳大下垂，公羊大多具有粗大的螺旋形角，毛被属异质毛，干死毛含量多，毛色大多为棕红色，纯黑或纯白的个体极少（图 2-15）。

图 2-15　哈萨克羊

哈萨克羊的肉质细嫩，膻味较轻。哈萨克羊是我国育成的新疆细毛羊品种的母系之一，对产区的环境条件具有良好的适应性，其产肉、产脂能力均好，但其羊毛却品质偏差、产量也较低。

3. 丽江绵羊

丽江绵羊主产于云南丽江地区。丽江绵羊属藏系短毛型山地粗毛羊，体格小，短尾、呈锥形（图 2-16）。

丽江绵羊体质结实，胸宽深，行动敏捷，耐粗饲，可以终年放牧，其产

图 2-16 丽江绵羊

肉性能好。但是，丽江绵羊毛质较差，公羊全髓毛含量高，而且产毛量低。

4. 昭通绵羊

昭通绵羊主产于云南省的昭通地区。昭通绵羊属于藏系短毛型山地粗毛羊，一般无角。昭通绵羊体型比较紧凑，体质结实，善于爬山越野，其放牧性较好。另外，其被毛品质也不错，是制作地毯和擀毡的优质羊毛原料（图 2-17）。

图 2-17 昭通绵羊

5. 西藏羊

西藏羊是我国地方绵羊品种中数量多、分布广的绵羊品种之一。其原产于西藏高原，西藏羊有三个类型：三江型、草地型、山谷型。其中的三江型西藏羊，体躯呈长方形，尾呈锥形，头、颈、尾部有黑色或褐色斑块；草地型西藏羊体质结实，头粗糙呈长三角形，鼻梁隆起；山谷型西藏羊体格较小，背腰平直，体躯呈圆筒状，尾短小，呈圆锥形。西藏羊对高寒地区恶劣气候环境和粗放的饲养管理条件具有良好的适应能力，是产区重要畜种之一（图2-18）。

图2-18　西藏羊

草地型西藏羊产区地势高寒，海拔均在3 500～5 000米，多数地区气温平均在−2～6℃，无绝对无霜期，年降水量为300～800毫米，相对湿度为40%～70%。草场多为高原草场，牧草生长期短，枯草期长，植被稀疏，覆盖度差。在这种环境条件下，羊的体格较大，体躯被毛以白色为主，并呈毛辫结构，被毛异质，毛纤维长，羊毛光泽好，富有弹性。因此，由它织成的织品有良好的回弹力和耐磨性。

6. 和田羊

和田羊产于新疆的南疆地区，其体格较小。和田羊长期生活在荒漠化和半荒漠化草原，在生态环境恶劣和低营养水平下，形成了其具有高度生存适应能力的特点（图2-19）。

其毛被两型毛多，长而均匀。毛的弹性好，光泽和洁白度也好，是织制地毯和提花毛毯的优质羊毛原料。但是，和田羊也存在体格较小、产毛量少、产肉率低和繁殖率低等弱点。

7. 威宁绵羊

威宁绵羊主产于贵州省的威宁县，其体质结实，特别适应在贵州高海拔的山区饲养。其产区海拔高，气温低，牧地广阔。中心产区的威宁县，

图 2-19　和田羊

海拔达到 2 234 米，年平均气温为 10.6℃，无霜期 208 天。这一地带性植被为常绿阔叶混交林，高山地带的灌丛和牧草资源丰富，这为饲养绵羊提供了有利条件。

威宁绵羊体躯较窄，后躯比前躯高。公羊多数有角，母羊少数有角，其鼻梁凸隆，颈细长，腹较大，腰丰满，臀部略倾斜，骨骼较细，腿较长，尾短呈锥形。全身被毛主要部位为白色，头部的耳、脸、唇及四肢下部多有黑色、黄褐色的斑点（图 2-20）。

图 2-20　威宁绵羊

威宁绵羊属粗毛羊，异质毛被，外层为粗毛和两型毛，少弯曲，内层为绒毛。羊毛油汗少，每年剪毛 3 次，每只羊每年产毛量为 0.685 千克。

以威宁绵羊作母本，用细毛公羊和半细毛公羊引进杂交，能取得明显成效。其后代在体重、产毛量和毛的品质等方面都有不同程度的提高。

（四）肉用绵羊——肉脂羊

肉脂羊适于气候温和、雨量充沛、农产品丰富的地区，全年均可放牧或舍饲。主要分布在黄淮海农区、长江两岸及南方山区，因其毛较短而稀，因此不适于在北方寒冷地区饲养。

肉脂羊为粗毛羊，其产肉性能好，肉质好，屠宰率高，具有肥大的尾巴，而且其羔羊早熟易育肥。中国肉脂羊主要品种如下：

1. 乌珠穆沁羊

乌珠穆沁羊产于内蒙古自治区锡林郭勒盟东部的乌珠穆沁草原，其羊体质结实，体格较大，肉用体型比较明显（图 2-21）。

图 2-21　乌珠穆沁羊

乌珠穆沁羊适应性强，适合于在天然草场四季大群放牧饲养，其生长发育快、成熟早，肉脂产量高，肉质细嫩，是一个本土的肉脂兼用粗毛羊品种，也适用于肥羔生产。

乌珠穆沁羊除了肉用之外，其毛皮也可用于制作裘皮，并以当年羊产的毛皮质佳。其毛皮毛股柔软，具有螺旋形环状卷曲。初生和幼龄羔羊的毛皮，也是制作羔皮的好原料。

2. 大尾寒羊

大尾寒羊产于冀东南、鲁西聊城地区以及豫中一带。其性情温驯，产肉性能好，肉质好，繁殖能力好，可以肉脂用与皮毛用兼顾。

大尾寒羊的羔皮和二毛皮，毛股洁白、光泽好，有明显的花穗，毛股弯曲由大浅圆形到深弯曲构成，一般有 6～8 个弯曲（图 2-22）。

图 2-22 大尾寒羊

大尾寒羊毛被同质性好，羊毛可用于纺织呢绒、毛线等。大尾寒羊的毛皮加工后质地柔软，美观轻便，毛股不易松散。成年羊和羔羊的毛皮都较轻薄，毛股的花穗美观，其二毛裘皮和羔皮深受市场的欢迎。

3. 小尾寒羊

小尾寒羊产于河北南部、河南东部和东北部、山东南部及皖北、苏北一带。其体质结实，体躯毛色为白色，少数羊眼圈周围有黑色刺毛（图 2-23）。

图 2-23 小尾寒羊

小尾寒羊属裘皮型羊，皮用与肉用兼顾。其毛皮皮板轻薄致密，毛股清晰，具有波浪形或螺旋形弯曲，花型美观。小尾寒羊具有早熟、产肉性能好、繁殖力高及遗传性稳定的优良特性，是我国繁殖性能较高的绵羊品种资源。

4. 同羊

同羊主要产于陕西渭南、咸阳两地区北部的各县。同羊肉的特点是肥嫩多汁，瘦肉绯红，肌纤维细嫩，烹之易烂，食之可口（图2-24）。

图 2-24　同　羊

同羊具有良好的早熟性和产肉能力，群体内有部分个体毛被为同质细毛，毛质较好，有选育价值。但是，同羊也存在繁殖能低力和产毛量低且大部分个体为异质毛等弱点，还需要进行品种性能的改良与提高。

5. 阿勒泰羊

阿勒泰羊主要产区在新疆北部阿勒泰地区的福海、富蕴、青河等地。其耳大下垂，公羊鼻梁隆起，具有大的螺旋形角，毛色主要为棕红色，也有部分个体头部呈现出黄色或黑色，体躯多有花斑，纯黑羊和纯白羊较少（图2-25）。

图 2-25　阿勒泰羊

阿勒泰羊在全年放牧的条件下，还能保持较高的产肉性能和产脂性能，是一个很有价值的地方良种，其羔羊也具有良好的早熟性。

6. 兰州大尾羊

兰州大尾羊主要产于兰州市城郊地区。兰州大尾羊被毛纯白，头部大小中等，公羊和母羊均无角，四肢相对较长，体肥呈长方形，脂尾肥大（图2-26）。

图 2-26　兰州大尾羊

兰州大尾羊具有生长快、早熟、产肉能力好、肉质细嫩等优点。但是，其养殖数量不多，又多为分散饲养，并且个体之间性能差异较大。

7. 广灵大尾羊

广灵大尾羊，是山西省绵羊的优良品种，是一个以产肉为主、产皮毛为辅的兼用型绵羊品种。这一品种在20世纪80年代就被列入《山西省家畜家禽品种志》。

三十多年来，广灵大尾羊在饲养数量、分布区域、生产性能、饲养管理方式和利用方式等方面都发生了明显变化。其体格中等，1周岁公羊平均体重33.4千克，1周岁母羊平均体重31.5千克，成年公羊体重51.95千克，成年母羊体重43.55千克。广灵大尾羊毛被属异质毛，其纤维类型组成为：无髓毛占53.5%，两型毛占15.3%，有髓毛占30.6%，干死毛占0.6%。

广灵大尾羊体质结实紧凑，耐粗饲，适应性强，增重速度快，出肉率高，肉质良好，无膻味。其羊头中等大小，耳略下垂，公羊有角，母羊无角，颈细而圆，体型呈长方形，四肢强健有力，脂尾呈方圆形（图2-27）。

图 2-27　广灵大尾羊

广灵大尾羊是以产肉为主、产皮毛为辅的兼用型羊种，具有高经济价值。其皮板致密，绒毛丰满，毛色纯白，粗细毛比例适中。其底层绒毛长4.4 厘米，绒毛平均直径 24.5 微米。广灵当地习惯于春抓绒，秋剪毛。一只成年羊一般春抓绒 1.22 千克，秋剪毛 1.54 千克。

8. 洼地绵羊

洼地绵羊是国内外罕见的四乳头母羊，是生长在鲁北平原黄河三角洲地域的地方绵羊品种（肉毛皮兼用品种），外貌特征全身被毛白色，公母羊均无角。耳稍下垂，四肢较短，侧视呈长方形。尾脂肥厚，尾底向内上方卷曲，公羊前躯发达，母羊臀部宽大（图 2-28）。

洼地绵羊的公羊 6 月龄和成年体重不低于 26 千克和 60 千克；6 月龄母羊和成年母羊不低于 23 千克和 40 千克。其生长特点与小尾寒羊相似，生长发育快，产羔率高，耐粗饲，抗逆性强。洼地绵羊具有个体大、躯体壮、成熟早、繁殖高等优点，母羊繁殖率在 280%。

洼地绵羊是长期适应在低湿地带放牧的绵羊品种，其肉用性能好，耐粗饲、抗病，是肉毛兼用地方优良品种，主要分布在山东省滨州市的惠民、滨州、无棣、沾化和阳信等县市，总存栏数在 30 万只以上。其肉质好，屠宰率高，而且肉嫩、味美，每头母羊年均产优质羔羊肉 40 千克以上。

图 2-28 洼地绵羊

另外，洼地绵羊的羊皮也好，羔皮、裘皮、板皮质量都高，是优质的服装原料。

9. 巴音布鲁克羊

巴音布鲁克羊分布于新疆和静县的巴音布鲁克区。巴音布鲁克羊体质结实，体格中等。其毛被属异质毛，干死毛含量较多。从毛色来看，头和颈部为黑色，体躯为白色（图 2-29）。

图 2-29 巴音布鲁克羊

巴音布鲁克羊适应当地生态环境条件，但毛被品质较差，剪毛量也低，产肉性能不高。

（五）肉用绵羊——肉羊

肉羊生长发育快、早熟、繁殖率高、适应性强，通常产肉性能好、肉质佳、饲料报酬率较高。其体型外貌具有体躯长、肩宽而厚、胸宽而深、背腰平直、后躯臀部宽大、肌肉丰满、体躯呈圆筒状、长瘦尾等特征。

除了大部分的半细毛羊可以用于生产羊肉之外，肉羊的主要专用品种均原产于英国、法国、南非，其品种主要有夏洛莱羊、萨福克羊、南丘羊、杜泊羊等。

1. 夏洛莱羊

夏洛莱羊为引进的肉羊品种，原产于法国中部的夏洛莱地区，是以英国莱斯特羊、南丘羊为父本与夏洛莱地区的细毛羊杂交育成的，具有早熟、耐粗饲、采食能力强、肥育性能好等特点，是优秀的肉用绵羊品种之一（图 2-30）。

图 2-30　夏洛莱羊

夏洛莱羊公、母羊均无角，被毛同质且白色，脸部皮肤呈粉红色或灰色，偶有黑色斑点，两耳灵活会动，性情活泼。其额宽、眼眶距离大，耳大、颈短粗、肩宽平、胸宽而深，肋部拱圆，背部肌肉发达，体躯呈圆筒状。其两后肢距离大，肌肉发达，四肢较短。

夏洛莱羔羊生长速度快，平均日增重可达 300 克。4 月龄育肥羔羊体重为 35～45 千克，6 月龄公羔体重为 48～53 千克，母羔 38～43 千克，周岁公羊体重为 70～90 千克，周岁母羊体重为 50～70 千克。成年公羊体重110～140 千克，成年母羊体重 80～100 千克。

2. 萨福克羊

萨福克羊为引进品种，其原产于英国，通过用南丘羊与旧型黑头有角的洛尔福克绵羊杂交，并于 1859 年培育而成，是肉毛兼用品种，属于半细毛羊。目前，美国、英国、澳大利亚等国都将这一品种作为生产肉羊羔的终端父本品种（图 2-31）。

图 2-31 萨福克羊

我国在 20 世纪 70 年代开始从澳大利亚引进，目前这一品种主要分布在内蒙古和新疆等地，其产肉性能好。

3. 南丘羊

南丘羊是引进品种，原产地为英国，也属于半细毛羊，为肉毛兼用品种，其产肉性能好（图 2-32）。其毛色呈淡灰色，嘴、唇、鼻端为黑色，

图 2-32 南丘羊

体格中等，胸宽深，体躯呈现圆筒状，肌肉较丰满，其成年公羊体重80～110千克，母羊60～80千克，特征是早熟、易肥、胴体品质好，屠宰率在60%以上，剪毛量为3千克左右。

4. 杜泊羊

杜泊羊为引进品种，原产于南非，是由有角多赛特羊和波斯黑头羊杂交育成，主要用于羊肉生产。它可分为白头杜泊羊和黑头杜泊羊两种，其体躯和四肢皆为白色，头顶部平直、颈粗短，肩宽厚，背平直，肋骨拱圆，前胸丰满，后躯肌肉发达（图2-33）。

图2-33　杜泊羊

杜泊羊的成年公羊和母羊的体重分别在120千克和85千克左右。3.5～4.0月龄的杜泊羊体重可达36千克，屠宰胴体约为16千克，其四季产羔，产羔间隔期为8个月。在饲料条件和管理条件较好的情况下，可实现两年三胎，一般产羔率能达到150%。

（六）皮用绵羊——裘皮羊

专用裘皮羊适于生长在干旱、半干旱气候条件下（湖羊除外），对气温适应的幅度较大，要求荒漠、半荒漠植被，土壤中含有一定盐碱，裘皮羊对小灌木及灌木也可适应。除湖羊外，其他裘皮羊均可终年放牧，它们耐寒、耐旱、耐粗饲。

1. 滩羊

滩羊是蒙古羊的一个分支，公羊有螺旋形大角，母羊多无角或有小角，头部常有褐色、黑色或黄色斑块，背腰平直，被毛白色，呈长辫状，有光泽（图 2-34）。

图 2-34　滩　羊

滩羊是中国的裘皮用绵羊品种，以所产的二毛皮著名。二毛皮为生后 30 天左右宰剥的羔皮，毛股长 7 厘米以上，有 5～7 个弯曲和美丽的花穗，呈玉白色，光泽悦目，轻暖结实，是名贵的裘皮原料。其产区在宁夏及其毗邻的半干旱荒漠草原和干旱草原。

滩羊体格中等，体质结实，遗传性稳定。其鼻梁稍隆起，耳有大、中、小三种，公羊角呈螺旋形向外伸展，母羊一般无角或有小角。背腰平直，胸较深；四肢端正，蹄质结实。属脂尾羊，尾根部宽大，尾尖细呈三角形，下垂过飞节。

滩羊成年公羊体重 47 千克左右，成年母羊重 35 千克，耐粗饲，7～8 月龄性成熟，18 月龄开始配种，产羔率 101％～103％。每年剪毛两次，公羊平均产毛 1.6～2.0 千克，母羊平均产毛 1.3～1.8 千克，净毛率在 60％以上。滩羊肉质细嫩，味道鲜美。

滩羊主要产于宁夏贺兰山东麓的银川市附近各县，在周边的甘肃、内蒙古、陕西也有一些分布。滩羊具有典型的生态地理分布特性，生活在狭窄的生态区域内，其气候特点为中温带大陆气候干旱草原和荒漠草原区，具有冬长夏短、春迟秋早、干旱少雨、风大沙多、寒暑并烈、日照充足、蒸发强烈等特点。当地的光、热、水、土（盐碱地）、植被等条件是形成二毛裘皮优良性状的重要因素，也是形成盐池滩羊肉风味的主要原因。因此，滩羊是当地独一无二的地方优良绵羊品种。

2. 太行裘皮羊

太行裘皮羊属于蒙古系绵羊，起源已无从考证，目前主要分布于河南的安阳市、新乡市。该品种是适应当地生态条件，经长期自然和人工选育的结果（图 2-35）。

图 2-35　太行裘皮羊

太行裘皮羊是裘皮和肉兼用品种，产肉性能好，屠宰率高（可达50%）。周岁公羊平均体重为 45 千克，屠宰率为 51.06%，净肉率为42.54%。周岁母羊平均体重为 37.83 千克，屠宰率为 48.83%，净肉率为 39.99%。

30～45 日龄屠宰所剥取的毛皮被称为"二毛皮"（过去曾被称为"汤阴皮"）。太行裘皮羊所产二毛皮品质较好，毛股的光泽、弹性、拉力均不错。羊毛生长越快，毛股越弯曲，毛股间越蓬松。太行裘皮羊的被毛为异质被毛，被毛全白者占 90% 以上，头及四肢有色毛和花样者不足 10%。其毛细长，肤色以粉色居多。

3. 岷县黑裘皮羊

岷县黑裘皮羊产于甘肃洮河和岷江上游一带地区。岷县黑裘皮羊的体质结实，结构比较紧凑（图 2-36）。

岷县黑裘皮羊主要以生产黑色二毛皮而闻名。岷县黑裘皮羊每年剪毛两次，4 月中旬剪春毛，9 月剪秋毛，年平均剪毛量为 0.75 千克。羊毛用于制作毛毡。

图 2-36　岷县黑裘皮羊

4. 贵德黑裘皮羊

贵德黑裘皮羊主要产于青海海南藏族自治州的贵南、贵德、同德等县，属于草地型西藏羊类型，为短瘦尾型羊（图 2-37）。

图 2-37　贵德黑裘皮羊

贵德黑裘皮羊具有体质结实、抗逆性强，皮板坚韧、轻软，毛色油黑、光泽悦目、花穗紧实美观、保暖性强等特点。另外，其肉质嫩而多汁，肥而不腻，没有膻味，是皮毛肉兼用的地方绵羊品种。

（七）皮用绵羊——羔皮羊

专用羔皮羊适于半干旱气候或温润气候条件，要求土壤中含有一定盐分，对小灌木及灌木可以适应。除湖羊外，其他专用羔皮羊均可以终年放牧。

1. 湖羊

湖羊是我国特有的绵羊品种，也是世界上珍贵的羔皮用绵羊品种。其被毛纯白，鼻梁隆起，耳大下垂，公、母羊均无角，体躯长，四肢高，扁圆小脂尾。性成熟较早，当年生，当年配，当年产羔；四季发情，常年配种（图2-38）。

图 2-38　湖　羊

湖羊一胎可产 2～3 只羊羔，平均产羔率达 256%，其繁殖力之强是世界绵羊品种中少有的。其 3 月龄断奶体重，公羔在 25 千克以上，母羔在 22 千克以上。成年羊体重公羊在 65 千克以上，母羊在 40 千克以上，屠宰率为 50% 左右，净肉率为 38%。

2. 中国卡拉库尔羊

中国卡拉库尔羊原产于新疆维吾尔自治区南部塔里木盆地的北缘，天山南麓和帕米尔以东的山前冲积平原地带（图2-39）。

图 2-39　中国卡拉库尔羊

中国卡拉库尔羊主要产品为出生后 3 天内宰剥的羔皮。羔皮毛被形成独特美丽的毛卷。中国卡拉库尔羊的毛属异质半粗毛，可制织毡、粗呢、粗毛毯和地毯。

二、山羊的家族

山羊是我们的祖先驯养最早的家畜，因其性格温驯活泼，便于人们管理，在人类畜牧业的发展历史中，是最早被人类驯化的豢养动物。现代畜牧业中放牧或舍饲的山羊，都是由野生山羊驯化而来的。

对于放牧或舍饲山羊最初祖先的确定，学术界有不同的见解，但均认为现代的野生类群山羊，和一系列饲养山羊品种之间存在着巨大差别。这是山羊在长期驯化过程中，因人类在各个发展阶段和不同地域根据其生存需要和经济需要进行不同目标选择的结果。因此，饲养山羊的起源并非一个野生种。

同时，考古发现的史实也已经证明，山羊业从被人类捕猎和饲养开始，就与人类的生活需要紧密的联系在一起了。我国在驯养和繁殖山羊方面历史悠久，饲养的山羊数量多而品种繁。时至今日，畜牧业中的山羊家族种类众多，一般可以分为绒用山羊、毛用山羊、毛皮山羊、肉用山羊、奶用山羊、普通山羊（兼用山羊）这几类。

（一）绒用山羊

1. 辽宁绒山羊

辽宁绒山羊原产于辽宁省东南部山区步云山周围各市县，属绒肉兼用型品种，是中国绒山羊品种中产绒量最高的优良品种。这一品种具有产绒量高，绒纤维长，粗细度适中，体形壮大，适应性强，遗传性能稳定，改良低产山羊效果显著等特点，其产绒量居全国之首，是中国重点畜禽遗传保护资源（图 2-40）。

辽宁绒山羊主要分布在盖州及其相邻的岫岩、辽阳、本溪、凤城、宽甸、庄河、瓦房店等地区。这一品种种用价值极高，尤其对内蒙古绒山羊新品系的形成贡献卓著，属绒肉兼用型山羊品种。

图 2-40　辽宁绒山羊

辽宁绒山羊公、母羊均有角、有髯，公羊角发达，向两侧平直伸展，母羊角向后上方。其额顶有自然弯曲并带丝光的绺毛，身躯结构匀称，体质结实，颈部宽厚，颈肩结合良好，背平直，后躯发达，呈倒三角形状。被毛为全白色，外层为粗毛，且有丝光光泽，内层为绒毛。

辽宁绒山羊生产发育较快，1 周岁时体重在 25～30 千克，成年公羊在 80 千克左右，成年母羊在 45 千克左右。公羊屠宰前体重 39.26 千克，胴体重 18.58 千克，屠宰率为 51.15％，净肉率为 35.92％。母羊屠宰前体重 43.20 千克，胴体重 19.4 千克，内脏脂肪 2.25 千克，屠宰率为 51.15％，净肉率为 37.66％。

2. 内蒙古绒山羊

内蒙古绒山羊产自内蒙古西部地区，具体分布于二郎山地区、阿尔巴斯地区和阿拉善左旗地区，是优良的绒山羊品种。这种山羊抗逆性强，适应半荒漠草原和山地放牧。其产区地形复杂，山峦重叠，悬崖峭壁，天然草场植被覆盖度低，产草量极不稳定。另外，当地气候变化大，十年九旱，为典型的大陆性高原气候，海拔在 1 500 米以上，冬夏温差大，冬季漫长而寒冷（图 2-41）。

内蒙古绒山羊所产山羊绒纤维柔软，具有丝光、强度好、伸度大、净绒率高等特点。其体质结实，皮板也厚而致密、富有弹性，是制革的上等原料，用来制作的皮夹克，光亮、柔软、经久耐穿，颇受市场欢迎。长毛型绒山羊的毛皮与中卫山羊裘皮近似，可供制裘。其所产羊肉细嫩可口。

图 2-41　内蒙古绒山羊

内蒙古绒山羊公、母羊均有角，公羊角粗大，母羊角细小，两角向上向后向外伸展，呈扁螺旋状、倒八字形，背腰平直，体躯深而长，四肢端正，蹄质结实，尾短而上翘。其全身毛被白色，由上层的粗毛和下层的绒毛组成。公羊平均产毛 570 克，母羊平均产毛 257 克，成年公羊平均抓绒量为 385 克，成年母羊平均抓绒量为 305 克。绒毛长度，公羊平均为 7.6 厘米，母羊平均为 6.6 厘米。绒毛细度，公羊平均为 14.6 微米，母羊平均为 15.6 微米。

3. 河西绒山羊

河西绒山羊原产于甘肃省河西走廊西北部肃北蒙古族自治县和肃南裕固族自治县。其体质结实、体形紧凑，毛被以白色为主，也有黑色、青色、棕色和杂色等。毛被由粗毛和绒毛组成。河西绒山羊是甘肃省优秀的地方山羊品种，以盛产优质白绒享誉全国（图 2-42）。

河西绒山羊能适应干旱荒漠和半荒漠地区，并能利用其他家畜难以利用的高山牧场和贫瘠的草场（海拔 1 400～5 560 米），可终年放牧。当地整个地势南高北低，气候干燥，河西绒山羊是当地的主要家畜，所产羊绒细度平均在 14 微米以下，每头产绒量平均 350～400 克，绒毛纯白，是毛纺工业的优质原料，素有"软黄金"之美称。

河西绒山羊公、母羊均有弓形的扁角，四肢粗壮，前肢端正，后肢多呈"X"形。周岁公羊体重平均为 20.0 千克，周岁母羊平均为 18.2 千克；成年公羊平均 38.5 千克，成年母羊平均为 26.0 千克。河西绒山羊的羔羊

6 月龄左右性成熟，18～20 月龄配种。通常公、母羊分群管理，秋季（每年 9 月）开始合群，一般实行自然交配。

图 2-42　河西绒山羊

（二）奶用山羊

1. 关中奶山羊

关中奶山羊主要产于陕西省渭南、咸阳、宝鸡、西安地区，以富平、三原、泾阳、宝鸡扶风、武功、蒲城、临潼、大荔、乾县、蓝田、秦都、阎良等 12 个县（市、区）为生产基地县。其体质结实，结构匀称，遗传性能稳定，耐粗饲，抗病力和适应性都强，是我国奶山羊中著名的优良品种（图 2-43）。

图 2-43　关中奶山羊

关中奶山羊头长额宽，鼻直嘴齐，眼大耳长。其母羊颈长，胸宽背平，腰长臀宽，乳房庞大，形状方圆；其公羊颈部粗壮，前胸开阔，腰部紧凑，外形雄伟，四肢端正，蹄质坚硬，全身毛短色白。皮肤粉红，耳、唇、鼻及乳房皮肤上偶有大小不等的黑斑，部分羊有角和肉垂。

成年公羊体高在 80 厘米以上，体重 65 千克以上；成年母羊体高不低于 70 厘米，体重不少于 45 千克，具有"头长、颈长、体长、腿长"的特征，当地人俗称"四长羊"。公母羊均在 4～5 月龄性成熟，一般 5～6 月龄配种。母羊怀孕期 150 天，平均产羔率 178%。初生公羔重 2.8 千克以上，母羔 2.5 千克以上。

关中奶山羊以产奶为主，产奶性能稳定，奶产量高，奶质优良，营养价值较高。一般泌乳期为 7～9 个月，年产奶 450～600 千克，单位活重产奶量比牛高 5 倍。鲜奶中含乳脂 3.6%、蛋白质 3.5%、乳糖 4.3%、总干物质 11.6%。与牛奶相比，羊奶含干物质、脂肪、热能、维生素 C、烟酸均高于牛奶。羊奶不仅营养丰富，而且脂肪球小，酪蛋白结构与人奶相似，酸值低，比牛奶易为人体吸收。

关中奶山羊产肉性能也良好。成年母羊屠宰率 49.7%，净肉率 39.5%，骨率 8.5%，油脂率 6%。7 月龄公羊，在放牧为主的条件下，活重可达 30 千克。公羔羊的肉、脂肪、内脏等，均可作肉食，皮毛和骨等均可做毛纺、制革、医药、化工原料。

2. 崂山奶山羊

崂山奶山羊原产于山东省胶东半岛，主要分布于崂山及周边区市，是崂山一带民众经过多年培育而形成的一个产奶性能高的地方良种，也是中国奶山羊的优良品种之一。据《胶澳志》记载：1898 年德国占领青岛后，就带来了萨能奶山羊，1934 年俄国人也带来萨能奶山羊，以后又引进过吐根堡奶山羊，这些外来奶山羊与当地山羊经过长期杂交和扩群繁育，逐渐形成了现在的崂山奶山羊品种（图 2-44）。

崂山奶山羊具有适应能力强、产奶性能高、抗病力强、养殖成本低等特点。崂山地区农业资源丰富，山冈草场众多，水质极佳，本地农民又素有养羊的习惯，因此在当地发展得很好。

崂山奶山羊体质结实粗壮，体形紧凑匀称，头长额宽、鼻直、眼大、嘴齐、耳薄并向前外方伸展；全身白色，毛细短，皮肤粉红有弹性，成年羊头、耳、乳房均有浅色黑斑。其公母羊大多无角，有肉垂。公羊颈粗、雄壮，胸部宽深，背腰平直，腹大不下垂，四肢较高，蹄质结实。母羊体躯发达，乳房基部发育好、上方下圆、皮薄毛稀、乳头大小适中且对称。

图 2-44　崂山奶山羊

崂山奶山羊母羊属于季节性多次发情家畜，产后 4～6 个月开始发情，怀孕期为 150 天，每年产 1 胎，平均产羔率为 170%，经产母羊每年产羔率可达 190%。崂山奶山羊具有适应性强、耐粗饲、生长发育快、体格粗壮、产奶较多、遗传性能稳定等的特点，适合在山区、丘陵、平原地区放牧饲养。

崂山奶山羊产奶期 8 个月，最高可达 10 个月，平均产奶一胎 340 千克，二胎 600 千克，三胎 700 千克，最高产奶可达 1 300 千克，鲜奶比重 1.028，干物质含量 12.03%，乳蛋白含量 2.89%，乳质率 3.73%，乳糖含量 4.53%，其中蛋氨酸、赖氨酸和组氨酸含量较高。崂山奶山羊去势公羔育肥性好，饲养 8～9 个月，平均体重可达 35.25 千克，胴体重为 17.78 千克，屠宰率 50.44%，净肉率 39.39%。成年崂山奶山羊鲜皮厚 0.22～0.24 厘米，面积 0.63 平方米，达到板皮市场的特级皮标准。

3. 萨能奶山羊

萨能奶山羊原产于瑞士泊尔尼州西南部的萨能地区，是世界著名的奶山羊品种，是奶山羊的典型代表。世界各地现有的奶山羊品种，几乎半数以上都不同程度的含有萨能奶山羊的血缘。萨能奶山羊公、母羊多无角，耳长直立，被毛白色或淡黄色，体躯深宽，背长而直，四肢坚实，乳房发育良好，呈明显楔状体型（图 2-45）。

图 2-45　萨能奶山羊

　　萨能奶山羊具有典型的乳用家畜体型特征，后躯发达，被毛白色，偶有毛尖呈淡黄色，有四长的外形特点，即头长、颈长、躯干长、四肢长。公、母羊均有须，但大多无角。成年公羊体高 85 厘米左右，体长 95～114 厘米；成年母羊体高 76 厘米，体长 82 厘米左右。成年公羊体重 75～100 千克，最重可达 120 千克，母羊 50～65 千克，最重可达 90 千克。

　　萨能奶山羊母羊泌乳性能良好，泌乳期为 8～10 个月，可产奶 600～1 200 千克，乳脂率为 3.8%～4.0%。母羊产羔率一般为 170%～180%，高者可达 200%～220%，利用年限为 10 年左右。

4. 吐根堡奶山羊

　　吐根堡奶山羊是一个乳用山羊品种，起源于瑞士吐根堡河谷，是著名的奶山羊品种，被各国广泛应用，对世界各地奶山羊业的发展起到了重要作用，与萨能奶山羊同享盛名。其适应能力极强，特征为体型较小，被毛单色，一般为深浅各异的褐色，耳白色并有一个黑色中心斑点。其面部有两条向下的白色条纹，四肢以白色为主（图 2-46）。

　　吐根堡奶山羊体型略小于萨能奶山羊，也具有乳用羊特有的楔形体型，体质健壮，性情温驯，耐粗饲，耐炎热，对放牧或舍饲都有很好的适应性。其被毛褐色或深褐色，随年龄增长而变浅，颜面两侧各有一条灰白色的条纹，鼻端、耳缘、腹部、臀部、尾下及四肢下端均为灰白色。公、母羊均有须，部分无角，有的有肉垂。它骨骼结实，四肢较长，蹄壁蜡黄色。公羊体长，颈细瘦，头粗大；母羊皮薄，骨细，颈长，乳房大而柔软，发育良好。

图 2-46　吐根堡奶山羊

吐根堡奶山羊成年公羊体高 80～85 厘米，体重 60～80 千克；成年母羊体高 70～75 厘米，体重 45～55 千克。母羊平均泌乳期 287 天，一个泌乳期的产奶量 600～1 200 千克，乳脂率 3.5%～4.2%。在我国四川省成都市饲养的吐根堡奶山羊，300 天产奶量，一胎为 688 千克，二胎为 843 千克，三胎为 751 千克。像其他品种的山羊一样，吐根堡奶山羊所产的羊奶颜色较牛奶白，而且更易消化吸收。吐根堡奶山羊全年发情，母羊 1.5 岁配种，公羊 2 岁配种，平均妊娠期 151.2 天，平均产羔率为 173.4%。

（三）肉用山羊

1. 马头山羊

马头山羊原产于湘鄂西部山区，是湖北、湖南肉皮兼用的地方优良品种之一，主产于湖北省十堰、恩施等地区和湖南省常德、黔阳等地区。其体质结实，体态结构匀称，体躯呈长方形。马头山羊繁殖力高，恋羔性强，性温驯，合群性强，适于在山区放牧饲养（图 2-47）。

马头山羊是优秀的肉用山羊品种，因无角、头似马头，故被称为"马头山羊"。其体形呈长方形，结构匀称，骨骼坚实，背腰平直，肋骨开张良好，臀部宽大，稍倾斜，尾短而上翘，四肢坚强有力，行走时步态如马，频频点头。马头山羊皮厚而松软，毛稀无绒，毛被白色为主，有少量黑色和麻色。按毛长短可分为长毛型和短毛型；按背脊可分为"双脊"和"单脊"两类。其中尤以"双脊"和"长毛型"品质最好。

图 2-47　马头山羊

马头山羊中的羯羊（骟过的公羊）肥育快，羔羊早期肥育效果好，屠宰率和净肉率高，肉质也好。它体型高大，躯体较长，胸部深厚，胸围肥大，成年公羊体重为 40～50 千克，成年母羊体重为 35～40 千克，且肉质细嫩，膻味小。其屠宰率为 55.90%，出肉率为 43.79%。另外，马头山羊的皮板品质也很好。

2. 浏阳黑山羊

浏阳黑山羊是我国优良的地方品种之一，也是少有的纯黑山羊品种，1985 年正式编入《中国山羊》一书。我国台湾、香港、澳门等地以及东南亚等国家和地区，将浏阳黑山羊称作"补羊"，其羊肉深受消费者喜爱（图 2-48）。

浏阳黑山羊主要分布于湖南省浏阳市和毗邻的醴陵、株洲、长沙、平江以及江西省的铜鼓等地，是经长期驯化选育出来的地方良种山羊，在古代就作为当地祭孔用的"三仙"（即黑山羊、黑公狗、黑公鸡）之一。因其核心产区在浏阳，故称为浏阳黑山羊。浏阳黑山羊肉品质极佳，成年羊体重一般在 20 千克以上，最重的可达 50 千克。在不经过任何育肥措施的条件下，其平均屠宰率可达 48.5%。

浏阳黑山羊肉肌纤维细，硬度小，肉质细嫩，味道鲜美，膻味极小，营养价值很高。其蛋白质含量在 22.6% 以上，脂肪含量低于 3%，胆固醇含量很低，并且含有人体必需氨基酸15种以上，尤以谷氨酸含量高。这样具有滋阴壮阳、补虚强体、提高人体免疫力、延年益寿和美容之功效，特别是对年老体弱者有明显的滋补作用。

图 2-48　浏阳黑山羊

浏阳黑山羊被毛黑色，油光发亮，无杂毛。在冬季公母羊均着生一层浅灰色的柔和、光滑、纤细的绒毛，紧贴在身上，当地人称这种绒毛为"内衣"。其板皮质量好，浏阳当地生产的羊皮夹克深受市场的欢迎。

3. 南江黄羊

南江黄羊是四川南江县经过长期的选育而成的肉用型山羊品种，产于四川省南江县。南江黄羊不仅具有性成熟早、生长发育快、繁殖力高、产肉性能好、适应性强、耐粗饲、遗传性稳定的特点，而且肉质细嫩、适口性好、板皮品质优。南江黄羊适宜于在农区、山区饲养（图2-49）。

图 2-49　南江黄羊

南江黄羊被毛黄色，毛短而富有光泽，面部毛色黄黑，鼻梁两侧有一对称的浅色条纹，公羊颈部及前胸着生黑黄色粗长被毛，自枕部沿背脊有一条黑色毛带，十字部后渐浅；头大适中，鼻微拱，有角或无角；体躯略呈圆筒形，颈长度适中，前胸深广、肋骨开张，背腰平直，四肢粗壮有力。

南江黄羊成年公羊体重40～55千克，母羊34～46千克，屠宰率为49%，净肉率38%。南江黄羊8月龄羯羊平均胴体重为10.78千克，周岁羯羊平均胴体重15千克。南江黄羊性成熟早，3～5月龄初次发情，母羊6～8月龄体重达25千克开始配种，公羊12～18月龄体重达35千克参加配种。成年母羊四季发情，发情周期平均为19.5天，妊娠期148天，产羔率200%左右。

4. 简阳大耳羊

简阳大耳羊是采用引进的努比亚山羊与简阳本地山羊经过60多年杂交和横向固定，形成的一个优良山羊种群。简阳大耳羊具有体形大、生长速度快、耐粗食、繁殖能力高、抗病能力强等优点，最重可达100千克以上，每年可长40～50千克（图2-50）。

图 2-50 简阳大耳羊

简阳大耳羊头呈三角形，鼻梁微拱，有角或无角，头颈相连处呈锥形，颈呈长方形，身形结构匀称，体形高大，胸宽而深，背腰平直，臀部短而斜，四肢粗壮，蹄质坚硬，耳长（15～20厘米），母羊角较小，呈镰刀状，公羊下颌有毛髯。其毛色以棕黄色为主，部分为黑色，富有光泽，在冬季毛被内层着生短而细的绒毛。

成年公羊一般体重可达 100 千克以上，成年母羊可达 70 千克以上。成年公羊高 97 厘米，成年母羊高 62 厘米；成年公羊体重 98.61 千克，成年母羊体重 43.53 千克。2 月龄断奶体重公羊为 19.16 千克，母羊为 17.20 千克，高于国内其他品种。

简阳大耳羊生长速度快，产羔率高，适应性强，肉质好，膻味低，风味独特，成年公羊、母羊屠宰率分别为 44.98%、41.20%，净肉率分别为 37.14% 和 32.93%。其板皮质量优良，据有市场开发潜力。

5. 乐至黑山羊

乐至黑山羊是四川省乐至县的优良地方山羊品种，经长期选育而成，其最早起源已无法考证。清朝道光年间的《乐至县志》就有"惟黑山羊，纯黑味美，不膻"的记载。乐至黑山羊产肉性能好，鲜肉色泽红润，柔嫩多汁，味鲜且无膻味，脂肪分布均匀（图 2-51）。

图 2-51 乐至黑山羊

乐至黑山羊是经过长期的自然选择和 20 多年的人工系统培育形成的，具有适应性强、喜攀爬、可放牧、耐粗饲、前期生长发育快、产肉性能好、繁殖性能突出、遗传性稳定等优良性状。2003 年由四川省畜禽品种审定委员会审定为四川省地方山羊新品种，并命名为"乐至黑山羊"。

乐至黑山羊全身被毛黑色，具有光泽，冬季内层着生短而细密的绒毛，少数头顶部有枝子花样白毛；头中等大小，有角或无角，有角占

33％，无角占 67％。公羊角粗大，向后弯曲；母羊角较小，呈镰刀状。耳较大，为垂耳或半垂耳，鼻梁拱，成年公羊下颌有毛髯，部分羊颌下有肉髯。

乐至黑山羊体型较大，体质结实；颈长短适中，背腰宽平，四肢粗壮，蹄质坚实。其初生公羔重约 2.73 千克，初生母羔重约 2.41 千克；6 月龄体重公羊重 28.23 千克，母羊重 23.33 千克；成年公羊体重在 70 千克以上，母羊在 50 千克以上。

乐至黑山羊性成熟早，繁殖力强，母羊产羔率随着胎次的增加而增加，每胎产 1～5 羔，母羊平均产羔率为 252％。

6. 成都麻山羊

成都麻山羊原产于四川成都平原及其附近丘陵地区，目前在河南、湖南等省也有饲养。成都麻山羊是适合于在南方亚热带湿润山地丘陵地区补饲的山羊，为肉、乳、皮兼用型山羊（图 2-52）。

图 2-52 成都麻山羊

成都麻山羊具有生长发育快、早熟、繁殖力强、适应性强、耐湿热、耐粗放饲养、遗传性能稳定等特性。其肉质细嫩、味道鲜美、无膻味；并以其板皮面积大、加工成的皮革柔软且弹性好、耐磨而质地优为显著特点。成都麻山羊每年产 2 胎，妊娠期 142～145 天，产羔率为 215％。母羊泌乳期为 5～8 个月，共产乳 70 千克左右。

在外部特征上，其头中等大小，两耳侧伸，额宽而微突，鼻梁平直，颈长短适中，背腰宽平，臀部倾斜，四肢粗壮，蹄质坚实呈坚实。它体格较小，被毛深褐，腹下浅褐色，两颊各具一浅灰色条纹，有黑色背脊线，肩部也具黑纹沿肩胛两侧下伸，四肢及腹部毛长。

7. 酉州乌羊

酉州乌羊原产于重庆市酉阳土家族苗族自治县境内。酉阳历史悠久，西汉高祖五年（公元前202年）即置县，迄今已有2 000多年的历史，曾有800年为州府所在地。酉州乌羊原产于这块神奇土地，并因其可视黏膜（皮肤、眼、鼻、嘴、肛门、阴门等处黏膜）均为乌色而得名（图2-53）。

图 2-53　酉州乌羊

酉州乌羊为肉皮兼用山羊，产肉性能中等，其板皮质量好，面积大，细致而紧密，光洁度好，厚实油润。其主产地为青华山及其山脉延伸的周边地区，中心产区位于酉阳土家族苗族自治县境内以青华山及延伸山脉为主的喀斯特地形地貌区，具体分布在酉阳土家族苗族自治县境内的板溪乡、龙潭镇、江丰乡、铜鼓乡、板桥乡和楠木乡。

酉州乌羊体质紧凑结实，体型中等。公羊头稍大，母羊头小而清秀，面线直，两侧直平额窄；公、母羊均有须；眼睛明亮有神，呈微黄色，大小适中，眼仁呈长方形；耳中等大小，稍长，略斜向前方；鼻略呈半圆筒状，鼻孔中等，鼻翼薄；唇薄灵活；公、母羊大多数有角；颈中等大小，后躯高于前躯，背腹线大略平，臀部稍倾斜；母羊腹大而不下垂，腿长而强健，前肢如柱，后肢微弯，蹄质坚实，略呈黄白色，蹄叉紧，行动灵活，善奔跑，尾短。

酉州乌羊抗病力较强，尾短小，繁殖率高。公羊的利用年限为5～6年，母羊的利用年限为6～8年，6岁以后母羊的繁殖力开始下降，其繁殖率最高是在3～5岁之间。成年公羊体高为63.00厘米、体长为70.50厘米、胸围为86.00厘米、体重为36.40千克；成年母羊体高为54.80厘米、体长为65.40厘米、胸围为73.90厘米、体重为31.20千克。其产肉性能中等，周岁羊屠宰率为45%～48%，净肉率为32%，成年羊屠宰率为48%～50%，净肉率为35%，成年羯羊屠宰率最高，为52%，净肉率为36.5%。

中国传统医学认为"黑色入肾"，能滋阴、养血、补肾。而酉州乌羊全身皮肤、眼、鼻、嘴、肛门、阴门等处均为乌色，黑色素含量丰富，因而具有独特的营养价值。

总之，酉州乌羊的羊肉是天然黑色食品，具有保健滋补的效果；其羊皮质量好，是制作皮夹克及长短大衣的上等原料；酉州乌羊的心、鞭、胆、甲状腺、羊角均可入药；其羊角还可用于制作羊角梳、羊角印章、烟斗、烟嘴等用品；羊毛、羊肠都能作为轻工业的原料。因此，酉州乌羊全身是宝，综合开发价值高。

8. 隆林山羊

隆林山羊原产于云贵高原桂西北山区的隆林各族自治县，故称为隆林山羊，是一个优良的肉用山羊品种，1986年就已被列入《中国家畜家禽品种志》。隆林山羊以体型大、生长快、产肉性能好而著称，是我国南方山羊品种中体格较大的肉用型地方品种（图2-54）。

图2-54 隆林山羊

隆林山羊在广西的桂西北山区养殖数量多，其体格硕大、繁殖力强、生长迅速、屠宰率高。目前在主产地建有保种场，主要利用其遗传特点进行山羊的杂交改良，希望培育出肉乳兼用型优良山羊品种。

隆林山羊体质结实，躯体结构匀称；头大小适中，母羊鼻梁较平直，公羊稍隆起，公、母羊均有髯，耳大小适中，公、母羊均有角；肋骨拱张良好，后躯比前躯略高；体长、体躯近似长方形。其四肢粗壮，毛色较杂，有白色（占 38%）、黑白花色（占 28%）、褐色（占 19%）、黑色（占 15%），腹下部和四肢上部毛被较粗长。

隆林山羊耐粗饲、耐寒、耐湿热，适应于亚热带山区高温潮湿气候，各种豆科灌木、禾本科牧草均为其喜爱的饲料。其成年公羊平均体高 66.72 厘米、体长 73.50 厘米、胸围 83.8 厘米、体重 57 千克；成年母羊体高 65.28 厘米、体长 72.79 厘米、胸围 84.49 厘米、体重 44.71 千克。

隆林山羊是华南亚热带山区具有发展优势的肉用山羊品种，其肌肉丰满，胴体脂肪分布均匀，肌纤维细，肉质鲜嫩，膻味小。成年羯羊宰前体重平均 60.46 千克，胴体重平均为 31.05 千克，内脏脂肪重平均为 3.91 千克，屠宰率为 57.83%。在粗放饲养管理条件下，隆林山羊依然能保持生长发育快、产肉性能好、繁殖力强的性能。

9. 都安山羊

都安山羊属小型肉用山羊品种，原产于广西都安瑶族自治县，分布在全县 22 个乡镇的大石山区，是适应南方喀斯特山区的一个肉用山羊品种。都安山羊的核心产区分布在都安瑶族自治县及其周围的马山县、大化县、平果县、东兰县、巴马县、忻城县等石山地区，在隆安县、兴宾县、龙胜县等丘陵地区也有饲养（图 2-55）。

都安山羊是广西境内饲养群体数量最多地方优良品种之一，其饲养历史悠久。据《都安县志稿》（民国版）记载，"本县家畜，惟山地则兼养羊……"。当地少数民族凡遇婚丧嫁娶等都有杀羊祭祀的风俗。当地历来盛产山羊，在清代曾有以山羊作为赋税上缴的习惯。饲养都安山羊，历来就是当地民众生活之必需，也是他们主要的经济来源。

都安山羊抗病力强，耐粗饲，行动敏捷，善于爬高山攀悬崖，适应南方高温多雨的石山环境，其毛色以黑、灰、麻、黄、白为主，皮肤呈白色。都安山羊体格较小，体质结实，躯干近似长方形。其羊肉嫩滑爽口，肉汤清甜，营养丰富，作为营养健康的特色肉食品深受市场的欢迎。都安山羊的板皮皮质均匀，纤维细致，薄而轻韧，弹性很好，是良好的皮革原料。

图 2-55　都安山羊

10. 榕江小香羊

榕江小香羊的核心产区为贵州省榕江县塔石瑶族水族乡。榕江小香羊，又名"塔石小香羊""黔东小香羊"，因产于塔石瑶族水族乡而得名，为我国优良的地方品种，其肉质为羊肉中之上品（图 2-56）。

图 2-56　榕江小香羊

据说，300 多年前瑶族刚迁入榕江时，就开始养羊。由长期野外牧羊，封闭饲养，再加上自然和人工选择而形成了具有当地特色和适应当地自然环境的地方羊种。其味道清香、鲜嫩可口，故而获得"小香羊"之美称。

1994 年，贵州省农业厅畜牧局、贵州省畜禽品种改良站曾组织专家到塔石乡对小香羊进行实地考察和相关指标测定鉴定，确认小香羊为优良地方品种，其肉质为羊肉中之上品。榕江小香羊属肉皮兼用型品种，其产肉性能和皮张质量皆优，并且耐粗饲，适合于在山区和林区放牧饲养。

榕江小香羊个体小，体型紧凑，身材结构匀称。头上宽下窄，略长，大小适中。公羊额较宽平，颈肩结合良好，眼大有神，角多呈倒八字形，长短适中而粗壮，少数有螺形卷。母羊头清秀，角倒八字形、较长而细，胸部宽深，肋开张，腹大，背平直，肌肉丰满，四肢短而坚实，乳房发育良好。小香羊毛色以白色为主，其次为麻色、黑色和褐色。

榕江小香羊羔羊平均初生重 1.56 千克；周岁时公羊体重 15.69 千克，母羊 16.48 千克；成年公羊体重为 28.45 千克，母羊 26.6 千克。其产肉性能好，肉质细嫩。成年公羊屠宰率为 48%，母羊为 46%；公羊净肉率为 39%，母羊为 38%。

11. 龙陵黄山羊

龙陵黄山羊是典型的肉用型山羊品种，是在云南省龙陵县特殊自然环境下，经过长期的自然和人工选择而形成的肉皮兼用型地方优良品种，是云南省重点推广和杂交利用的肉用山羊品种之一（图 2-57）。

图 2-57　龙陵黄山羊

龙陵黄山羊主产于龙陵县，以及与龙陵县接壤的德宏州潞西市的部分地区，在腾冲县的蒲川乡也有少量分布。龙陵黄山羊具有肉质细嫩多汁、膻味小等优点，它生长发育速度快，繁殖力强，屠宰性能好，适应性强，杂交改良效果好。

龙陵黄山羊体躯偏大，生长快、易肥、屠宰率高、耐热、耐湿力强，属肉皮兼用优良山羊品种，其毛色为红褐色和黄褐色。成年公羊体重为49.0千克，成年母羊为42.5千克。龙陵黄山羊产羔率为122%，屠宰率可达53.6%。另外，其板皮面积大，板皮质地坚实致密。

12. 广丰山羊

广丰山羊是江西省的优良山羊品种，属于肉用型地方山羊品种，原产于江西省广丰县，分布于江西的玉山、上饶以及福建省的蒲城县等地，其核心产区位于福建、江西、浙江三省的交界地区，处于半山区、半丘陵地带（图2-58）。

图 2-58 广丰山羊

据《广丰县志》记载，远在唐代当地就饲养山羊，这应该是最早的广丰山羊。广丰山羊体型偏小，脸长额宽，公、母羊均有角；公、母羊的下颌均有一撮胡须。其全身被毛白色，性情温顺，其肉质肌理细嫩，膻味少，口感好，不油腻，性燥热，适于在冬食暖脾胃、补身体，增强人的抗寒能力。据检测，其羊肉低脂肪、低胆固醇，是高血压、动脉硬化患者的理想肉食品。

广丰山羊体型偏小，喜攀爬，喜干而恶湿，胆小而合群。母羊一年2

胎，每胎 2～5 羔，繁殖率高达 285％。其副产品价值也较高，其板皮皮质柔软，毛孔细密，是板皮中的上品；其羊毛软中见硬，弹性好，是制作毛笔的原料。

13. 福清山羊

福清山羊原产于福建省福清县和平潭县，分布在福建省的福清、罗源、闽侯、永泰、福鼎、霞浦等县。福清山羊是优良的地方山羊品种，其肉质特点是皮薄而嫩（皮呈浅蓝色）、肉鲜，膻味小，可以连皮烹食（图2-59）。

图 2-59　福清山羊

福清山羊适应东南沿海的亚热带气候，并以当地出产的花生秧、甘薯秧为主要饲料，所以当地人称其为"花生羊"。按照当地人总结的选育经验，其选种要求是细耳、颈长、面大、草门（下颌）宽；乌龙背，锅底肚，四脚高，体躯长，背腰平直臀部宽；角门（角间距）密，胎数多，布袋奶。由此积年累月的选育，就促成了福清山羊优良品种的形成。

成年公羊平均体高 53.38 厘米、体长 58.26 厘米、体重 27.88 千克；成年母羊体高 49.11 厘米、体长 55.14 厘米、体重 25.98 千克。福清山羊宰食一般不剥皮（连皮食用），屠宰活重在 20 千克左右，去势公羊一岁半体重可达 50 千克。其屠宰率带皮公羊为 55.89％，带皮母羊为 47.6％。

14. 波尔山羊

波尔山羊原产于南非，作为种用，已被非洲许多国家以及新西兰、澳大利亚、德国、美国、加拿大、英国等国家引进。波尔山羊被称为世界

"肉用山羊之王"，具有体型大、生长快、繁殖力强、产羔多、屠宰率高、产肉多、肉质细嫩、耐粗饲、适应性强和抗病力强的特点（图 2-60）。

图 2-60　波尔山羊

波尔山羊毛色为白色，头颈为红褐色，额端到唇端有一条白色毛带。波尔山羊耳宽下垂，被毛短而稀；头部粗壮、有髯，眼大、棕色；口颚结构良好；额部突出，曲线与鼻和角的弯曲相应，鼻呈鹰钩状；公、母羊均有角，角坚实，长度中等，公羊角基粗大，向后、向外弯曲，母羊角细而直立。

成年波尔山羊公羊、母羊的体重分别达 90 千克和 70 千克，屠宰率较高，平均为 48.3%。波尔山羊可维持生产价值至 7 岁，是世界上著名的生产高品质瘦肉的山羊品种。此外，波尔山羊的板皮品质极佳，属上乘皮革原料。波尔山羊也是最耐粗饲和适应性最强的家畜品种之一。

15. 努比亚山羊

努比亚山羊是我国引进的山羊品种，是世界著名的肉奶兼用型山羊。"努比亚"是埃及尼罗河第一瀑布与苏丹第四瀑布之间地区的名称，也是努比亚山羊的发源地。由于努比亚山羊具有优良的性状，因此美国、英国等发达国家均先后引进了努比亚山羊，对其进行培育，使其适应本国的气候条件（图 2-61）。

努比亚山羊是亚热带的山羊品种，其换牙时间明显早于我国的地方品种。我国引进并培育努比亚山羊 30 多年，并与很多地方品种进行了杂交改良，已经产生了一定的效果。

努比亚山羊原种毛色较杂，以棕色、暗红为多见；其被毛细短、富有光泽；头较小，额部和鼻梁隆起呈明显的三角形；两耳宽大而长且下垂至下颌部。引入中国的努比亚山羊均为黄棕色，角呈三棱形或扁形螺旋状向后，至颈部；头颈相连处肌肉丰满呈圆形，颈较长，胸部深广，肋骨拱圆，背宽而直，臀宽而长，四肢细长，骨骼坚实，体躯深长，腹大而下垂，乳房丰满而有弹性，乳头大而整齐，稍偏两侧。

图 2-61　努比亚山羊

努比亚山羊体形偏大，成年公羊身高 120 厘米，母羊身高 103 厘米。成年公羊体重可达 150 千克以上，成年母羊可达 100 千克以上。努比亚山羊 2 月龄断奶体重公羔为 28.16 千克，母羔为 21.20 千克，均大大高于我国的地方山羊品种。

努比亚山羊年均产羔 2 胎，平均产羔率 230％。其产肉率高，成年公羊、母羊屠宰率分别为 51.98％和 49.20％，净肉率分别为 40.14％和 37.93％。

（四）毛皮用山羊

1. 中卫山羊

中卫山羊又叫沙毛山羊，是我国特有的裘皮用山羊品种，原产于宁夏的中卫、中宁、同心、海原，以及甘肃中部的皋兰、会宁等县，还有内蒙古的阿拉善左旗。中卫山羊具有耐粗饲、耐湿热、对恶劣环境条件适应性好、抗病力强、耐渴性强等特点，还有习惯于饮咸水、吃咸草的习惯，这成就了其裘皮的优良品质，并使之驰名于世（图 2-62）。

图 2-62　中卫山羊

中卫山羊被毛白色，外层为粗毛，毛股具浅波状弯曲，内层为绒毛。体躯短而深，近似方形，成年公羊体重 43～54 千克，母羊 27～37 千克。6 月龄可性成熟，18 月龄开始配种，7—9 月为配种期，当年 12 月至翌年 1 月产羔，裘皮质量最好。羔羊初生时毛股长 4 厘米左右，有弯曲 4 个，形成美丽的花穗，花案清晰，洁白如玉。

羔羊在 35 日龄左右宰剥取皮，毛股长 7 厘米以上，有弯曲 5 个，丝样光泽。其所制作的裘皮轻暖耐穿，堪与滩羊二毛皮相媲美。中卫山羊剪毛量低，但具有较高的纺织价值，可替代马海毛使用。成年公羊年产绒毛约 240 克，粗毛 400 克；母羊年产绒毛约 170 克，粗毛 300 克。

2. 济宁青山羊

济宁青山羊主要分布在山东菏泽和济宁地区，以曹县、郓城、菏泽、鄄城、单县、成武、定陶、金乡、嘉祥、邹县等县数量多，质量也最好。济宁青山羊以性成熟早、常年发情、繁殖率高以及独特的毛色花型、产羔皮而著称，是我国优良的皮肉兼用地方山羊品种。据《中国羊品种志》记载，济宁青山羊是繁殖能力最高的山羊品种，每年可产两窝或两年产三窝（图 2-63）。

济宁青山羊体格偏小，成年公羊平均体高、体长、胸围和体重分别为59 厘米、61 厘米、75 厘米、29 千克；成年母羊分别为 54 厘米、59.5 厘米、71 厘米、23 千克。公、母羊均有角，角向上、向后上方生长；颈部较细长，背直，臀微斜，腹部较大，四肢短而结实。其被毛由黑白二色毛混生而成青色，其角、蹄、唇也为青色，前膝为黑色，故有"四青一黑"的特征。

图 2-63　济宁青山羊

　　按照毛被的长短和粗细，济宁青山羊可分为 4 种类型，即细长毛（毛长在 10 厘米以上者）、细短毛、粗长毛、粗短毛。其中以细长毛者为多数，且品质最好。初生的羔羊毛被具有波浪形花纹、流水形花纹、隐暗花纹和片花纹。成年公羊每年产毛约 300 克，产绒 50～150 克；成年母羊产毛约 200 克，产绒 25～50 克。

　　总之，济宁青山羊吃草少、耐粗饲、易饲养、成本低，毛皮价值高，羊肉也鲜美，具有很高的经营效益。

3. 陇东黑山羊

　　陇东黑山羊主要产于陇东黄土高原区的华池、环县和合水等地。陇东黑山羊体格大小适中，体形结实紧凑，被毛以黑色为主（约占 77％）。羔皮是陇东黑山羊的主要产品，其羔皮以黑色为主，光泽强烈，明亮美观，少数为青色羔皮，无论是其色泽或花纹，均可与济宁青山羊的正青色羔皮相似（图 2-64）。

　　陇东黑山羊具有合群性强，体小灵敏，善攀登，喜食灌木枝叶，耐粗饲，抗病力强等优良特性。其羔皮的卷曲，按其品质和特点，可分为四种：波浪形卷曲、片状卷曲、豆形与鬣形卷曲、螺旋形卷曲；皮面积平均为 650 平方厘米左右。其山羊绒产量中等，粗毛产量高于产绒量，绒毛纤细，品质较好。其产肉潜力大，肉质细嫩，低脂肪、高蛋白、低胆固醇，膻味极轻，是当地人偏爱的肉食品。

图 2-64　陇东黑山羊

陇东黑山羊繁殖性能较好，羔羊 6 月龄左右性成熟，8 月龄配种，一生产羔 6～8 胎，一般集中在冬春二季配种，以 2—4 月产春羔最多，少数母羊在 5—6 月产夏羔。陇东黑山羊的活重，公羊约为 40 千克、母羊约为 35 千克，屠宰率为 47.6%，净肉率为 48.5%。

4. 安徽白山羊

安徽白山羊分布于安徽省皖北地区和江淮之间，是黄淮山羊的一个地方群，在安徽省分布较广。其中心产区在阜阳和宿州两市，占总存栏量的 60% 左右，主要分布在阜阳、宿县、亳州、淮北、滁州、六安、合肥、蚌埠、淮南等市区县（图 2-65）。

图 2-65　安徽白山羊

安徽白山羊属皮肉兼用型山羊，是在暖温带半温润气候条件下，经过长期选育而形成的地方品种。该品种以性早熟、繁殖力高、板皮质量好而著称，但其个体小、生长速度慢，故作为皮肉兼用型山羊饲养。安徽白山羊体质结实，身体结构匀称，肉质鲜美，皮张质量好，繁殖率高，是我国优良的地方畜牧品种。

安徽白山羊的板皮属于"汉口路山羊板皮"，早已闻名中外。其板皮细密坚韧、拉力强，分层性能好，是制革的好原料。其板皮又以8月龄至周岁羊板皮为优，老龄山羊的板皮质量较差；冬季板皮质量最好，夏季板皮质量最差。板皮制成的皮革柔软、结实耐磨，可做皮箱、皮衣、手套等。

安徽白山羊毛色纯白呈丝光，被毛短而粗，面部微凹，鼻梁平直，耳平伸，稍向前招，嘴尖唇薄。公、母羊都有角，公、母羊胡须发达，体躯短、深。母羊腹大，背腰平直，乳房紧缩呈球状，后躯发育良好。公羊胸深，前躯发达，背腰平直，有雄姿。公母羊四肢端正、健壮，蹄质结实。

安徽白山羊成年公羊平均36.3千克左右，母羊26.1千克左右。在各阶段的体尺与增重情况相一致，其屠宰率高，周岁羊的屠宰率平均为50.92%，成年羊的屠宰率平均为48.92%。由此可见，周岁羊比成年羊的屠宰率高，而且周岁羊的体重已达到成年羊的78.5%。因此，商品肉羊以周岁左右进行屠宰最为适宜。安徽白山羊肉的品质好，肥嫩、鲜美、膻味少，是寒冷季节人们偏爱的食品。

5. 宜昌白山羊

宜昌白山羊是列入《中国羊品种志》的优良地方山羊品种，原产于湖北省鄂西南山地的宜昌、恩施两地，集中产区以宜昌市的长阳、五峰、秭归、宜都、兴山、宜昌和恩施州的巴东、建始、恩施、利川等17个县市为主，在毗邻的湖南、四川等省也有一些分布（图2-66）。

宜昌白山羊是我国皮肉兼用型山羊品种，在新中国成立之前，就以"宜昌路山羊板皮"驰名中外。宜昌白山羊皮板呈杏黄色，厚薄均匀、致密，板皮弹性好、拉力强、油性足，具有坚韧、柔软等特点。其革面细腻，出革率高，可分剥数层（最多可达7层），皮革通气透光，保暖性能好，经济价值高，为鞣制革皮的优良原料。

图 2-66 宜昌白山羊

宜昌白山羊饲养历史悠久，适宜在山场辽阔、坡度起伏大、灌丛密布、岩石多的山区生态条件下生活。经过科技工作者和农民的长期培育选育，形成了体质细致紧凑、四肢强健、蹄质坚实、行动敏捷、善于攀登、易上秋膘、蓄脂能力强、板皮质量好、遗传性稳定的皮肉兼用型山羊品种。

宜昌白山羊体形匀称，被毛白色，毛短贴身，绒毛少；头大小适中，颌下有髯，耳中等大小，耳背平直；母羊颈较细长、清秀，公羊颈较短粗雄壮；公、母羊均有角；背腰较平直，十字部略高于鬐甲；腹大而圆，膁部明显；尾短而翻卷上翘。它适应性强，生长发育较快，主食各种草类、灌木，尤喜食宜昌木蓝、胡枝子、槐树的嫩枝叶。

宜昌白山羊成年公羊平均体高 54.54 厘米、体长 64.44 厘米、胸围 76.10 厘米和体重 35.73 千克；成年母羊体高 52.31 厘米、体长 58.90 厘米、胸围 69.70 厘米、体重 27.01 千克。宜昌白山羊肉质细嫩、味道鲜美。

6. 埃塞俄比亚羔皮山羊

埃塞俄比亚羔皮山羊是一个优秀的山羊品种。其板皮品质极佳，属上乘皮革原料。同时，它也是世界上著名的生产高品质瘦肉的山羊，显示出很好的肉用特征，其具有广泛的适应性，也具有较高的经济价值和显著的杂交优势（图 2-67）。

埃塞俄比亚羔皮山羊繁殖力强，产羔率也高，一年四季都能发情配种产羔，其生产效率很高。母羊 6 月龄性成熟，产单羔比重为 25％、产双羔 60％、产三羔 15％。在放牧的情况下，6 月龄公山羊平均每头配种 15 头母山羊；9 月龄以上公山羊平均可配种 30 头母山羊。

图 2-67　埃塞俄比亚羔皮山羊

它们善于攀登和跳跃，蹄子极为坚实，有弹性的踵关节和像钳子一样的脚趾，能够自如地在险峻的乱石之间奔跑，以各种杂草为食。白天多在裸岩上休息，早晨和黄昏才到较低的高山草甸处去觅食和饮水。

作为皮用，其板皮品质极佳，属上乘皮革原料。作为肉用，成年山羊公羊、母羊的体高分别为 75～90 厘米和 65～75 厘米，体重分别为 95～120 千克和 65～95 千克。其屠宰率较高，平均为 48.3％。

（五）毛用山羊

1. 安哥拉山羊

安哥拉山羊是古老的毛用山羊品种，原产于土耳其草原地带，因土耳其首都安卡拉旧称安哥拉，故被称为安哥拉山羊。其原产区主要分布于气候干燥、土层瘠薄、牧草稀疏的安纳托利亚高原一带。安哥拉山羊所产的毛品质独特而且光泽好，用于高级精梳纺，是羊毛中价格最昂贵的一种，人们习惯称之为"马海毛"，早在 16 世纪就开始向国外出口（图 2-68）。

安哥拉山山羊体格中等，公、母羊均有角，耳大下垂，鼻梁平直或微凹，胸狭窄，臀倾斜，骨骼细，体质较弱。全身被毛白色，毛被由波浪形或螺旋形的毛辫组成，毛辫长可垂地。成年公羊体重 40～45 千克，母羊 30～35 千克。其性成熟较晚，一般母羊在 18 月龄开始配种，多产单羔，繁殖率及泌乳量均低，羊羔成活率为 75％～80％。成年公羊剪毛量 3.5～4.0 千克，母羊 2.5～3.0 千克，净毛率为 70％～80％。羊毛长度为 13～16 厘米，细度平均 32 微米左右，可纺 50～52 支纱。

图 2-68　安哥拉山羊

安哥拉山羊引进我国被用于改良品种，其分别与陕北土种山羊、太行山羊、西藏山羊、中卫山羊、内蒙古绒山羊等进行了杂交，目的是提高中国地方山羊品种的生产性能。试验结果表明，杂交一代山羊的生长发育快、体质健壮、被毛密度增加、无髓毛比例大幅度提高。

2. 苏维埃毛用山羊

苏维埃毛用山羊是苏联的毛用山羊品种，为了提高其产毛性能，在苏联时代，曾经引进过安哥拉山羊与其杂交，以提高其生产性能。通过品种改良，保留了苏维埃毛用山羊所固有的优点，即保持了其活重和繁殖率，及其全年游牧的适应性。同时，也提高了其产毛性能，使产毛量提高了 20％，毛的长度增加了 10％（图 2-69）。

苏维埃毛用山羊一般个体产毛 1.9～2.4 千克，最优者产毛量可达 4.5 千克。成年公羊活重 60 千克左右，母羊活重 40 千克左右。毛长为 16～20 厘米，羊毛细度为 44～50 支，净毛率在 74％～80％。苏维埃毛用山羊按被毛特点可分为两种类型，一种类型是羊毛较粗，油汗较多，光泽强，具有波浪状弯曲；另一种类型是羊毛较细，被毛多为螺旋状弯曲。

图 2-69　苏维埃毛用山羊

（六）普通山羊（或称兼用山羊）

1. 西藏山羊

西藏山羊产于青藏高原地区，分布于西藏自治区全境、四川省甘孜和阿坝藏族自治州、青海省玉树和果洛藏族自治州等地。这一品种的山羊个体小，体质结实，身躯结构匀称；额宽，耳较长，鼻梁平直。其公羊、母羊均有角，公羊角型主要有两种，一种呈倒八字形，另一种则向外扭曲伸展；其母羊角较细，多是向两侧扭曲（图 2-70）。

图 2-70　西藏山羊

西藏山羊产自青藏高原地区，那里气候垂直变化明显，无四季之分，仅有寒暖两季之别。寒季长达 7～8 个月，暖季只有 4～5 个月。当地海拔为 1 300～5 100 米，年平均气温为 1.9～7.5℃，7 月最高气温为 22.6～

29.4℃，1月最低气温为－41.2～－16.6℃，昼夜温差达15～25℃以上，年降水量少，蒸发量大，常年多风，无霜期为57～133天。

西藏山羊是典型的兼用品种，最大的优势是其对高寒牧区的生态环境条件有较强的适应能力。成年公羊平均体高54.43厘米、体长61.15厘米、胸围68.68厘米、体重24.2千克；成年母羊平均体高52.29厘米、体长59.21厘米、胸围65.54厘米、体重21.6千克。

西藏山羊毛被由长而粗的粗毛和细而柔软的绒毛组成。每年可抓绒、剪毛1次，在大部分地区，是先抓绒后剪毛，有些地区是抓绒和剪毛同时进行。成年公羊每年毛与绒产量约为0.71千克（0.50＋0.21），成年母羊毛与绒产量约为0.52千克（0.34＋0.18）。

2. 新疆山羊

新疆山羊是一个古老的地方品种，也是一个典型的兼用品种，分布于整个新疆，其中以阿尔泰山、天山南坡、昆仑山北麓的荒漠区较多，数量较为集中的还有阿克苏、喀什、克孜勒苏、阿勒泰和哈密地区。其主要产品是绒、奶和肉。其中以产肉为多，其羊绒细而柔软，具有均匀且强力好的优点，深受国内外市场的欢迎（图2-71）。

图 2-71　新疆山羊

新疆山羊抓膘力强，能在内脏蓄积较多的脂肪，因而能在严酷的气候条件下和不良的饲养条件下终年放牧，冬春季也可不补饲。其对陡峭的山区草场、荒漠、半荒漠贫瘠草原和灌木及半灌木草场具有特殊的适应性。它们觅食力强，耐热、耐寒、耐干旱，有较强的抗病能力。在新疆山羊中，北疆山羊体格偏大，南疆山羊体格偏小。

新疆山羊成年公羊体重在 33～60 千克，成年母羊体重在 27～34 千克。其体质结实，头较大，耳小半下垂，鼻梁平直或下凹，公、母羊多数有角，角基间簇生毛绺下垂于额部，颌下有髯。其背平直，前躯发育较好，后躯较差。毛被以白色为主，次为黑色、灰色、褐色及花色。母羊乳房发育情况，随各地区牧民挤奶习惯不同而不同。在粗放的饲养条件下，新疆山羊可综合生产羊肉、羊绒、羊奶等产品。

3. 红骨圭山山羊

红骨圭山山羊是肉乳兼用型山羊品种，是我国云南省独有的山羊品种资源，在其原产地饲养历史长达 2 800 年。其红色骨骼的特征是鉴定红骨圭山山羊的典型标志（图 2-72）。

图 2-72　红骨圭山山羊

红骨圭山山羊原产于云南省陆良县与师宗县边界沿普拉河谷至弥勒县中部的圭山山脉，现分布于云南路南、宜良、弥勒、泸西、陆良、师宗等县，是当地彝族同胞最喜欢饲养的山羊品种，也是国家地理标志认证农产品。

除了红色骨骼特征之外，红骨圭山山羊外貌特征也很明显，公、母羊皆有须、有角，皮肤薄而富有弹性；头小而显干燥，额宽，耳大灵活不下垂，鼻直，眼大有神，颈扁浅，鬐甲高而稍宽。其胸宽深而稍长，背腰平直，腹大充实、臀部稍斜，四肢结实、蹄坚实呈黑色；骨架中等，体躯丰满，近于长方形。

红骨圭山山羊全身黑色毛者占 70%，头、颈、肩部、腹部着棕色毛者占 22%，其余为全身着棕色毛和青色毛。其被毛粗短而富有光泽，母羊乳房圆大紧凑，适合于产奶。

红骨圭山山羊具有优良的产肉性能（产肉率高）和产奶性能（年均产奶 100 千克），属于肉乳兼用型地方优良品种。成年公羊平均体长 76.03 厘米、胸围 86.53 厘米、体重 48.63 千克；成年母羊平均体长 71.47 厘米、胸围 83.90 厘米、体重 43.52 千克。其平均屠宰率为 44.87％～46.14％。

红骨圭山山羊抗逆性强，善于攀食灌木嫩叶枝芽，耐粗饲，体质结实，行动灵活，游牧或定牧均可。其母羊泌乳期一般为 5～6 个月，最长可达 7 个月。除羔羊吸吮外，母羊在一个泌乳期可挤奶 45～90 千克，其乳脂率高达 5.2％，母羊产羔率为 156％。由于其既产奶、又产肉，因而其产奶量相对较低，生长发育比较缓慢，性成熟也较晚。

4. 贵州白山羊

贵州白山羊是贵州省地方优良品种，原产于黔东北乌江中下游的沿河、思南、务川等县，分布在贵州遵义、铜仁两地，在黔东南苗族侗族自治州、黔南布依族苗族自治州也有分布，是贵州省优良的肉皮兼用山羊良种（图 2-73）。

图 2-73　贵州白山羊

贵州白山羊是一个古老的山羊品种，据明嘉靖年间《思南府志》记载："羊，皆山羊，罕绵羊"。又据《史记》《后汉书》等记叙，在现今的思南、印江、沿河一带，在汉代以前饲养牲畜已具有规模，那时山羊和黄牛为当地主要的家畜。由此可见，贵州饲养白山羊已有悠久的历史。贵州白山羊具有性成熟早、繁殖力强、适应性广、肉质优良、皮板厚薄均匀、遗传性能稳定等特点。

贵州白山羊体型中等，大部分有角，有须；腿较短，背宽平，体躯较长大丰满，后躯发育良好；头宽额平，颈部较圆，部分母羊颈下有一对肉垂；胸深，背宽平，体躯呈圆筒状；体长，四肢较矮。其毛被以白色为主，其次为麻、黑、花色。少数羊鼻、脸、耳部皮肤上有灰褐色斑点。

作为肉用，贵州白山羊肉质细嫩，肌肉间有脂肪分布，膻味较轻，一般在秋冬两季屠宰。成年羯羊体重平均为 47.53 千克，胴体重平均 23.26 千克，内脏脂肪重平均为 4.27 千克，净肉重平均为 19.02 千克，屠宰率（包括内脏脂肪）为 57.92%，净肉率平均为 40.02%。

作为皮用，其皮板厚薄均匀而柔韧，纤维致密，毛孔细小，拉力强，张幅面积在 3 000～6 000 平方厘米，干皮重为 500～700 克。

5. 建昌黑山羊

建昌黑山羊主要分布在四川凉山彝族自治州的会理县、会东县、米易县，产区地处云贵高原和青藏高原之间的横断山脉延伸地带，地貌山峦起伏、沟谷纵横，大小凉山重叠，金沙江、雅砻江、安宁河及其支流贯穿全境，气候随海拔高度而变化。建昌黑山羊主要分布在海拔 2 500 米以下的地区（图 2-74）。

图 2-74　建昌黑山羊

建昌黑山羊是兼用性山羊品种，体格中等，身躯匀称，略呈长方形，头呈三角形，鼻梁平直，两耳向前倾立，公、母羊绝大多数有角、有髯。其毛被光泽好，大多为黑色，少数为白色、黄色和杂色，毛被内层生长有短而稀的绒毛。

建昌黑山羊适合种植牧草来喂养，在乡村可以实行放养与圈养结合。其成年公羊平均体高 58 厘米、体长 61 厘米、胸围 74 厘米、体重 34 千克；成年母羊平均体高 56 厘米、体长 59 厘米、胸围 71 厘米、体重 29 千克。建昌黑山羊具有生长发育快、产肉性能高和皮板品质好的特点。其肌肉纤维细，硬度小，肉质细嫩，味道鲜美，膻味极小，羊肉营养价值高；其皮板张幅大，面积为 5 000～6 400 平方厘米，且厚薄均匀并富有弹性。

6. 太行山羊

太行山羊主要分布在山西省的晋东南、晋中两地区东部太行山区各县，河北省的保定、石家庄、邢台、邯郸地区各县，河南省的安阳、新乡地区的林县、安阳、淇县、汲县、博爱、沁阳、修武等县（图 2-75）。

图 2-75　太行山羊

太行山羊体质结实，体格中等，头大小适中，耳小前伸，公、母羊均有髯，绝大部分有角，少数无角或有角基。其颈短粗，胸深而宽，背腰平直，后躯比前躯高，四肢强健，蹄质坚实，尾短小而上翘，紧贴于臀端。其毛色主要为黑色，少数为褐色、青色、灰色或白色，还有一种"画眉脸"羊，其颈、下腹、股部为白色。太行山羊的毛被由长粗毛和绒毛组成。

太行山羊是兼用山羊品种，其成年公羊平均体高 57 厘米、体长 65 厘米、胸围 78 厘米、体重 37 千克；成年母羊体高 53 厘米、体长 62 厘米、胸围 73 厘米、体重 33 千克。成年公羊平均年抓绒量为 275 克，成年母羊平均为 160 克；成年公羊年平均剪毛量为 400 克，成年母羊平均剪毛量为

350克；公羊毛长平均为11.2厘米，母羊平均为9.5厘米。

7. 鲁北白山羊

鲁北白山羊原产于山东省滨州、德州、聊城以及毗邻的东营、济南等地，存栏数量较大的县、市有滨城、无棣、沾化、阳信、利津、垦利、平原、茌平、冠县、高唐等。这一山羊品种体质结实，体形结构匀称，全身被毛白色，毛短而稀，皮薄而有弹性，绒毛甚少。公母羊蹄质均结实（图2-76）。

图2-76　鲁北白山羊

鲁北白山羊颌下有须，有角羊占59%，无角羊占41%，有肉垂的羊占80%。公、母羊前躯发达，背面平直。母羊前躯宽，后躯发育好。周岁公羊平均胴体重为5.03千克，屠宰率为44.24%。成年公羊体重为41.07千克，母羊为31.00千克。

鲁北白山羊耐粗饲、耐热、耐寒，繁殖率高，易管理，遗传性能稳定，是我国优良的地方畜种。鲁北白山羊肉质细嫩多汁，板皮质量也不错，历史上其羊肉和板皮主要是供应北京、天津、沈阳等大城市的市场。

但是近年来，由于波尔山羊的大量引进和杂交改良，对鲁北白山羊的纯种繁育形成了严重冲击，纯种种公羊数量不断下降，种质资源状况甚忧。沾化县是鲁北白山羊的核心产区之一，当地政府正在设法加大扶持力度，并通过建立核心繁育群或采取冻精、冷冻胚胎等方式，加大品种保护的力度，以保护这一优良的地方畜种。

8. 伏牛山白山羊

伏牛山白山羊原主产于河南伏牛山区，是一个皮肉兼用的地方优良品种。这一品种具有耐粗饲、适应性广、抗病力强、喜攀爬、适宜山区放牧等特点，主要分布在嵩县、汝阳、栾川、洛宁等地（图2-77）。

图 2-77 伏牛山白山羊

伏牛山白山羊体质结实，体形结构匀称；头中等大，面微凹，颈略窄，背腰平直；中躯略长呈桶形，体长大于体高，后躯发育良好且稍高于前躯；四肢粗壮，关节明显，蹄壳呈蜡黄色。被毛色以纯白色为主，少数为灰色或浅褐色，分有角和无角两种，有角者多。伏牛山白山羊性成熟早，一般母羊两年可产3胎，一胎1～2羔，繁殖率为121%。

伏牛山白山羊初生时体型呈正方形，公羔初生重2.05千克，母羔初生重1.98千克，随着年龄的增长体高增长速度变慢，体长增加速度变快，身躯向宽深度增加，成年时体长大于体高，呈长方体体型。成年公羊平均体高59.0厘米，体长63.5厘米，体重33.8千克；成年母羊平均体高54.2厘米，体长60.4厘米，体重25.2千克。

9. 长江三角洲白山羊

长江三角洲白山羊是皮、肉、毛兼优的江苏地方山羊品种，具有早熟、多羔、适应能力强、繁殖力高等特点。其特色产品——笔料毛，细直有锋、富有弹性，是制笔业的优良原料。因其原产地集中于江苏的海门县和启东县、上海的崇明县一带，故习惯上也被称为"海门山羊"（图2-78）。

除了原产地之外，长江三角洲白山羊还分布在江苏省的南通、苏州、扬州和镇江地区；浙江省的嘉兴、杭州、宁波、绍兴地区和上海市各郊县。长江三角洲白山羊体格中等偏小，头呈三角形，面微凹；公、母羊均有角，角形大多向后上方倾斜呈八字形；前躯较窄，后躯丰满，背腰平直；公、母羊颌下有髯，公羊额部有绺毛；全身毛被短而直，公羊肩胛前缘、颈和背部毛较长，富光泽，绒毛少。

图 2-78　长江三角洲白山羊

　　长江三角洲地区气候温和湿润，粮田遍地、物产丰富。由于有大量农副产品和水陆野生植物，这为养羊提供了丰富的饲料来源。但当地基本无放牧地，养羊均为舍饲。长江三角洲白山羊被毛短而直，光泽好，弹性好；其羊毛洁白，挺直有峰，是制作毛笔的优质原料。

　　长江三角洲白山羊性成熟早，母羊在 6～7 月龄可初配，初生时公羔体重 1.2 千克、母羔体重 1.1 千克。成年公羊平均体高 48.39 厘米、体长 52.53 厘米、胸围 60.90 厘米、体重 28.58 千克；成年母羊平均体高 45.45 厘米、体长 49.26 厘米、胸围 56.77 厘米、体重 19.43 千克。其皮张较小，皮质致密而柔韧，富有光泽，弹性很好，其中又以冬羔在当年晚秋屠宰的皮为最佳，晚春和初夏屠宰的皮较差。

　　当地群众有吃带皮山羊肉的习俗。其羯羊肉质肥嫩，膻味小，而且所产板皮品质好，更加致密、柔韧、富有光泽。

第三章
羊的象征意义与羊图腾崇拜

一、羊的象征意义

（一）图腾象征

人类和羊相依相偎、不离不弃的关系源远流长。羊是与原始先民生活关系最为密切的动物之一。因羊易于饲养、性情温顺、肉质鲜美，这就使它很容易成为人类优秀的生活伙伴。于是，人类就会不可避免地在羊身上投放更多的情感因素，并促成对羊的外在品行和内在性格的进一步认识、想象和认同，从而不可避免地将其人格化，并使羊成为具有一定宗教意义的圣物，因此也就很自然地演化成为一些民族的图腾象征。

许慎的《说文解字》中说："羊，祥也。"古汉语中"羊"字与"祥"字也是相通的。吉祥的礼俗中常用羊来做祭品，就是因为人们认为羊能传达吉祥、福祉之意，因此，羊也就成为吉祥与福祉的象征。

在从几万年前到几千年前的岩画上，原始人镌刻的形态各异的羊的形象中，我们可以看到人类与羊的和谐关系。我国一些少数民族，至今仍然是以羊为其图腾。我国古羌人，古代也称西戎人，《说文解字》中说该族为"羊种"，《史记》中说他们是"牧羊人"。用现在的语言来表达，就是古代羌人（或西戎人）是一个游牧民族，他们把羊作为自己民族的图腾祖先，把自己与羊看作是同一族类，并对其虔敬供奉。

（二）羊大为美——美的象征

按照我国古老的生肖文化传统，在十二生肖中，羊是美的属相。在古人的眼中，羊的形象是很漂亮的。所以，甲骨文的"美"字，就是从羊的形象得来的。中国传统审美取向的形成与羊有着密切的关系。

王筠曰："羊大则肥美。"段玉裁亦说："甘者五味之一。而五味之美皆曰甘。羊大则肥美。"王筠和段玉裁都是从人们对羊的味觉感受上来述说其美的意义的。人们对羊的审美价值取向，还产生于对羊的精神感受，以及对羊的内在特质的认识。《诗经·小雅·无羊》中说："尔羊来思，其角濈濈。"郑玄笺注："此者美畜产得其所。"其意思就是说，羊被人们视为美畜。

"羊大则美，故从大。"可见，"美"字的原型就取自羊。徐铉在注解《说文解字》时，从人们对羊的感受上表达了羊"美"的意义。首先，羊的秉性善良温和，顺天随人，又安分合群，羊特别容易与人相处；其次，羊的所求很少，吃的是青草或干草，再简陋的环境羊都能生存；更可贵的是，羊身上的皮和毛能给人带来温暖。所以，伴随着中华民族步入文明社会，与羊有关的人类文明积淀，也就演绎成一道独具特色的文化风景。羊文化作为中华民族的传统文化之一，深深地影响着我国传统文化的审美观念（图 3-1）。

图 3-1　西汉时期《牧羊图》中描绘的羊

（三）吉祥之羊——吉祥的象征

古人拜见天子献鬯（指一种祭祀用的香酒），拜见诸侯奉玉，拜见国卿则赠羊羔。"羊"就是意味着"祥"，因此羊羔也就成为最佳的赠礼，寓意吉祥如意。

羊总是与吉祥相伴，有时还会被画上了等号。在殷商甲骨文卜辞中，羊通"祥"，祥中有"羊"字，吉祥即吉羊。
所以，人们往往会把羊作为吉祥的标志，描
绘在器物之上。"三阳开泰"源出于《周易》，
寓意冬去春来、阴消阳长、万象更新。以
"三阳开泰"祝贺新年，就寓有"吉祥、平
安"之意，预示着风调雨顺、五谷丰登、人
寿年丰、国泰民安。这些都是人们对新的一
年美好生活的向往和追求。

　　所以，古时候人际交往馈赠佳品的羊，
也顺理成章地成为人们敬献神灵、上天和祖
宗的最佳礼物。除了吉祥之意外，羊还是财
富、力量和公平的象征（图3-2）。

图 3-2　宋代的山羊形头饰

（四）财富之羊——财富的象征

　　羊也是一种财富的象征。《诗经·小雅·无羊》中说道："谁谓尔无
羊？三百维群；谁谓尔无牛？九十其犉（音淳，黄毛黑嘴唇的牛）。"这是
赞美周宣王中兴以后，畜牧业兴旺的诗。诗的意思是说，谁说你没有羊？
那三百只一群的羊不知有多少群；谁说你没有牛？除了那九十匹黑嘴唇黄
牛外，不是黑嘴唇的牛也有很多。据此推断，羊与牛都是人们拥有财富的
象征。所以，古人以羊做器（陶羊、玉羊、骨羊、陶羊圈、羊形器皿、以
羊图案装饰的器皿等），也在一定程度上含有仰慕财富之意，故羊象征着
拥有财富。

　　在中华民族几千年的发展历史中，伴随着养羊的普及，羊曾经一度被
作为一般等价物使用（在一定范围内起到货币的职能）。也就是说，那时
人们在进行物品交换时，是以一头羊可以换多少物品来折算实际交易价格
的。这样来看，拥有越多的羊，也就拥有更多的财富。

　　古代羊皮能替代钱币用来招募贤士。春秋时期，晋献公灭掉虞国，百
里奚被转到楚国宛地当了奴隶。穆公早就听说百里奚是一位贤士，就想用
贵重礼物将其赎回，但又怕楚国人不同意放人，便派遣使者去对楚人说：
"百里奚是我陪送出嫁的人，请用五张公羊皮赎回他。"楚国人收了羊皮便

放了百里奚。自此以后，羔羊皮就成了聘请贤士时进献的礼品。

另外，古代羊的形象也曾被用在钱币上（图3-3）。

图3-3　清代的大吉羊四灵花钱

民国时期的羊币，又称五羊币，是中国近代仅有的一种以羊为图案的流通铜币。五羊币于1936年由广东的主政者陈济棠所铸。其中孔下为五羊图，五羊形态自然，坐卧起立，惟妙惟肖。羊币的背面左镌刻有禾穗一束，寓意"穗城"，右镌刻有"壹圆"面值。圆孔四周是用5个篆书"羊"字连接而成的网纹装饰图案（图3-4）。

正面　　　　　　　　　　　反面

图3-4　1936年广东陈济棠铸造的"五羊币"

（五）力量的象征

在中国古代，"羊"与"阳"相通。在距今6 000年的半坡遗址出土的彩陶盆上，就有羊绕日旋转的图案：四只羊围绕着太阳符号转（图3-5）。把羊的图案绘于食器之上，显然是认为可以通过羊来获得人们所需要的某种力量。

同样，在山东滕县出土的西汉画像石上，也有羊角穿壁纹图案。图案

图 3-5 西安半坡遗址出土的彩陶盆盆底图
案：四只羊绕着太阳转

中心是象征太阳的同心圆，上面饰以羊角，两边为羊头人身像，下方为龟（或鱼），它们都蕴含着古人崇信的"羊""阳"一体观念（图 3-6）。

图 3-6 滕州汉画像石馆收藏的汉画像石

（六）羊象征着公平正义

羊还是正义、公正的象征。东汉王充《论衡·是应篇》记载了一个尧时的"神羊"传说：尧时有一个大臣皋陶，是个法官，他有一只神羊，即"獬豸"［huà zhì］。"獬豸者，一角之羊也，性知有罪。皋陶治狱，其罪疑者，令羊触之，有罪则触，无罪则不触。故皋陶敬羊，起坐事之。"这种做法被古人称为"羊判"。

据《墨子·明鬼》记载，齐国也有一只与皋陶的"獬豸"一样的神羊，能辨别是非，竟使无理者身亡。据说齐庄公有两个大臣王里国和中里徼，打了三年的官司却仍无结果。齐君"乃使二人共一羊，盟齐之神，二人许诺……读王里国之辞既已终矣，读中里徼之辞，未半也，羊起而触之，折其脚……殪之盟所。”

这两段有关神羊的传说，恰好体现了古人由羊图腾向羊神崇拜的转变。也说明，古人在心理上赞许羊可以作为公平与正义的象征。

历史上还有夷羊审判商纣王的传说故事。据《淮南子·本经训》记载：相传，殷商将亡时，商之牧野曾出现了一只为了审判商纣王的罪而来的神羊夷羊。

据说楚王曾获獬豸，因其形创作了獬豸冠，后来御史、狱吏等执法者就开始穿着戴有独角神羊图案的官服。清代御史及按察使官服皆绣有獬豸图案，以显示法律的尊严。这些都是羊图腾观念在现实中的反映。

古时人们将双方结盟时宰羊立誓称为“刉羊盟”。羊是神圣的，杀羊所盟的誓言，也应是神圣的，不可动摇的。春秋战国时期，齐鲁两国曾订立了互不侵犯的“刉羊之盟”，从此，齐国就再不进兵鲁国了。

陕西等地有“羊头会”等活动。在举行“羊头会”时，要宰杀一只羊，割下羊的头并悬挂于树上，然后宣读公约，若有违犯公约者和见违禁情形不报者，都要受到惩罚。

二、羊图腾崇拜

羊是人类最早开始狩猎、驯化的动物之一。因此，自古以来，人们就十分喜爱羊，也崇敬羊。在原始社会，羊作为一种图腾比较普遍。在崇拜羊的部落举行宗教仪式时，巫师要头戴羊角跳舞，来祈祷狩猎成功。

学者于省吾在《释羌·笱·敬·美》中写道：“氏族在庆祝节日跳舞时，才戴上双角冠以为盛装；有的氏族的酋长或贵族妇女，以戴羊角为尊荣；有的氏族的巫帅在作法礼神时，才戴上双角冠以示恭敬；有的氏族为所崇拜的神祇塑造形象时，也以鼓角来表示庄严。”

《山海经》中记载有半人半羊和半羊半其他动物的神，它们的形状都是人身，头上长着羊角。臧羊的形状不像羊，它的尾巴像马尾。阴山岩画中羊题材的作品较多，这说明了原始先民以羊为图腾而且范围很广。

据《神仙传》记载，当年老子西行布道，著书《道德经》，临行时对人说："子行道千里后，于成都青羊肆寻吾。"后来，人们果然看见老子骑着青羊来到成都，于是人们就在此处建造了一座"青羊宫"。青羊宫八卦亭内有楹联云"西山函关佛子拜，东来鲁国圣人参"和"问青牛何人骑去，有黄鹤自天飞来"。

（一）羌族人视羊为始祖

中国西部古老的部落"羌"是一个以羊为图腾的原始部落（图 3-7）。据殷商甲骨卜辞记载："甲午卜，贞：翌乙未，侑于祖乙，羌又十五，卯宰，又一牛，五月。"文中的"宰"就是一对羊。羊是祭祖的祭牲。现在，青海省还保留有"老羊歌"的舞蹈。在社火表演的队列里，舞者头戴羊角帽，面画大胡子，身穿羊皮袄，走在最前列。表演时，表演者还轮流唱民歌小调，祈愿太平吉祥。

图 3-7　羌族的羊图腾

羌族人视羊为其始祖。古代羌族人崇拜羊神、羊祖。史书上记载："羌，西戎，牧羊人也。"他们在举行成年礼和"送晦气"等仪式里，都要在身上或脖子上缠绕羊毛线，表示与羊"一体化"。许多驱邪仪式或法物上都要洒羊血。羌族巫师的"羊皮鼓"，系着响铃，传说敲打时不但能够驱邪，还能帮助人记诵经书。

在羌族人中还流传着关于羊皮鼓的一则传说：天神爷木比塔把天书送给三女儿木姐珠和女婿斗安珠（羌族始祖）作为结婚礼物，村里有个牧羊娃很想亲眼看看这本书。于是他就趁斗安珠和木姐珠熟睡时，从神龛中拿走了天书。因他不识一字，便将书放在一边睡着了。谁知天书竟被一只头羊吃了。斗安珠和木姐珠知道后心急如焚，按照别人的建议，剖开羊肚，只看见里面是一堆碎渣。牧羊娃一气之下用鞭子狠抽羊皮，打了一阵，羊皮渐干紧绷，还发出咚咚的声音。后来，人们将羊皮做成鼓，从此，羊皮鼓就被羌族人奉为至宝。

直至近代，分布于青海、四川、西藏等地的由古羌发展演化而来的羌族，仍然保留着羊图腾崇拜的遗迹。他们在行冠礼时，颈上要悬挂羊毛线，以示与羊一体，还要举行祭祀羊神的仪式。在丧礼中要杀一只羊，为死者引路。他们还用羊髀骨与羊毛线作为卜具，卜问生老病死、吉凶祸福。羌族巫师最重要的法器就是羊皮鼓，其他法器上也往往以羊角为饰。

当羌族的孩子长到一定年龄时，要为其举行成年礼，即冠礼。每年 10 月至 12 月为四川阿坝等地的羌族举行冠礼的时期。为了消除不祥，即将为孩子举行冠礼的人家在 8 月即请巫师在家里作法事，直至冠礼前夕。冠礼的主要程序是：诸亲族围火而坐，一巫师手执杉杆而跪，杆顶挂有纸制始祖像。受冠礼人衣冠簇新，向始祖像跪下。另一巫师持羊毛线，线上系五

图 3-8　羌族刺绣的"四羊护花"图案

色布条，将此物作为始祖赠品围在受冠礼人的颈上。然后巫师及受冠礼人都跪下祷祝，求始祖庇荫，使受冠礼人与天地、日月同老。

祷祝毕，巫师还要将始祖的赠品分赐在场诸亲族的孩子，不分男女，各佩带一份。接着，族长开始讲祖先的历史，而巫师则念经以祭家中诸神。祭羊神时会牵来一只活羊，并抓来一只鸡，巫师将始祖的赠品在羊脖子上也戴上一份，并祷祝它多多生育。祭后此羊不杀不卖，还要精心饲喂，直至其老死。

（二）神农、伏羲最早都以羊为部落图腾

在中华文明的发展进程中，"羊"所起的作用很大，在某些时期甚至超过了"龙"。中国人习惯称自己是"炎黄子孙""龙的传人"，其实这一说法是后来的事情。在"龙"这种传说中的动物没有出现前，"羊"曾是许多部落的图腾。民俗学者倪方六认为，中华人文始祖是与羊"血脉"相承的，"三皇"中有两位，伏羲、神农最早都是以"羊"为部落的图腾的。

神农，即炎帝，其地位要比黄帝高（炎帝、黄帝两人是同父异母的兄

弟），炎帝的影响也更大。所以，古人将其合称为"炎黄"而不是"黄炎"。炎帝是一位农业专家，他又被人们称为"神农氏"即缘于此。中国作为传统的农业大国，炎帝在中国古代备受尊重。

据《帝王世纪》记载，"炎帝神农氏，姜姓，母女登游华阳，感神而生炎帝于姜水，是其地也"。司马迁的《史记·五帝本纪》对此也有记载，炎帝母亲女登的受孕地点在姜水的常羊（即羊头山），姜水属羌地，这里的羌人部落便是以羊为图腾。可见炎帝一出生就与"羊"结缘，其"血缘关系"非常紧密。

古人图腾崇拜是一个不断演化发展的过程。伴随着农业生产的发展，牛在农耕中的作用变得比羊更重要了，其地位也逐渐超过了羊，于是牛就成为部落图腾。这就是为什么《山海经》中的炎帝是"人身牛首"的半人半兽形象的起源。但在炎帝部族发展的历史中，"羊"确实充当过其部落图腾形象。

以后炎帝带领其部落沿黄河东迁，便把原先对羊的崇拜风俗带到了今天的河南、山东等地。因此，在这些地方出土的汉画像石上，都可以找到以羊头、羊角形象为图案的画像。另外，山东省临淄曾是齐国的故都，这里出土的器物上也常常会有表现羊图腾内容的图案。

在炎帝与黄帝部落合并后，"牛"图腾又被人们想象中更为强大的"龙"图腾所取代。此后，"龙"就成为中华民族统一的图腾形象。

"三皇"是指炎帝（神农）、黄帝和伏羲氏。其中的伏羲氏原本就属于古羌戎氏族，其原始图腾就是"羊"，其称谓"羲"字中也有"羊"，这也正是当时"羊崇拜"现象的一种反映。伏羲对中华文化最大的贡献是"观象画卦"，他创造了影响中华文明进程的"八卦文化"，即后来"五经"之一的《易经》，并由此结束了我们祖先"结绳记事"的历史。

作为图腾崇拜，原始先民会立起羊图腾柱。羊图腾柱是长杆形，做成羊角状，以方便挂祭品，长杆较高，意为可以通天，通达神灵。它一般立在氏族成员祭祀的地方，人们围在图腾柱下跳图腾舞，向神灵献祭。有考古学家发现内蒙古自治区阿拉善右旗曼德拉山最高点上有羊角柱与牛角柱并列在一起的岩画。西安半坡遗址也发现并定名有"弯角羊头正面形象"的羊角柱（羊图腾柱）。这种羊角柱图案在现代考古中也有不少发现（图3-9）。

图 3-9　半坡遗址中先民使用的羊角图腾柱图案

陆思贤在《神话考古》中认为，伏羲是古羌羊图腾转化为虎图腾的部族，伏羲氏曾在羊角图腾柱上观象画卦。《易·系辞传》称，"古者伏羲氏之王天下也，仰则观象于天，俯则观法于地。视鸟兽之文，与地之宜；近取诸身，远取诸物；于是始作八卦，以通神明之德，以类万物之情"。

考古学家陆思贤在其《神话考古》一书中认为，受到当时普遍存在的"羊角柱"的影响，"伏羲氏于羊角图腾柱上观象画卦"。受到羊角柱在地上投影的启发，伏羲氏头脑中闪现出了八卦图的灵感。

也有人认为，羊字在甲骨文里写作 ，就是在羊角柱形状的基础上演变而来的。东汉许慎在《说文解字》中释"羊"："从象头角足尾之形。"是指什么呢？就是"羊角也"，即"羊角柱的符号。"

三、其他关于羊的神化与崇拜

（一）羊是神的祖先和化身

1. 羊为谷神

羊是五谷之神。清人屈大均《广东新语》卷五云："周夷王时，南海有五仙人衣各一色，所骑羊亦各一色，来集楚庭。各以谷穗一茎六出，留与州人，且祝曰：'愿此阛阓，永无饥荒。'言毕，腾空而去，羊化为石。"五仙人所乘的羊，化为石头留下来，践行诺言。在人们的心目中，羊和五位仙人都被视为五谷神的象征。

另外，民间还有五羊衔谷的传说。据汉唐地理书钞夕辑《裴渊广州记》云："州厅事梁上画五羊，又作五谷囊，随羊悬之。云昔高固为楚相，五羊衔谷，萃于楚庭，故图其像为瑞。六国时广州属楚。"清朝时广州城内有五仙观，广州城的别称也叫五羊城。在 1959 年，广州市越秀公园立起了一座五羊雕塑，一老山羊衔穗耸立，四羊环绕其旁。这一雕塑已经成为今日广州市的市徽（图3-10）。

2. 羊为土神

据《陇州图经》记载，秦始皇出巡看到二白羊相斗，令人追之，至一处化为土堆。使者惊异而回报始皇。始皇自去，见二人拜伏道旁，声称："臣非人，乃土羊之神也，以君至此，故来相谒。"说完就不见踪影。秦始皇听闻后特派人在此建了一座土羊庙，那羊也被视为"神羊"。

图3-10　广州市越秀公园的五羊雕塑

在《国语·鲁语下》也有一条记载：鲁国大夫季桓子挖井，挖到一只像羊的动物，派人问孔子是什么精灵。孔子回答，这是土神羵羊。因为羊为土神，出于土，所以在我国不少地方有"种"羊的传说，即把羊身体的一部分"种"于土中，可以从土中"长"出羊来。

3. 羊为雨神

唐朝李朝威的传奇小说《柳毅传》载：落第士子柳毅回乡路遇龙女牧羊，怪而问之，乃知这些羊是"雨工"，是雷霆一类的雨神。仔细端详后，柳毅觉得这些羊的神态气度的确与一般羊不同。随着这一故事的广泛流传，人们就开始认为羊是雨神。

4. 羊为树神

在民间传说中，羊有时还会成为树精。《太平御览》卷八八六引《玄中记》云："千岁树精为青羊，万岁树精为青牛，多出游人间。"另据《述异记》云："梓树之精化为青羊，生百年而红，五百年而黄，又五百年而色苍，又五百年而色白"。羊喜食树叶、树皮，常在树下，因此，人们把羊看成是树神也就是顺理成章的事了。

5. 羊为石神

羊还被人们崇拜为石神。在阿昌族中流传着一个羊石互化救人的神话故事。据《云中记往·阿昌传》载：一位阿昌老人打猎时误射死一人，酋长要治老人死罪。酋长告诉老人的儿子猛仰，说用羊可以赎罪。猛仰哀求一位老妇人，愿卖身买羊以赎父罪。可是那老妇人却说："我吃饭尚且困难，哪里会有羊？"猛仰大哭起来："那我父亲就活不了了！"老妇人非常同情他的不幸遭遇，但确实是无力相助。当老妇人送猛仰出门时，却见到门外的数块石头都化成了羊。猛仰看见高兴极了，遂赶着羊群去救父亲。但是到了第二天，羊群自己都跑回到原来的地方，又变成了石头。

6. 羊为山神

羊还被人们视为山神。早在原始社会时期，人们就已形成了对山神的崇拜，羊被羌族人认为是山神。山是土地的代表，山神为羊，土神也为羊。

在崎岖的山路间，羊群里的头羊却能认清路途，不会迷路，并能带领羊群走到水草丰茂的地方。在人们看来，那领头羊确实是山神，能为山间的羊群找到生存之路。

（二）其他地域的人们关于羊的崇拜与尊敬

1. 西藏的羊崇拜

西藏牧民也崇拜羊。图齐、海西希《西藏和蒙古的宗教》记载：至今在西藏人心目中，羊和羊毛都是有灵的、神圣的。过年时人们用酥油塑一羊头，以示吉祥如意；茶壶、盛酒器皿上，都要系白羊毛；祭祀时也要在祭祀杆上系白羊毛；巫师们头戴染成五色的羊毛缨子，呢帽用羊毛编制而成，上面还用羊毛线缝三个未来的三世佛；甲达尔是寺院顶上的饰物，是用黑色羊毛线制成的圆锥体物，其上部为一根戟，还配有羊毛织物的横幅或竖幅（图 3-11）。

图 3-11 藏族过年时用的酥油花和酥油塑成的羊头

2. 古代的羊崇拜与太阳崇拜

古时羊崇拜与太阳崇拜同时存在，古代"羊"与"阳"也是相通的。汉刘熙《释名·释姿容》解释"望羊"曰："羊，阳也。言阳气在上，举头高，似若望之然也。"朱天顺在《中国古代宗教初探》中说："由于太阳的性能对人类生活有很大的影响力，所以世界各国的古代宗教中都有太阳崇拜。"比如，山东省济宁市博物馆藏的汉画像石四叶同心圆上就饰以羊角，而同心圆则是太阳的象征。

3. 以羊图腾来做姓氏或地名

以羊为姓、为名，也是羊图腾文化的一种表现。彝族有绵羊族、崖羊族，后来受汉姓影响，假借汉字改为"杨"或"羊"姓。有的羊图腾部族还以羊身体的某一个部位命名，如羊舌、羊角，或以公羊、母羊为族名。后来这些族名也都演变为复姓姓氏。如《通志·氏族略》记载，"羊舌"为春秋时晋之公族的姓。战国时有人姓羊角名哀。

何星亮在《中国图腾文化》中说："我国最古老的地名，大部分是图腾的名字。用这种图腾的部落，因定居在某一地，就用图腾以名其地。"以羊命名的地名也大都与羊图腾有关。汉代时有"羊头山"，在今山西省长子县东南，是西羌的居住地。据《后汉书·西羌传》记载："复以任尚为侍御史，击众羌于上党羊头山，破之。"有的地方古时存在过与羊有关的神话传说，或者该地的地形特征与羊身体的某一部位相似，就取羊的象征意义，给其命名。比如山东省寿光县北部、小清河入渤海处的羊角沟，四川省松潘西北岷山之麓的羊膊岭等。

古代因羊神与石神合一崇拜，故自然界中有许多以羊命名的"羊石"。比如：固羊石、羊背石、羊头石和山东省历城县阳起山的羊起石、山东省兖州宫山的黑羊石，等等。

4. 以羊来驱邪避祟

我国多地的民间都认为羊能避邪呈祥。民间人们认为悬挂羊皮可以驱邪避祟，悬挂羊头可以防盗。原始先民有以羊毛、羊皮覆盖屋宇的习俗，其道理就在于此。另外，人们还认为山羊或羚羊的皮能惊吓来往的牛马，阻挡邪魔恶鬼。

汉代许慎在《说文解字》中说：城里悬挂羊皮，可以阻挡不该进城的人入城，惊吓牛马。刘肃《大唐新语》说："正朝，县官杀羊，悬其头于门，又磔鸡以副之，俗说以厌疠气。"在我国西北的少数民族中，就有悬羊头于门外或室内的风俗，这就是借其角而镇宅守兵。

5. 以牧羊和养羊起家的名人

古人认为牧羊是"天将降大任于斯人"的一种磨炼，通过劳作活动，造就了一批杰出的文臣武将。另外，牧羊又是神仙乐道的象征，蓝天白云、绿草如毡，这对人们又具有莫大吸引力，曾使多少人流连忘返。

牧羊的艰辛和苦难可以直接磨砺人的体魄和意志，为日后成就大业打下基础。大概困境最可以锻炼一个人，促使其有所作为。比如汉时抗击匈奴的大将军卫青就是如此，他从小牧羊，后来在对匈奴的战争中，英勇善战，屡立战功，因而受到皇帝的重用。

在卫青小时候，由于家贫他父亲就让他牧羊。刚巧有个算命先生路过，看到卫青，就说他有贵人之相，将来是要封侯的。后来，卫青的同母姐姐卫子夫被汉武帝幸中，卫青也因而荣贵起来，成了太中大夫。光中年间卫青抗击匈奴有功，被封为长平侯。元朔中又挥师三万铁骑，大败匈奴，擢升为大将军。史称卫青是"凡士出击匈奴，威震绝域"。

汉武帝时代的河南人卜式原先也是个家产颇殷的人家，可他不为财富所动，却对养羊情有独钟。他一人牧养了百来头羊，却将万贯家产都托付给了弟弟。卜式孤身来到深山里放羊十余年，竟有羊千余头，以养羊而致富，买起了田宅。而继承家产的弟弟却坐吃山空，要靠他来接济，卜式就给了弟弟不少钱。

那时西汉和匈奴战事仍频，卜式上书皇帝，说愿以一半的家产来资助边事。皇上和丞相商量，丞相以为这是违背法度的事，皇上听了他的意见，让卜式复归山林。后来，在中原地区有大量难民迁徙，政府没有足够财力物力来援救这批难民时，卜式拿出二十万钱给河南太守，以赈济灾民。河南太守上书报告这一情况，皇上知道卜式的大名，说就是那个先前要以一半家财来助边的人。随即御封他为中郎将，并赐给左庶长的爵位。

但是卜式却不愿做官，直到皇上允许他在朝廷上林放牧羊群，卜式才答应了做中郎将。虽然做了大官，卜式还是布衣草履，一身平民打扮，热衷于放他的羊。一年多过去了，只见羊儿个个长得肥美健壮，连皇上路过时，都对其此赞不绝口。卜式说，养羊的道理和管理国家的道理是一样的，只要按照一定规律安排好羊的作息活动，并及时去除害群之羊，不要让其继续为害作乱就行。

第四章
与羊有关的寓言、民间传说与故事

在我国民间，有许多关于羊的故事和传说，而且这些故事与传说具有两大特点。第一，故事与传说的题材具有多样性，有口耳相传的羊民间故事，有关于习俗起源所引发的传说故事，也有关于宗教礼俗的传说故事，还有的则是以羊为主角的动物寓言故事。第二，羊的故事与传说在全国各地、各民族中都具有广泛性。民间文学里各种类型的羊传说故事，在各地各民族中都广泛而生动地存在着，并且已经成为整个中华民族所共同拥有的宝贵精神财富。

在民间故事中，羊所代表的是善良、勇敢和正义，这与我国传统中吉祥、善良的羊文化观念是一致的。但在动物世界中，羊实际上又面临着许多更为凶猛、强悍的对手。所以，羊在此处又多了一份智慧和聪明，在危急的生死关头，羊往往会以巧、以智来取得胜利。

事实上，动物故事和一般民间故事有所不同，它往往又是寓言故事，带有寓意，并以动物世界来寓指社会人生，来表现人与人之间的道德规范和善恶斗争。

一、与羊有关的寓言故事

(一) 山羊和狼的故事

我国藏族民间流传着一则《山羊和狼》的故事。

从前有一只聪明的山羊，每天在山上吃青草，在山下喝河水。一天，山羊在路上遇到一只贪婪的狼。狼想吃掉这只山羊，山羊想躲避都来不及了。

狼装得和和气气地问道："山羊，你头上两个长长的硬东西有什么用呀？"

山羊十分得意地回答道："这是神赐给我的一对角，是专门用来撞击其他动物的。"

狼说："两个角有多大力气呀？请你来撞我一下试试看。"

羊说："好！那你站在那里不要动。我一定要叫你知道我的一对角的厉害。"

狼站在那边，山羊跑着冲过来，从狼肚子底下钻了过去了。

山羊忙说："啊呀！这次太低了。再来一次吧！"

狼又站在那边，山羊又跑着冲过来，这次却从狼身上跳过去了。山羊又说："糟糕！这次太高了。再来一次吧，我不把你撞死才怪呢！"

狼以为山羊真的要撞死他，拔脚就跑。在经过一条冰河时，狼回头一看，山羊在冰上坐着爬不起来了。于是，狼又想过来吃山羊。山羊灵机一动，大声嚷道："狼，你别跑，等我脱下这双鞋，就过来撞死你！"狼吓坏了，一口气跑得无影无踪了。

山羊就是这样靠着机智才保住了性命。

在一般人看来，狼和羊强弱分明，但山羊还是凭借着聪明和智慧，几次逃过了狼的利爪，最终吓走了狼。这其中也反映出这样一个道理：在敌强我弱的时候，不能力搏，只能智取；只要开动脑筋，运用智慧，就可能以弱胜强。

（二）山羊和小老虎的故事

在我国的鄂伦春族中流传着一则《山羊和小老虎》的故事。

一只小老虎睡足了觉，伸了伸懒腰，缩缩饿瘪了的肚皮，走出深山，想捕个野物填填肚子。它边走边四下里张望，正在这时，它看见前面有块大圆石头，石头边上斜躺着一只山羊。小老虎高兴极了，三步并作两步蹿到石头旁："哈哈！好极啦，正好够我美美的饱餐一顿。"

小老虎正要扑向那山羊，山羊马上跳起来，一看是一只小老虎，逃跑肯定已经来不及了。山羊想了想，不慌不忙、稳稳当当地用劲儿地在石头上磨起羊角来了。"刷啦！刷啦！……"磨个不停，羊角已经磨得油光铮亮了。

小老虎没见过山羊，更不知道为什么羊要磨羊角。它的眼珠瞪得又圆又大，张大嘴呆看了好一会儿，忍不住问话了："喂，老弟，你是谁？你在石头上磨角干吗呀？"

"嘿嘿！你不知道吧，我是莫日根山羊。这是我阿爸送给我的宝刀，叫我碰到老虎时，就用这对宝刀杀死它，剥皮、割肉。"

小老虎听了吓了一跳，既信又不信地看着抬起头来的山羊，又问："你的嘴巴下边为啥挂一块黑皮子呀？"

"哈哈！这玩意儿可真有意思哩！这是我阿娘送给我盛盐和佐料的家什，说是在吃老虎肉的时候要蘸着盐和佐料吃，味道可就更香啦！"

山羊说完，"噌"地站起身，那副架势像是立刻要扑过去一样。小老虎吓得退了两步，连忙没话找话地说："老弟，那你脖子上挂起来的'嘟噜'肚囊子鼓泡泡皮也是有来历的吧？"

"是呀！这是乌力楞里岁数最大的奶奶给我脖子上系的皮绒巾，她叫我在喝老虎油的时候，用这皮绒巾擦抹沾在嘴边的油。"说完，山羊又在石头上磨起羊蹄来。

老虎又问："老弟，你磨这四只脚上贴的硬黑壳干什么？"

"这是莫日根小伙送给我的四只宝贝榔头，你看，"说着它抬起一只前蹄，"我就是用这只宝贝榔头敲开老虎的天灵盖的，我最喜欢尝老虎的脑浆子了，味道可美了。"

小老虎越听心越慌，边退边问："哎呀！那么你那光溜溜的带穗头的尾巴，甩过来抽过去的，也是用来对付老虎的吗？"

"对呀！这是莫日根家的姑娘送给我的神鞭，是专门用来对付老虎的……嘿！你的样子倒蛮像老虎的嘛。过来！别往后退呀，我这条神鞭子只要抽着你的身子，管保叫你老老实实地躺在地上，连气都喘不出来。我用宝刀割开你的肚膛，蘸着黑皮子上的盐和佐料吃你的肉，喝你那香喷喷的油，再用皮绒巾抹抹嘴巴，然后用这宝贝榔头敲开你的天灵盖，吃你的脑浆子……"

小老虎吓坏了，心想这还了得，不得了呀！这山林里的猎户都了不得，那莫日根家更是不好惹，他们有这么多宝器，我可不能瞎碰、乱闯。算了，算了，还是赶紧逃命吧。小老虎不等山羊说完，也顾不上肚肠空空的翻腾，它撒腿就跑掉了。看到小老虎跑远了，山羊高兴得哈哈大笑，笑得连眼泪都流出来了。

在这则民间故事里，老虎和山羊从外表来看，条件并不对等，老虎的优势明显，但是，山羊有其内在的优势，也就是有更多的生活阅历和经验。山羊随机应变的谋略，大大地超过了小老虎。凭着这个起着决定性作用的优势，山羊就化外在的劣势为内在的优势。从这个意义上来说，这则寓言的结果也就更显得合情合理了。

（三）羊羔和兔儿吓退恶狼

在我国的土族流传着这样一则故事，其所塑造的羊并非大智大勇，但却善良、老实，最后还是吉人天相，善有善报，并在聪明、机智的兔儿朋友的帮助下，终于逃脱险境，转危为安。

兔儿和羊羔是好朋友，兔儿机灵，羊羔老实。

有一天，羊羔和兔儿在山坡上吃草，草多好，又肥又嫩，咬一口满嘴都是汁儿。谁知这时从山背后来了一只狼。狼想吃它们，又觉得它们太小了，想了想，就装出一副慈祥的样子，走到羊羔和兔儿跟前说："你俩吃得好呀，可是这片一草地是我的，你们长大了可不能忘了我。"说完，摇摇摆摆地走了。

兔儿一听，知道这狼不存好心，就愁眉苦脸地对羊羔说："羊羔哥，羊羔哥，这可不得了。到秋后等咱们长大了，狼就要吃咱们来了"。羊羔说："不要紧，到那时咱们也长大了呀。"

一天，它们又到山坡上吃草。兔儿见路上扔着一块破毡子，就对羊羔说："你把这块毡子拿上。"羊羔说："一块破毡子有什么用呀？"兔儿说："你先捡了，会有有用的时候。"羊羔听从兔儿的话捡了这块毡子。

又有一天，它们又去山坡上吃草。兔儿见路上扔着一张字条，就对羊羔说："你把这张字条捡上吧。"羊羔说："一张烂纸有什么用处呀？"兔儿说："你先捡起来，会有有用的时候。"羊羔就捡起了那张字条。

到了 8 月，草黄了，羊羔和兔儿也长大了。一天，它们玩得正高兴，恶狼跑来了。狼说："哼，我的草都叫你们吃光了，也不想办法报答我。今天我非把你们吃了不可！"兔儿说："好好好，狼伯伯，你跑得很累了，先坐下歇一会吧！"回头又告诉羊羔："小兄弟，快把垫子拿来让狼伯伯坐下歇歇。"羊羔把那块破毡子拿出来，让狼坐了下来。

兔儿说："狼伯伯，我有一句话要说给你听，你听了，可不要让别人知道啊。"狼说："不要啰唆，有话就快说，我的肚子早就饿了。"兔儿叫羊羔把那张字条拿来，对狼说："狼伯伯，你看，老虎大王的告示。"狼问："告示上写着什么？"兔儿假装着念："老虎大王告知兽民，现在缺一百零八张狼皮，有见到狼的，就立即来报告，会重重有赏！"然后，兔儿对狼说："哎呀，狼伯伯，我看你还是快点躲起来吧，老虎大王要是知道你在这里，那可不得了啊！"狼一听，吓得战战兢兢，一蹦就起身逃跑了。

（四）母羊和小羊朝拜峨眉山

在我国羌族流传的《母羊和小羊朝拜峨眉山》故事里，叙述了一则这样的故事。

母羊和小羊去朝拜峨眉山，路上遇到一只狼。狼要吃了它们，它们就说等烧完香后，再让狼受用。在烧完香后，它们仍想不出办法，急得直哭。这时刚好有只兔子来了，就百般劝慰它们，并和它们一同去找狼。

一路上，兔子让它们拾起了一把铁锤和一块桦树皮，说以后会有用。来到狼那里，兔子对狼说自己是玉皇大帝的钦差。狼不信，兔子就拿出铁锤说是玉帝的御印，盖到哪里哪里就冒火星，还指着桦树皮说是玉帝的坐垫，并称玉帝那里还尚缺一张狼皮。狼听了后就吓得逃走了。

在这两则相似的故事里，除了渲染了兔子的聪明和狼的愚笨之外，还道出了生活中要善于点滴积累的道理，劝人们长做有心人，时时都要有忧患意识，这样才能"万物皆备于我"。否则，如果只是"临时抱佛脚"，那样就只能是任人宰割了。

（五）离群的小羊羔

在动物王国里，"适者生存"是颠扑不破的真理。有时候，仅仅依靠善良和讲道理往往是无济于事的。在我国蒙古族的民间故事里，就有一则善良的羊羔落入凶残的恶狼之口的故事。

一只小羊羔吃着草，不知不觉地离开了羊群。它走到小河边，看见河水很清亮，正想伸脖子喝个痛快，偏巧却碰上了一只野狼。野狼向它迎面走来，很想吃掉这只离群的小羊羔，为了找个吃小羊的借口，狼故意瞪起了眼睛，凶狠狠地对羊羔说："你，怎么竟敢在我喝水的时候，弄脏了河水！你把河水都搅浑了！"

小羊羔听了这话，和狼分辩道："我没有弄脏河水。河水为什么浑浊，我也不清楚。再说，河水是从上游向下游流过来的，你是在上游喝水，河水并没有从我这边向你那边倒流啊！你怎么能说是我把河水搅浑了呢？"

狼一看唬不住小羊羔，就另找借口说："那么，这件事就算你没有过错吧！可是，我听说，你这个小东西很坏，竟敢在背后谩骂我！去年你曾骂过我，你还记得不记得？我听到以后，本想要找你问个清楚，今天就偏巧跟你碰上了！"

小羊羔一听，连忙解释说："狼啊！去年我在哪里骂过你呀？那时候我还没有出生呢！"

狼已馋急了眼，也顾不得找借口了，蛮横地说："你生没生，这与我有何相干？你休要再说这些没有用的话了！今天，我非得要吃你！你虽然没有做过坏事，可是你的父亲做过坏事。今天我一定要吃了你"。狼说完，便张开大嘴，把可怜的小羊羔扑倒了。

小羊羔挣扎着哀求说："我父亲做过哪些坏事，我根本不知道。请你饶恕我吧！"

狼说："你和你父亲都做过什么坏事，我也不知道。不过，我只知道你是很肥美的、很好吃的。这也就算是你的坏处吧！所以，我要吃掉你！"残忍的狼就这样把小羊羔吞掉了。

在这则故事充分展现了"欲加之罪，何患无辞"。跟残忍的敌人讲道理，即使你拥有无数的真理，也无异于对牛弹琴，结果还是无济于事。其实，小羊羔在一开始就犯了一个致命的错误，那就是"不知不觉地离开了羊群"。羊以善群而著名，羊的力量也就体现在群体的力量上。"三百维群"是羊的力量所在，也是羊能够抵御外敌的武器。一旦离开了这样一个有力的集体，那么这只"孤独的"小羊羔也就只能束手待毙了。

二、与羊有关的民间传说

(一) 青羊宫的传说

在我国有一些知名景观，因为与羊文化互为因果关系，久而久之，两者便合二为一，并成为一个密不可分的整体。比如，四川成都的青羊宫就是如此。

青羊宫原名青羊肆，是古代商品交易的市场。相传，太上老君（即老子）骑青牛过函谷关，为关令尹喜著《道德经》，临别时对关令尹喜说："子行道千日后，于成都青羊肆寻吾。"据此传说，道教徒便在青羊肆建立宫观，以供奉其祖老子，并将"青羊肆"改称"青羊宫"。

青羊宫始建于周朝，唐宋时期重修扩建，后毁于明朝战火，清代康熙六年至十年（1667—1671 年）又重建成目前的青羊宫。此地的主要建筑有八卦亭、无极殿、灵祖殿、斗姥殿、紫荆台等。尤其引人注目的是两只黄铜铸成的铜羊，俗称"青羊"，每只长 90 厘米，高 60 厘米。

其一为独角铜羊，形状奇特，实际上是十二生肖的复合体，胡子似羊、鼻似牛、耳似鼠、爪似虎、角似龙、背似兔、尾似蛇、嘴似马、颈似猴、眼似鸡、腹似狗、臀似猪。据说它原是南宋权臣贾似道家里的熏衣炉。清代雍正元年（1723 年），蜀人大学士张鹏翮从北京古董市场将它买回捐赠于青羊宫，并在其底座上刻了这样的诗句："京师市上得铜羊，移往成都古道场。出关尹喜似相识，寻到华阳乐未央。"下落款有"信阳子题"字样（信阳子系张鹏翮的号）（图 4-1）。

图 4-1　青羊宫的独角铜羊

其二为双角铜羊，是由清道光九年（1829 年）成都张柯氏延请云南匠师陈文炳、顾体仁铸造的，造好后献给了青羊宫（图 4-2）。据说，这两只造型奇特的铜羊，在民间被视为神羊，游人和道教徒都喜抚摸其身，以祈带来幸福和吉祥，所以整个铜羊光洁锃亮如镜。

除此之外，青羊宫内的石刻吕祖像和木刻《道藏辑要》板片，都是研究我国古代文化和道教文化的重要文物。《道藏辑要》经版为清代光绪三十二年（1906 年）所刻，共一万三千余块，皆以梨木雕成，每块双面雕刻，版面清楚，字迹工整，是中国道教典籍保存最完整的存板，是极为珍贵的道教历史文

图 4-2　青羊宫的双角铜羊

物。1984 年成都市道教协会与巴蜀书社联合重印了《道藏辑要》一百部，为国内外研究道教的珍贵史料。

（二）九十九头羊的传说

《符子》里记述了这样的事情：魏文侯看到宋陵子做了三次官，可仍然两袖清风，清贫得很，就问他怎么还这样穷。宋陵子回答说："楚国有个富翁牧羊有九十九头之多，但还想要满百头。那位富翁有一次到城里去拜访他的朋友，见他的穷邻居有一头羊，富翁就对那穷人说，你把那一头羊给我吧，这样我就可以凑足百数，放牧时候就是一个整数了。那邻居就把羊给了他。从这里可以看出，富者并非富足，贫者也并非赤贫。"

宋陵子的这段话让我们深思再三：富翁拥有九十九头羊，在物质占有上可称得上富，但他心里不知满足，想凑足百数，又没有正当合适的途径，所以只能作个可怜的乞儿，向穷人伸出乞求之手。而那位仅有一头羊的穷邻居，却能安贫乐道，当富人向他提出乞求的时候，他毫不犹豫地施与其唯一的财富。

在这个时候，这个穷邻居是一个"富有的"施主，而那位富翁，实际上就是个乞讨的"穷人"。因此，所谓"富"和"穷"都是相对的，富至拥有九十九头羊尚且还要乞讨，穷得仅有一头羊都还可以施舍。这透视出不同的人对"富"和"穷"的理解是有多么的不同。

（三）与羊有关的为官清正传说

若将生活中高尚品德点滴累积起来，那么假以时日，就会完善我们的人格，再由小及大，跳出一己的狭窄圈子。作为万众景仰的人物，为上为官者清正从事，这在史书上也不算鲜见。

北朝史书云：赫连达为夏州总管，边境地区的边民有时会送羊给他。赫连达为了同边民搞好关系，就收下了羊，并回赠以绸缎布匹。有人提议说就用官家的绸布回赠吧，但赫连达却说，羊是入我的厨房，回赠物却要从官库里出，这可是欺骗圣上的行为呀。他下令只能用自己家的绸缎布匹来作为回赠品送给边民。赫连达的这种举动当时就广受称赞，并为后世人广为传颂。

在元史中记述了一个清正廉洁、秉公无私的故事：张特立（字文举，东平人）在宣德州做官的时候，州里有不少金国的皇亲国戚，他们横行不法，但官府又都奈何他们不得。张特立新官上任伊始，官员们都前往拜见他。张特立听人说有五将军率领家奴公然抢劫老百姓的羊群，就下令彻底调查。他来到将军家，先用好话来稳住将军，他故意对众人说："将军家里难道会有偷羊的人么？"他随便在将军家里转了一圈以掩人耳目。而暗地里，他却派人去搜索其后院，结果发现了数十头羊，于是就将家奴绑起来投入监狱。将军之子虽然躲到了别处，但最终也被抓住，只是因为其是皇族近族才幸免一死。张特立的秉公执法，使百姓的利益得到了维护，因此得到了人们的称赞。

在古代，皇帝具有至高无上的权力，其道德操守的修养至关重要，其一言一行都关系到国家的安危和存亡。从某种意义上说，皇帝能自觉地遵循道德规范的制约，做一个万民景仰的好皇帝，就显得更加难能可贵。

据《存心录》记载，宋仁宗是一位仁慈宽厚的皇帝。一天他对身边的侍臣说，昨晚没有睡好觉，那时很想吃羊肉。臣子就说，那就降一道圣旨让下边去准备羊。仁宗却说，我曾听人说，皇宫里每有下召需要什么东西，外面就作为常规来加以执行。我担心自此以后，天天夜里都会宰杀羊，以预备不时之用。日久天长，这又要伤害多少牲畜啊。我不忍心以一时的念头而导致无穷无尽的杀戮。左右侍臣听了都大呼万岁，还有的人感动到哭泣。

在宋代被称为"女中尧舜"的宣仁后，也有一段与羊有关的"仁政"故事：宣仁后听政的时候，有一次御厨进献了一道用羊乳房及羊羔肉烧的菜。宣仁后见了，大为不忍，皱着眉头说，小羊羔没有奶吃，就要饿肚子了。拿小羊羔来当菜烧，是夭折小生命。说完，将菜放在一边没有食用。其后，即颁圣旨不得宰杀羊羔作为膳食之用。

三、文学作品中的羊故事

（一）左慈变羊

一般认为，关于神羊奇事的记载，应该是"志怪""传奇"一类。不过，由于我国的神羊奇事太多，也由于我国古代历来的作史传统，在本该"实录"的正史里，竟也会有"志怪""传奇"一类的故事记载。

在《后汉书》中，就记载了"左慈变羊"的故事。

左慈，是东汉末年有名的方士，字元放，庐江（属今安徽省）人。他是东汉丹鼎派道教道术的传人，据史书记载，他是葛玄的老师，曾以《太清丹经》三卷、《九鼎丹经》一卷和《金液丹经》一卷传授给葛玄。相传左慈对于道术和巫术相当精通。

他曾在曹操处做客，曹操笑着对众宾客说："今日高朋满座，珍馐略备，唯少吴淞江鲈鱼。"左慈说："这很容易。只求铜盘贮水，以竹竿饵钓于盘中。"不一会儿，果然钓到一条大鲈鱼。宾客们大为吃惊。曹操也被惊呆了，又说："一条鱼不够在座的人吃，能得两条最好。"左慈又放饵钓，一会儿又钓上一条三尺多长、生鲜可爱的鱼来。曹操亲自剖制鲈鱼，周赐坐席。马上要开吃了，曹操又叹道："今天已经有了鲈鱼，只可惜没有生姜做佐料。"左慈马上说："这不是难事。"曹操怕他在近处买，便说："前些天我派人到蜀地买锦，你顺便告诉他多买两匹。"过了一会儿，左慈回来了，带着生姜，并说："我在蜀锦铺里见到你的差使了，已经告诉他多买两匹。"一年多后，曹操的差使从蜀地返回，果然多买了两匹蜀锦。

还有一次他和曹操及其随行百余人出近郊，他以酒一升、肉脯一斤自管自吃将起来，并且运用道术，使文武百官显出醉饱的样子来。曹操觉得奇怪，就私下查找其中原因。这才发现坛罐里的酒和肉脯都不见了。曹操心里大为不快，想找个机会杀掉左慈。于是左慈就逃入石壁当中，一下不知逃到哪里去了。

后来有人在集市上发现了他，并将他抓住，但集市上所有人都即刻变成和左慈一模一样的样子，分辨不出到底谁是真正的左慈。后来人们又发现他在阳城山头，就又上前追捕，他又隐入羊群里头。曹操知道抓不到左慈了，就对羊群说，我不会杀你的，只是想试一试你的道术罢了。忽然有一只老羊屈起两条前腿，做人立状说，我是左慈。众人立即向那羊冲去。这下数百头羊都变作了老羊屈起两条腿说，我是左慈。

我们姑且不论左慈道术的真伪如何，就其所记述者而言，尤其是最后那段人化为羊，然后老羊做人语，再后众羊皆作老羊而做人语的情节，就足以叫人产生无限遐想，不禁要叹服左慈道术的高明。他的道术不仅使自己神异之至，而且能使群羊亦带有无比的神韵。

（二）五张公羊皮

春秋五霸之一的秦穆公，之所以能够称霸于诸侯，得益于他用五张羊皮换来的一位高人，这个高人就是百里奚。百里奚，虞国（今山西平陆）人，饱读诗书，有经世之学，但家境贫寒。他一直想外出谋事，却又不舍得扔下妻儿。其妻深明大义，便将家中唯一一只老母鸡杀掉，烧掉了家里的门闩，让丈夫吃了顿饱饭，送他上路，并叮嘱他富贵后不要忘了自己。

百里奚先到齐国，欲求见齐襄公没有成功，后辗转流落到宋国。在这里，他遇到隐士蹇叔，两人一起回到了百里奚的故乡虞国。经蹇叔的朋友宫之奇的推荐，百里奚当上了虞国的大夫。可是，虞国国君不听劝告，贪小便宜，借道给晋献公伐虢，结果晋军在假途灭虢之后，顺手牵羊地灭掉了虞国。这时，虞国国君才后悔莫及。和国君的下场一样，百里奚也成了一名俘虏。公元前 655 年，秦穆公迎娶晋献公的女儿。百里奚被当作陪嫁的奴仆，但他在送亲路上乘人不备偷偷逃跑了。细心的秦穆公发现陪嫁的礼单有一个叫百里奚的名字，却不见其人。他一问，公子絷禀告穆公：百里奚有治国之才，可惜一直怀才不遇，大王若得此人，必有大用！

此时的百里奚已流落到了楚国，在那里被当作奸细抓住，成为看牛养马的奴仆。求贤心切的秦穆公打听清楚情况之后，就准备了一份厚礼，送给楚成王以换回百里奚。公子絷闻讯后急忙赶来。劝阻道："楚国人让百里奚看马，是不知道他的本领，大王要是备了贵重礼品去请他，就是告诉楚

图 4-3　《秦穆公寻访百里奚》插图

王，百里奚是一个很重要的人，楚王一定不会放他离开。"秦穆公恍然大悟，便依照当时普通奴隶的价格，派人带五张羊皮去见楚成王，说："老奴百里奚犯了法，现躲在贵国，请允许我们把他赎回去治罪。"于是，楚成王把百里奚关进囚车交给秦使。

当秦穆公看到日思梦想的百里奚时，发现他已是一个白发苍苍的老人，不禁大失所望地问："先生多大岁数?"百里奚答："还不到七十岁。"秦穆公叹惜道："唉，先生可惜太老了!"百里奚答："大王如果派我上山打老虎，我确实是老了点儿，如果要我坐下来商讨国家大事，我比姜太公还年轻。"

几番深入长谈之后，秦穆公心悦诚服地感到百里奚确实是一位难得的治国奇才，便诚恳地拜他为相。百里奚告诉穆公："我的朋友蹇叔要比我强许多，大王要是想干一番大事业，就把他请来吧!"秦穆公立即派公子絷前去聘请蹇叔，蹇叔不愿意出来做官，但经不住公子絷再三恳求，便来到秦国。秦穆公与蹇叔一番谈论之后，亦是心悦诚服。第二天，秦穆公便拜蹇叔为右相，百里奚为左相，在二人的协助下，秦国重贤用能，经济和军事实力快速提升，很快称霸诸侯。

百里奚富贵后，并没有忘记自己的结发妻子。可在战乱的年代，家里房子早就塌了，妻子也下落不明，想起妻子劈门闩炖鸡的情景，百里奚不禁潸然泪下。原来这时，他的妻子已经辗转来到秦国，听说了五张羊皮的故事，但又不敢确定，就来到相府做了洗衣服的佣人，以伺机与丈夫相认。

有一次，在百里奚举行宴会时，他的妻子唱道："百里奚，五羖皮，忆别时，烹伏雌，炊扊扅［yǎn yí 门闩］，今日富贵忘我为！百里奚，百里奚，母已死，葬南溪。坟以瓦，覆以柴，舂黄藜，搤伏鸡。西人秦，五羖皮，今日富贵捐我为！"百里奚听着听着，眼泪就落下来了，他赶紧跑下堂去看，还真是自己的妻子，两人就在堂上相拥大哭。

秦国人知道这件事情以后，很为百里奚的品德所感动。秦穆公还派人送来了许多财宝馈赠，以示祝贺。从此，百里奚位高不忘旧情、相堂认妻的故事就在民间广为流传。

（三）苏武牧羊

苏武，字子卿，中国历史上有名的大丈夫。他身在异乡而心怀故国的赤诚感人肺腑，苏武牧羊的故事已成为爱国守志、忠贞不屈的象征。

在匈奴被卫青、霍去病打败以后，过了很多年汉朝和匈奴没有发生战争。匈奴口头上表示要跟汉朝和好，而实际上还是随时想着进犯中原。匈奴的单于一次次派使者来求和，可是汉朝的使者到匈奴去回访，却常常被他们借故扣留。因此，汉朝也扣留了一些匈奴使者。这一年，匈奴又扣留了汉朝的使者，汉武帝知道后，非常生气，正想出兵教训匈奴，匈奴却前来求和，而且愿意把以前所扣留的汉朝使者全部放回。

汉武帝为了显示自己的诚意，特地派遣使者苏武与副使者张胜、随员常惠，带着许多礼物出使匈奴。苏武送回扣留的匈奴使者，送上礼物，正等待单于让自己回去。不料，却发生了一件意想不到的事情。

原来，苏武在出使匈奴前，有个叫卫律的汉朝使臣，出使匈奴后就投降了。这个时候，单于特别重用卫律，封他为王。有一个叫虞常的人是卫律的部下，他对卫律很不满意。而虞常又与苏武的副手张胜是朋友，就暗地里跟张胜商量，想杀了卫律，劫持单于的母亲，逃回中原去。张胜表示同意。没想到虞常的计划落空，被匈奴人逮住了。单于大怒，叫卫律审问虞常，还要查问同谋的人是谁。

苏武原本并不知道这件事。张胜怕受牵连，才告诉了苏武。苏武为顾全大局说："事情到了这个地步，一定会牵连到我。如果让人家审问以后再死，这不是给朝廷丢脸吗？"说完，苏武就拔出刀要自杀。张胜和常惠连忙夺去苏武手里的刀。

虞常很讲义气，尽管受到种种刑罚，却只承认跟张胜是朋友，说过话，不承认跟他是同谋。可是单于总觉得这事跟苏武有关，想要杀苏武，幸好被大臣劝阻。苏武保住了性命，可单于天天叫卫律去逼迫他投降。苏武一听卫律叫他投降，非常气愤地说："我是汉朝的使者，如果违背了使命，丧失了气节，活下去还有什么脸见人。"又拔出刀要自杀。卫律慌忙把他抱住，谁知刀已经划伤了脖子，苏武昏了过去。

单于知道苏武是个有气节的人，十分钦佩他，更想让苏武投降。

没过多久，虞常被定了死罪，杀了。张胜因贪生怕死，投降了。卫律对苏武说："你的副手有罪，你也逃脱不了。"苏武很不以为然。接着，卫律又举起剑威胁苏武，苏武还是不动声色。卫律没辙了，只好劝苏武："我也是不得已才投降匈奴的，单于待我好，封我为王，让我尽享荣华富贵。你应该像我一样，何必白白送掉性命呢？"

苏武听了很生气，站起来把卫律臭骂了一顿。单于看苏武软硬不吃，便把他丢进冰冻的地窖，想用长期折磨的办法，逼他屈服。此时正值冬天，外面下着鹅毛大雪。苏武忍饥挨饿，渴了，就用雪止渴；饿了，就咽一把节杖上的绒毛。不管多么苦，苏武都咬牙挺着，就是不投降。

单于一招不行，又使出一招。把他

图4-4　《苏武牧羊图》［清］任颐

流放到遥远的北海边去放羊。临走，单于还对苏武说："等公羊生了小羊，再放你回去。"这岂不是天大的笑话？明摆着是故意刁难他，可苏武还是沉住气，一个人到了北海，唯一和他做伴的就是那根朝廷的旌节。匈奴不给口粮，他就挖草根充饥。直到19年后，历经千辛万苦的苏武才回到了长安，而陪伴他的那根节杖上的毛稀疏得几乎没有了。

（四）歧路亡羊

春秋战国时期，是我国思想史上最为活跃、空前繁荣的一个阶段，出现了诸子百家争鸣的盛景。各个学派在宣扬自己的学说体系时，也都常用比喻来张扬自己的主张，表述各自的学术观点。《列子·说符篇》里杨子就以邻人丢失了羊的事情来说明"大道以多歧亡羊，学者以多方丧生"的道理。

杨子的邻人丢失了一只羊，就领了一帮亲信去追寻，还想叫杨子也来帮忙。杨子说，丢一只羊何必如此兴师动众。邻人说，歧路太多了。等他们返回来时，杨子问，羊找到了没有，邻人回答说，还是丢了。杨子问，怎么丢的呢？邻人说，在歧路中又有歧路，我不知哪走条路对，所以就只好返回来了。

杨子马上变了脸色，好久没有说话，整天都没有露出笑容。门客看见了，都觉得奇怪，就劝慰他说，羊是畜生，而且又不是先生所拥有的，何必因此而闷闷不乐呢？但杨子还是不说话。门客们不知其所以然，杨子的弟子孟孙阳将这件事情告诉了心都子。过了几天，心都子和孟孙阳两人一同来看望杨子，向他讨教一个问题：从前有兄弟三人在齐鲁地方游学，一同向老师学习仁义之道。学成回来后，其父问他们何谓仁义之道，大哥说，仁义使我爱惜自己而后闻名天下；二弟说，仁义使我杀身而后一举成名；三弟说，仁义使我身和名都同时兼有。他们三个人都师出于儒家学派，但所学的结果却大相径庭，这是为什么？到底孰是孰非呢？

杨子说，居住在临海地方的人，熟水性，他们靠替人家摆渡来维持生计，可以供给这一带百来人的衣食。有人带着干粮从别处来此地拜师学艺，可竟有几乎一半的人溺死在水中。当然，前来学习的目的是学会泅水，而不是来学溺毙的，但其中的利害差异会如此之悬殊，那么到底是孰是孰非呢？心都子会心地走了出去，而孟孙阳却不解地说，先生回答得太生僻了，我反而更加糊涂了。心都子说，大路因为有许多岔道而弄丢了羊，学游泳的人因为来源复杂、情况各异而有丢掉性命的，其所学的对象没有什么不同而结局却有如此的不同。你投师于先生门下，研习先生的大道理，却没有达到先生的境界，可悲啊。

在这一段对白中，并没有说教谈道的部分，而是用了"歧路之羊""三兄弟学仁义之道""众人学泅"三个比喻来贯穿始终，以表明杨子的哲学主张：至深的大道理就像大路一样，有主干部分，也有相当多的枝节。所以，对于一个忠诚学道者，要善于把握其至高境界，如果舍本逐末，反而会因此走到小胡同里，得到迥异的结果。这也就是杨子在邻人丢失了羊以后，脸色严峻，闷闷不乐的真正原因了。

（五）以羊设譬

在春秋战国时期，诸侯争霸，内战不断，也正是在这个时期，出现了"百家争鸣"的思想大解放。出于内政外交的明争暗斗的需要，也出于演绎道理的直观形象的需要，言谈之间多有用类比手法，而其中相当一部分以羊来作比喻，从而显示出机敏、诙谐、生动的理趣来。

鲁国国君要请孔子出任司徒的职位，想召集三桓来商议此事，左丘明就说："从前周朝的人想以羊来作祭祀用的少牢，但却和羊去商量，结果羊儿们相互都打好了招呼，躲藏在林子里再也不敢露面了。如今大王要请孔子做司徒，却召请三桓来商量，不是和与羊商量美食是一个道理么？"众所周知，这里的"三桓"，是指春秋后期掌握鲁国统治权的三家贵族，即孟孙氏（也有称为仲孙氏）、叔孙氏和季孙氏。这三家是鲁桓公之子仲庆父（也有叫作孟氏）、叔牙、季友的后裔，所以称为"三桓"。鲁国国君要孔子来执掌大权，又要去向正执掌鲁国统治权的这三大家族征求意见，显然是不可能得到满意答案的。左丘明以为，这就好比和羊去商量"少牢之珍"一样，不会有丝毫的结果。

在《列子·杨朱篇》里记载了杨朱和梁王谈论治国安邦的一段精彩对话：杨朱见梁王，言治天下如运诸掌。梁王曰："先生有一妻一妾而不能治，三亩之园而不能芸，而言治天下如运诸掌，何也?"对曰："臣见牧羊者百羊而群，使五尺童子荷笔而随之，欲东而东，欲西而西，使尧牵一羊，舜荷笔而随之，则不能前矣。"

杨朱，字子居，战国时期著名的辩论家。他以牧羊作譬，说明治理国家和管理个人的小家并非同一概念：一百来只羊，一个五尺小童就可以轻松驾驭，而以治国安邦而闻名天下的明君如尧舜，共同来对付一只羊，却也无可奈何。他用这个生动鲜明而带有强烈对比的比喻，来表明自己治国平天下的雄心壮志，以及所具备的尧舜之才，就显得相当有说服力。其中"五尺童子荷笔而随之"的比喻，常被后世的文史学家们用作典故，在诗词文献里引用。

（六）德如羔羊

早在《诗经》时代，人们就提出了作为一个君子的一系列道德规范和行为准则。也就是说，作为一个君子，其行为要襟怀坦白、光明磊落，既要效忠于国君，又不可结党营私。正所谓"君子坦荡荡"。同时又要刚柔并举，在个人生活上奉行节俭，讲求孝悌之道。这些道德操行，以一句话来概括，就是"德如羔羊"四个字。

如果这些美德体现在那些与羊有关的人和事上，那实在就是天作之合，其名与其实完全相符，就连史事也要增添一些美丽的光环。

《东观汉记》中记载了一个"瘦羊博士"称呼由来的故事："建武中，每腊，诏书赐博士一羊。羊有大小肥瘦，时博士祭酒议，欲杀羊分肉，又欲投钩，宇（甄宇）复耻之，宇因先自取其最瘦者，由是不复有争讼。后召会问'瘦羊博士所在'，京师因以号之。"

甄宇，字长文，东汉安丘人。史书上说他"清静少欲，习严氏春秋"。大概是清心寡欲、谦恭礼让的性格使然，在分羊的时候，"先自取其最瘦者"。由此观之，他的让羊之举并非出于偶然的慷慨，而是长期道德品行的自我完善的必然结果。后来，因"瘦羊博士"而一举成名，甚至名垂史册，这可以说是个意外的收获。

像甄宇这样的道德完善的古代君子，在史书里是不胜枚举的。在南北朝时期，赵琰送子到冀州去应聘。随从在路上拾到一只羊并随行了三十里地，让赵琰知道了，就下令把羊送回原处。后来，他们又路过一家人家，主人用羊羹来招待他们。当赵琰知道了这羊是被盗杀的，就推辞不吃。

在南北朝时，还有一个辛少雍孝顺其祖的故事：辛少雍少时很有孝道，很得其祖父辛绍先的赏识。辛绍先平时喜欢吃羊肝，时常唤来少雍一起吃。到辛绍先死后，辛少雍就再也没有吃过羊肝。

这些发生在日常生活中的琐事，反映了羔羊之德，或是光明磊落，或是纯孝克己，都足以成为后人之楷模。

第五章
与羊有关的节令与民间民俗

一、羊与传统节令

(一) 羊与春季节令

1. 羊日

汉代东方朔《占书》云："岁后八日，一日鸡，二日犬，三日豕，四日羊，五日牛，六日马，七日人，八日谷。其日晴，所主之物育，阴则灾。"在秦汉时期的占卜术中，将夏历（古代汉族历法之一，传说是夏代创立，原历法规则已遗失）正月初一至初八分别按鸡、狗、猪、羊、牛、马、人、谷的顺序相配合，分称为"鸡日""犬日"等。以此推算，夏历正月初四为"羊日"，这一岁时风俗仍留存于湖北、湖南、浙江、河北等地。

相传这一天是羊的生日。在这一天，人们以天的阴晴来推测当年养羊的兴旺与否。天晴，则表示当年羊繁育得好，养羊业发达；天阴，则表示当年养羊业要遇到灾难，是不祥之兆。在羊日这天，人们对羊要加倍地爱护、精心养育，以祈求羊群繁衍和发展。

2. 橐羊会

在甘肃民勤县一带，每逢清明节那天，都要牵着骆驼、赶着羊群来到该县东南苏武山下的蒙泉，举行盛大的集会，以纪念苏武在此牧羊。相传，汉代苏武在此地牧羊时，曾经在蒙泉喝水解渴。根据这一传说，当地人们在这天登山游春，以人、畜共饮蒙泉水为乐事。

3. 清明羊

清明羊也叫做"清明果"。在浙江部分地区，每到清明节，妇女儿童都要到郊外采集野荠菜、青蓬等，回家浸泡在水中，再捞起来挤去汁水，切碎后揉入面粉当中做成面团，然后捏成羊形状的面制品，放在蒸笼里煮熟，叫做"青明羊"。乡间女子，多有抱着小孩向邻里讨清明羊，叫做"讨清明"。因"清明"谐音"聪明"，表示日后孩子易长大，并且聪明活泼。在当地清明节祭祀祖先的祭品里，也往往都有清明羊，其寓意是孝顺。

4. 剪羊毛节

羊每年都需要剪毛，在我国南方地区，剪羊毛多在3、4月进行；在我国北方地区，剪羊毛多在5月进行；在其他海拔较高或比较寒冷的地区，剪羊毛也可以在夏天进行。配合剪羊毛的时节，各地都会组织一些"剪羊毛节"等活动，比如赛羊会、剪羊毛比赛、乡村集市活动等。我国各地和许多少数民族都有"剪羊毛节"或"赶羊会"等活动。

彝族人的剪羊毛节叫做"赶羊会"，是凉山彝族的传统节日。在彝族有个古老的传说：很久以前，彝族祖先生活在大小凉山，那里水草丰茂，丛林茂密，人们放养着千百头牛羊。后来山外来了个凶神抵乌拉依，强迫人们献出牛羊、毛皮、木材和山珍。抵乌拉依的嘴巴比凉山的山谷还深，彝家人怎么也填不满他的肚子。

后来，彝家出了个英雄赤鲁皆，他从小放牧，武艺超群，聪慧过人。一天，他托人转告抵乌拉依，要与他摔跤比赛，如果他输了，愿受三倍惩罚；如果他赢了，抵乌拉依就永远不能再来伤害彝人。抵乌拉依自视力大无比，欣然应战。结果，在比赛中抵乌拉依被赤鲁皆屡屡战胜。最后，一败涂地的抵乌拉依竟然在挣扎中自己滚下了深不可测的波脑都山。

几个月后，抵乌拉依的白骨旁害虫、毒蛇满地。赤鲁皆告诉大家这是抵乌拉依恶魂所变。为了彻底赶走毒蛇和害虫，大家在赤鲁皆的带领下，点起火把驱逐害虫。同时，大家赶起羊群向背风朝阳草地云集，在那里查看病畜，喜剪羊毛。后来就演变成了今天彝族人的剪羊毛节。

每到剪羊毛节来临的时候，彝族人清晨五点就起床，各家各户的男人们都把散放在山上的羊群赶河边去"洗澡"，并等待羊毛干了以后变蓬松时再剪羊毛。

彝族人的剪羊毛节，从开始到结束，持续时间一般不超过十天。在剪羊毛节期间，山坡上人山人海、羊畜成群，场面十分壮观。牧民们在山上祈祷，并请来祭司毕摩念经，以求得羊群兴旺、羊毛丰收。

图 5-1　彝族人在剪羊毛

（二）羊与夏季节令

1. 伏羊节

夏季里与羊有关的最重要节日就是伏羊节。伏羊节是中国传统的羊美食节日，于每年传统农历初伏之日开始，至末伏结束，持续一个月。过伏羊节这一习俗，分布于我国的山东、辽宁、河南、安徽、上海、江苏、浙江、湖北等地。

据传，伏羊节在徐州地区历史最悠久，而且最早可追溯到尧舜时期。因此，"伏天吃伏羊"这一习俗在徐州地区最为流行。徐州地区民间就有"伏羊一碗汤，不用神医开药方"的说法。"伏羊"，即入伏以后的羊肉。据《汉书·杨恽传》记载："田家作苦，岁时伏腊，亨羊炰羔，斗酒自劳。"

在伏天吃羊肉对身体是"以热制热，排汗排毒"，可将冬春之毒气、湿气驱除，是以食为疗的一大创举。早在彭祖时代，徐州地区就普遍都有食羊之习俗，彭祖创造的"羊方藏鱼"正是那个时代羊菜烹饪技艺的升华。据《汉书》记载，皇帝"伏日，诏赐从官肉"。当时的"官肉"即为"三牲"之首的羊肉，这说明伏天皇帝与大臣们共享羊肉已是确信无疑的事实了。

宋朝之前，宫廷宴席上大都是以羊肉为主。到了元代，羊肉在宫宴上更是居于统领地位，占了全部菜肴的三分之二还多。从"羊大"为"美"的审美判断，到"鱼羊"为"鲜"的美食追求，再到"食羊"为"养"的养生理念，这其中无不隐含着我们的先人对羊肉美食的追求和对于羊肉烹饪的感悟。

近年来，全国各地都兴起了过"伏羊节"的热潮，各地政府在伏羊节期间宣传当地的羊文化、举办养羊休闲活动，展销当地的羊特色产品等。而商家也借助于伏羊节活动，推出多种多样的伏羊节宴席和各种特色羊肉菜品，比如全羊宴、烤全羊、羊肉汤、羊肉串、羊肉火锅、清汤羊头等产品都很受欢迎。

2. 送羊节

送羊节的风俗，流行在河北南部地区，主要是外祖父、舅舅给小外孙或小外甥送羊。这个风俗据说来源于神话故事沉香劈山救母的情节。沉香是个孝子，其母三圣母被母舅杨二郎压在华山底下，沉香用神斧劈开华山，救出了自己的母亲。他看到母亲深受折磨，就要砍杀虐待其母的舅舅杨二郎，声称要"剥其皮""食其肉"。而三圣母念及与杨二郎的兄妹之情，阻止了沉香，沉香就提出要杨二郎每年送上一对活羊，以此来作为杨的替身，如同年年剥他的皮，吃他的肉，以解心头之恨。这话传到了杨二郎那里，为了重修兄妹之好，即刻在第二天，农历五月十三日，赶着两只活羊来到沉香这里。

这个神话故事在河北南部流传得相当广泛，因而在民间也渐渐兴起了外祖父或舅舅给小外孙或小外甥送羊的风俗，并把每年农历五月十三日定为"送羊节"。不过，送羊含义已经变成了表达舅舅或者外祖父对小外甥或小外孙的亲近和喜爱之情，这与神话故事里的原始情节和意义已经相去甚远了。

近年来，随着时代的发展变化，这个风俗也有所变化：一是由原来的送活羊改为送用新麦制成的面羊；二是有的地方由此演变出了敬老的新风尚，改为由小辈来给长辈送羊，以显示晚辈对于长辈的关怀之情。

3. 祭羊魂

白族人有"祭羊魂"日一说。祭羊魂，是云南大理一带白族民众的宗教节日。这一带的白族人，牧业以养羊为主，为祈求羊不生病和少受野兽侵害，他们，将每年的农历六月二十三日定为"祭羊魂"日。

这一天要举行祭羊魂仪式。仪式由老牧羊人主持，祭品有猪头、公鸡、馒头等。同时，还要悬挂一条羊毛毡，以表示与羊魂共享祭品。

（三）羊与秋季节令

1. 挠羊赛

山西忻州庙会"挠羊赛"活动已经传承了近千年。"挠羊赛"一般在秋天举行，这是一种以活羊作为奖品的摔跤比赛。"挠"在乡间解释为"扛"，"挠羊"就是"扛羊"，即把羊扛走了。所以说，"挠羊赛"，就是赢者扛走羊的比赛。

以羊作为摔跤比赛的奖品，是民间流传下来的习俗。相传，北宋以前，忻州一带的人们很喜欢摔跤，但那时的摔跤仅限于一般的娱乐活动。到了南宋，著名的民族英雄、抗金将领岳飞被害以后，岳飞的部下，一位忻州籍的老兵回到故乡。这位老兵念念不忘抗金的大志，便在村中把军中所学的带有武术色彩的拳脚、摔跤技艺传授给了当地的乡亲。由于当时的历史环境所致，当地演武之风盛行，并以此作为抵抗金兵的本领，而且也是自己的防身之术。

久而久之，便沿袭成为当地民间传统的风俗习惯。当年的忻州，水草丰茂，养羊甚多，由于有这些便利条件，便发展成了"挠羊赛"这一活动，而且绵延近千年而兴盛不衰。

"挠羊赛"的摔跤手都是以一跤见胜负，除跤手脚板原本就站在地面上外，身上其他部位只要一沾地就算输，不作循环赛，输者淘汰，赢者继续与新手比赛。连续摔倒三位对手，赛后就会给予相应的鼓励；连续摔倒五位对手，人们便称其为"好汉"；连续摔倒第六位对手，人们便称他为"挠羊汉"，会给予"挠羊赛"的最高奖励，就是扛走一只又大又白的活羊。

在"挠羊赛"中，跤手连胜五人便为"好汉"，连胜六人便成为人们心目中的英雄"挠羊汉"。这其中的"五"与"六"，是受到古代三国时蜀汉大将关羽"过五关斩六将"的启示而约定的，已经成为当地的一种民间习俗。

忻州一带有俗谚说："赶会（赶集）不摔跤，瞧得人就少；唱戏又摔跤，十村八村都来看热闹"。除了在赶集时所进行的"挠羊赛"，在农闲时也会组织专场的"挠羊赛"。当地有农谚说："立了秋，挂锄钩，吃瓜、看戏、摔跤、放牲口"。这足以说明当地农民把摔跤看成一件大事，那是不等闲视之的。

在"挠羊赛"中，最高潮的时刻是"挠羊汉"连胜六位跤手之后，人们就让这位胜利者披红戴花，并把羊扛在身上，骑上高头大马，绕场几周，然后再吃完一顿丰盛的酒宴后，才会被人们护送出村回家。

2. 剽羊节

在云南西部鹤庆县西山一带的彝族村民，每年农历八月二十三日，要举行剽羊节。在这天傍晚时分，村里的草坪上烧起一大堆篝火，火堆后有棵三丈高的松树，树上悬挂着一只剥了皮、去掉了内脏的绵羊。在百米以外，村里的猎手们朝羊射箭，以先射断麻绳，使羊落入火堆者为优胜，得绵羊一只。

落入火堆的那只羊烤熟之后，由主持者再拿出悬于离地一尺之处，然后由全体村民手持短刀，争相上前剐羊肉。剐完之后，人们将羊肉及随身带来的食物交给主持者，由其分与众人。村民们围着火堆进餐和歌舞，常常通宵达旦。

（四）羊与冬季节令

1. 过羊年

云南牟定县彝族人们几乎家家都养羊，人们对羊十分器重，过羊年是民间的传统节日。过羊年的时间和农历新年一致。除夕晚上，人们在羊栏上贴春联，并"招待"羊吃年饭。

羊的年饭是用荞麦、小米、大麦、包谷等粮食掺合在一起加工而成的。大年初一，家家户户还要带着食品，燃放爆竹，到羊圈旁与羊头餐。同时，还要选一些羊特别爱吃的树叶喂给羊。老年人还要为青年人唱述一些有关羊的古老歌谣。

2. 给羊倌拜年

给羊倌拜年的岁时风俗在汉族、藏族和土族都有流传。每年的农历大年初一，各家各户都要向羊倌拜年、问好，并送上过年的年货馒头、肉、烟等；同时也要送上一把长面，以表示对于羊倌的新年祝福。

给羊倌拜年的风俗，在民间表示对羊倌精心放牧、使羊群繁衍和健康生长的感恩与谢意。

二、婚礼中的羊习俗

（一）求骨宴

蒙古族接亲仪式中的一个风俗，就是"求骨宴"。届时，男方到女家里去接新娘，女家设求骨宴来待客。在求骨宴中有一桌专为新郎而设，出席者除新郎外，其余都为女性，一般包括新娘的嫂子或妹妹。新郎在席间要向这些女主人们索取"沙恩图"，即绵羊后右腿胫骨带踝骨的全称，这块骨头是蒙古族结亲的标志和信物。

如果得不到这块骨头，就不能成婚。所以，在蒙古族婚俗中"求骨宴"显得极为重要。在求骨宴上，女主人们会百般刁难新郎，通过让新郎当众出丑来寻开心。新郎在这个场合里要百般忍耐、顺从，陪伴新郎的男宾们则在席边陪歌："额尔古纳河水多宽，我们的祖先涉过去了；孙布尔山多高，我们的巴特尔攀过去了；肥美的草原多宽，我们的河都游遍了；新娘的毡包多远，我们的新郎还是奔来了。""鱼儿长得再大，离不开清水哟；松柏长得再茂，离不开沃土哟；蜜蜂长得再俊，离不开鲜花哟；新娘长得再俏，离不开新郎哟。"这些歌词的创作，大都是即席随编即唱，连续不断，直到女方满意，将"沙恩图"用哈达包好交给新郎为止。这才表示求亲成功，然后新郎就可以用车将新娘接走。

（二）羊头献客

羊头献客是土族的婚俗，流行于青海互助土族自治县。这是男家专门招待女方喜客"红仁其"的礼仪之一。红仁其在男家，先以枣儿茶招待，后由负责婚礼的总管相陪，到麦场上席地而坐，敬献一个羊头，然后让大家分食。

与此同时，红仁其和总管分别代表双方商议向直系长辈们敬送哈达的事宜，在分食羊头的时候，喜客们应该给由女方家族嫁往男方的阿姑们留下一份，等阿姑们敬"阿姑·图斯呼"酒或"阿姑茶"时，作为回赠的礼物。

（三）央立

央立也是土族婚俗。所谓"央立"，就是指娶亲时的重要礼品白母羊。土族人在习惯上不轻易予人以物。在女儿出嫁时，难舍难分之情尤甚。这头白母羊，便是女儿出嫁后留在娘家的替身和象征，也表示女儿出嫁后，吉祥如意、财运洪福依旧会留在家里。

因为土族人尚白，白色在土族人心里象征着吉祥如意、洁白无瑕和纯洁善良等含义。因此，白母羊也就成为婚礼中必不可少的带有吉祥如意色彩的重要礼物之一。央立通常由男方的送彩礼的特使"纳什金"去迎娶新娘时，牵去交给女方主人，以此作为新娘的替身留在娘家，然后双方会共同祝愿繁荣与吉祥。

（四）羊酒背

羊酒背是旧时汉族民间的婚俗。在湖北巴东地区，穷人娶亲的时候，无钱置办骡马等聘礼，就改用猪牛等替代之。并把羊肘、酒食等物品一起放在一个背笼里头，背到女家，分送给女家的亲戚和朋友。因为是将羊和酒共置于一个背笼之中，因此，就有了"羊酒背"这样的说法。

（五）闹婚

闹婚是柯尔克孜族的婚礼习俗。柯尔克孜人的婚礼仪式，一般是在女家举行。良辰吉日早晨，参加婚礼的宾客从四面八方赶来，汇集到女方家里，其中尤其引人注目的是新郎所率的一队年轻骑手，他们带来了丰厚的聘礼：两只熟全羊，一只是煮熟的，另一只是烤熟的。在新郎队伍的后面，还跟着数十头作为聘礼的牲口。在临近新娘家时，"叼羊"开始了，众骑手策马扬鞭，展开了激烈的争夺。最后，获胜的骑手将那只预先宰杀好的羊抛在女方毡房的门口；而女方则出门迎接客人，并向客人的脸上撒上白粉，以示祝福之意。

随后，新郎、新娘被新娘的亲戚们"绑架"，新郎父兄拿出钱物相赠，请求开释他们，并由男方一位德高望重的长者用木杆挑开毡房的天窗，然后从窗口向外抛散杏干、桃干等食品，众人嬉闹着外出去抢，新娘的母亲这时会唱起《送嫁歌》，表示母女之间难舍之情和祝福之愿。

然后，新郎、新娘分别被套以一个口袋，背对背坐下，再由一人执新割下的羊蹄分别在二人头上轻敲，请他们起来对舞。舞毕，由宗教神职人员诵读祷文，并把一整块羊肉分为两块，浸上盐水，让他们当众吃下，以示忠于婚姻，白头偕老。仪式结束后，宾客们还要举行赛马、叼羊等活动。到了晚上，新人入洞房，宾客又再次闹洞房，直至深夜。新婚第一夜之后，新郎、新娘相偕一起去婆家。

（六）抢羊骨头

抢羊骨头是锡伯族的民间婚俗。在新疆察布查尔锡伯族自治县和霍城等地，新郎、新娘起过婚誓后入新房。新郎、新娘的兄弟姐妹们聚于新房，迎亲爹和迎亲娘在炕沿上放置一羊骨头。迎亲娘将拴有红线的两个酒杯放在托盘里，迎亲爹手持酒瓶和水瓶，往杯里注入水或酒，新人们拿来喝了，以喝到酒者为吉。

接着是连饮三杯酒，在饮第三杯酒时，众兄弟姐妹们开始抢羊骨头，如果是新郎一方抢到了羊骨头，则表示新郎能干，今后可以养活妻子；若是女方抢到羊骨头，则表示新娘勤俭贤惠，未来会家庭和睦幸福。

（七）献羊背

献羊背是裕固族的婚姻风俗，流行于甘肃肃南裕固族自治县。裕固族人在婚宴以后，由主人向客人们分别回赠羊背。通常一只羊分为十二背子礼物，按辈分或尊长的不同分别献上。头背是臀尖，二背是羊头，是羊的最好的部位，会赠给贵宾或尊长。三背是胸的 4 根肋条，四背是羊脊梁骨，五背是中间的 6 根肋条，六背是软腰的 3 根肋条，七背是左胯骨，八背是右胯骨，九背是左大腿，十背是右大腿，十一背是左前腿胡郎板，十二背是右前腿胡郎板。献羊背的时候，还要根据客人的身份，说上一些吉祥祝福的话。

(八) 三箭"射"新娘

三箭"射"新娘也是裕固族的婚俗。这个婚俗和"献羊背"婚俗同是裕固族的迎娶仪式之一。先由两位歌手端着酥油、牛奶和缠着一缕羊毛的羊小腿，朗诵一段赞词，在新郎额上涂一点酥油，把羊小腿挂于新郎腰带上。接着，主客都到大门外迎新娘。

新娘从火堆间走向大门，新郎这时要用小弓将三支无箭头的箭射向新娘，新娘就势将面纱去掉，新郎亦趁此折断弓箭，扔进火堆。

(九) 碰门猪羊

碰门猪羊是旧时汉族的民间婚俗。所谓"碰门猪羊"，即男方在正式迎娶之前，须以猪、羊去碰开女方的门，女方才能应允这门亲事。反之，若男方不送猪、羊给女方，则对方完全可以拒绝迎娶。这个风俗流行于山西河曲地区。

(十) 歃羊酒米

歃羊酒米是指男方送给女方的礼物。这是流传于青海的一些地区的汉族婚俗。在女方办女儿席之前，男方须向女方送羊一只，称为歃羊，有歃血为盟的意思。同时，还要送给女方粮食若干，一般按各自协商约定，大约在5升到1斗之间，称作"酒米"，以协助女方办女儿席。

三、交际礼仪中的羊习俗

(一) 打羊迎客

打羊，在彝族语意中意为杀羊。在四川凉山地区的彝族交际礼仪中，有这样一个风俗，即凡遇客人来访，都要杀羊来招待客人；如遇到贵宾，则要"打牛"（即杀牛）来待之。打羊时，先将羊牵到客人面前，询问客人是否喜欢，待客人点头首肯之后，即用木棒猛击羊头三下，以当场倒毙为吉祥。在吃饭前，先将羊肝烧好奉上给客人品尝，以示敬意。

在饭后，还要将羊膀和羊头等给客人带回。在吃饭过程中，亦有诸多礼节，比如女主人要时刻注意客人碗里的饭是否吃得差不多了，要随时添加，不要等吃完了再添，如果客人碗里空了，通常被视为失礼。

（二）羊头敬客

哈萨克族、柯尔克孜族每逢有亲朋好友到来，都要宰杀只羊来招待，并以羊头敬献给客人。吃饭时，主人先端上熟羊头，羊的嘴和脸朝向客人所坐的位置，以表示对客人的尊敬。在开始食用时，主人请客人用刀割下羊脸两旁腮部的肉。客人则接过主人递送过来的刀，先割下羊面颊部位的肉给在座的长者，再割下一块羊耳部位的肉给在座的幼者，然后随意割一块肉给自己，最后将羊头连同盛放的盘子捧还给主人。

（三）执羔之礼

执羔之礼是我国周秦时期的礼仪之一，系上大夫等达官显贵见面时的一种互致礼仪的方式。据《仪礼·相士见礼》记载，凡上大夫相见，手里拿着一只用布（一般为红布）装饰缠绕的羊羔作为致礼。用羊羔的含义是，取义于羊羔虽合群一处，但都听从帅羊的指挥，从来不互相结党结派，以示君子之间的交往应该是符合君上的尊意，坦然磊落。

而装饰羊羔的方式是：用布条系住羊羔的四蹄，再将其从背上相交，然后在胸前打结。执拿的规矩是：左手握其前足，右手握其后足。执羔之礼是古代常用的一种礼节。

时至今日，这个礼节已经演变为一些地区婚俗中的"锦缠羊"。这一习俗在我国一些地区还依然存在，是女婿向岳父母谒见时的礼节之一。

（四）羊头会

羊头会是流行于陕西等地的一种保护农业公共财产的群众性组织，其职责范围较青苗会为广，涉及到农业生产和生活的一系列相关问题。比如其规定的条约包括：不践踏；熟果不偷摘等。这对于乡村公共利益的维护和乡民个人权益的保护，都有着积极的意义，各地具体的做法也有所不同。

比如：在陕北、关中表现为杀羊集会，并将羊头悬挂在树上，当众宣读公约，晓谕大家要按照规定实行，并且互相监督，违者受到处罚，如果见人违禁而不举报者亦一并受到处罚。而在陕南的一些地方，其做法是出钱雇请人（所雇之人称为"羊头"）看守庄稼，如果果树农田被毁被盗，则由所雇的"羊头"赔偿，如果抓到了小偷，则由大家商量处罚方式，或罚以钱款，或令其背着赃物游街示众。

（五）牵羊扛酒礼

牵羊扛酒礼是旧时社会生活的风俗，是一种流行于湖南汉寿、益阳、安化、湘阴等地的调解民间纠纷的方法。在邻里之间发生纠纷之后，有时候性质比较严重，触犯了乡规，触犯了亲族，所以经过调解之后，要让理亏的一方出钱买一只羊和一坛酒，送到受损害的那家人家去赔礼道歉，所以被称为"牵羊扛酒礼"。

如果事情不大的话，就只需象征性地买酒一壶，买肉一块，表示"牵羊扛酒"之意，再上门道歉即可。在事情了结之后，通常还要书写一份"和字息"，双方各执一份，表示永修和好。

四、与羊有关的玩的习俗

（一）羊皮鼓

羊皮鼓又称"腊鼓""长鼓""单鼓""羊角鼓"等。刘侗、于奕正所著《帝京景物略·花市》云："童子捶鼓，傍夕向晓，曰太平鼓。"程先甲《游陇丛记》卷二："正月初，兰州城内有腰系鼓遍行街巷，且行且击，其声震人，谓之羊角鼓。据地方人云：'甘地寒气闭塞，春初非击此鼓则地气不融和，岁必不熟……'。"

羊皮鼓的风俗，系满、汉、羌族的民间舞蹈，流行于北京、东北、甘肃、宁夏、陕西等地区。通常在新年花会、社火中演出，舞者左手持鼓、右手握鼓鞭，边打边舞或边打边唱。鼓外有铁框，绷裱羊皮，故名"羊皮鼓"，直径尺余，柄部有数个铁环。现在的羊皮鼓表演，一般采用边走、边打、边唱的形式，其步伐和队形有拉抽屉、穿胡同、单蝴蝶、双蝴蝶等几十种不同的形式。

（二）叼羊

叼羊是哈萨克、柯尔克孜、塔吉克等族常见的一种马上游戏。其做法是：先准备好一只山羊羔，去掉头蹄，在水中浸泡片刻。参加游戏者分为两队，先是单骑较量。将死羊羔丢在地上，一人先骑马赶到，俯身将羊羔拎起，手握住其后腿，并用自己的小腿和鞍褥夹住。这时对手亦早已赶到，用双手抓住羊前腿，双方在马上争夺起来。

谁将羊争夺了过来，就飞奔向前；这时双方两队骑手就蜂拥而前，如果本方骑手追上了带羊的骑手，则可接过羊继续朝指定地点飞跑，犹如接力比赛。直到骑手将羊带到指定地点或者无人追上为止，这就表示获得胜利。优胜者可以将羊献给当地的长者，或者扔进人群之中。叼羊是骑手角力和智慧的较量（图 5-2）。

图 5-2　叼羊比赛

（三）斗羊

在黄河古道，还有一种民俗"斗羊"，主要流行于苏鲁豫皖交界处。比赛开始先是两羊转圈相互挑衅。羊眼发红，前蹄不断摩擦地面，做势前扑，待主人往前一紧耳绳，紧接着大喝一声"上！"两只公羊一段助跑，像雄狮一般腾空，四只犄角在空中"嘭"的一声撞击在一起，声震如雷，场面很是壮观。在场的观众无不绷紧心弦，而后瞬间爆发欢呼喝彩，激动不已。

斗羊比赛在我国相传始于东汉末年（图 5-3）。据说，一次曹操被袁绍打败，退兵曹州（今山东菏泽）。一天，曹操忽见两羊相抵，非常威风。

他精神为之一振，计上心来：何不借观抵羊以振军威？于是，便召集部下观赏抵羊表演，果然鼓舞了士气，军威大振。曹操趁机反戈一击，打败了袁绍。从此，这里便兴起了斗羊之风。

比赛的羊都是小尾寒羊，这种羊生性好斗，永不言败，体重可达175千克左右，体态优美，具有生长速度快、耐粗饲、抗病力强、繁殖率高、皮肉兼用等特点。

图 5-3　东汉《斗羊图》

（四）羊皮戏

羊皮戏又称作"皮影戏"或者"影戏"。关于羊皮戏的起源，有四种说法：一说起源于战国时期，人们利用针孔成像和光学原理，制成一种叫做"暗画"的放映装置。后来又在豆荚的内膜上画一些景物，使光线透过豆荚的内膜，把所画景物映在屏壁上。这个说法见于《韩非子·外储说左上》。二说起源于汉代，据《汉书·外戚列传》记载："上思念李夫人不已，方士齐人李少翁言能致其神，深夜张灯烛，设帐帷，陈酒肉，而令上居他帐而望，见如李夫人之貌，还帷坐而步，又不得熟视"。据东晋王嘉《拾遗记》记载，此系用潜英之石，令工人先依图刻做人形，置于轻纱帷幕内，在烛光的照射之下，投影于帐帷之上。三说源于隋炀帝大业九年，有宋子贤者在壁上映出佛的形状或者兽的形状等的影像，进行表演。四说源于北宋初年，由说书演变而来。宋高承《事物纪原》载："仁宗时，市人有谈三国事者，或宋其说加缘饰，作影人，始为魏、蜀、吴三分战争之像，至今传焉。"

而真正现代意义的羊皮戏，则是从北宋末年或南宋开始，由原先用素纸雕琢人形改为用羊皮做人形，能使形象经久耐用，长久不坏。据《都城纪胜》载，在人物造型上，"公忠者雕以正貌，奸邪者刻以丑形"，以示褒贬。张未《续明道杂记》里也说："京师有富家子。少孤专财，群无赖百方诱道子。而此子甚好看弄影戏（羊皮戏或皮影戏）。每弄至斩关某，辄为之泣下，嘱弄者且缓之。"可见羊皮戏亦动人之至。南宋时，还有羊皮戏的专门组织"绘革社"，并有以"镟影戏"为业的专门行业。至清代时候最为盛行，各地出现许多支派。

（五）玩羊骨拐

玩羊骨拐满语又称"嘎什哈"，是一种用羊或黄羊的膝盖骨制成的传统游戏器具。羊髀骨多在室内抛掷，以其出现的凹凸形状定胜负。如今北方各民族多以之作为玩具，儿童还以此互相赠送结交朋友。

玩法各地各有所不同，可以二三人玩，也可以三五人玩，也有"抓"和"弹"等玩法。所谓"抓"，就是将若干羊拐散开，取其中一个抛起，再迅速用同一只手抓起规定数目（通常必须成对）的羊拐，并将抛起的那个接住。如抓得起，同时接得住，没有失误的话，则可以一直继续，直到抓完为止；否则的话，则交其由他人"抓"。

所谓"弹"，就是先将羊拐平均分给在场的游戏者，再各自拿出一定数目，合在一起，交由一人散开，然后将一个弹向另一个形状相同的羊骨拐，弹中则归己，弹不中或无相同者可弹或者碰撞到其他羊拐，则交由下一人游戏。最后，是由抓到或者弹到的数目多少来决定胜负。

羊骨拐是蒙古族和满族的传统民间游戏，现在主要流行于我国东北、北方地区的妇女和儿童中间。蒙古族妇女儿童在除夕守岁时，亦多以此游戏为乐。羊骨拐也有以黄羊髀骨为材料制成的，其形状要小于羊髀骨，一般只能用于弹而不用于抓。

（六）跳山羊

在民间传统娱乐中，有"跳山羊"的活动，深受广大少年儿童的喜爱。

活动方法是：由一个或数人两腿伸直，上体向前弯曲成90°、低头，双手按地或抓住脚腕子，如同山羊的样子。另一人或数人手按其背跳跃过去。在数人进行活动时，须连续跳几次，跳不过去的人，则去代替原来的"山羊"，再由其他人来跳。

五、羊与民居

（一）羊毛毡房

"穹庐为室兮旃为墙，以肉为食兮酪为浆。"这里的穹庐指的就是毡房，它属于新疆哈萨克族的居住之所，早在汉代就有了，距今已有两千多年的历史。

毡房，哈萨克语称为"宇"。它不仅携带方便，而且坚固耐用、居住舒适，还具有防寒、防雨、抗震等特点。毡房内空气流通好，光线充足，千百年来一直就是哈萨克牧民所喜爱的居所。由于毡房是用白色毡子做成的，毡房里又布置得十分讲究，因此人们就称之为"白色的宫殿"（图 5-4）。

图 5-4　新疆哈萨克族人的毡房

毡房所用毛毡，都是勤劳聪慧的哈萨克族妇女手工制作的。制作毛毡时，要先用木棍将羊毛敲打松散，洒水打湿，铺在平整的地上压实，再由多人反复卷压而制成。

毡房的大小是根据围墙的多少来定的，它的设计和建造都很有讲究。

扎围墙用的彩色主带，都是用五颜六色的毛线织成的，花纹美丽大方。这种彩带主要用于捆房屋围墙和房杆的接头处，不仅能起到使毡房牢固的作用，而且还能使毡房显得"富丽堂皇"。房门制作也很讲究，雕有花纹和绘有图案，吊在门上的毡子也要用彩色的绒线绣出各种鲜艳夺目的图案，显得既大方，又富有艺术感染力。

毡房不仅是供人住宿和待客的地方，还另有其他用途。春天接羊羔时，毡房就是护理病弱羔羊的"医院"；夏季要酿制酸奶、提取奶油时，毡房又是牧民们生产乳制品的"车间"。特别是在隆冬时节，尽管外边寒风凛冽、冰天雪地，但毡房里却温暖如春。因此，它还是人和牲畜抗御暴风雪袭击的"堡垒"。毡房内还是孩子上学的课堂和娱乐的场所，孩子们的笑声和歌声也总是回荡在座座毡房内外。

（二）羊毛地毯

羊毛地毯是中国著名的传统手艺品，已有两千多年的发展历史。我国的羊毛地毯始于西北高原牧区，由维吾尔、蒙古、藏各民族共同创造，并通过丝绸之路与中东各国互相交流，逐渐形成了卓越的中国古代羊毛地毯艺术。

羊毛地毯是地毯中的高档产品。其手感柔和、弹性好、色泽鲜艳，而且质地厚实、抗静电性能好、不易老化褪色，有较好的吸音能力，可以降低各种噪音。因此，羊毛地毯一般都是用在各种高档居所或是消费场所。

（三）羊毛挂毯

挂毯也被称作"壁毯"，其原料和编织方法与地毯相同，一般用做室内墙壁装饰使用。

我国制作羊毛挂毯历史悠久。早在战国时期，新疆就有制作挂毯的记载。唐代时织造的挂毯在花纹、图案、做工等方面就已经很精致，到了元明清时期，其织造工艺就更加成熟了。其中，羊毛挂毯用羊毛织成，多是以山水、花卉、鸟兽、人物、建筑等为题材，画面可以呈现出国画、油画、装饰画等艺术风格。羊毛挂毯多用在公众场所，比如殿堂、会堂、礼堂、俱乐部等公共场所（图5-5）。

图 5-5　手工编织的羊毛挂毯《狩猎图》

六、羊与出行

（一）驮羊

驮羊在藏语里称为"鲁开巴"，这是藏族对于用作驮运工具的绵羊或山羊的称呼。牧民选择体格健壮、体重在 50 千克的绵羊（或山羊）作为驮羊，驮羊一般用于驮运藏北盐湖所产的食盐。在驮运之前，先将盐装入布袋内，每袋 5～10 千克不等，随后将盐袋驮系在羊背上，组成数百只驮羊的庞大运输队伍，长途驮运。通常是将湖盐运至西藏南部农区，也有的运到更远的阿里地区或藏南边境地区的，然后与印度、尼泊尔商人进行贸易交换。到达了驮运目的地之后，将羊就地宰杀出卖，食盐也同时售出，再购回所需的生产、生活等用品。

像这样的大规模长途驮羊运输，多在水草丰盛、天气凉爽的秋末进行，因为这时的气候适合于羊作长途跋涉。驮羊白日行走，中途休息或者夜里休息时，要将盐袋卸下，至次日再次出发时再重新系好。驮羊一路上边吃草边走，极为艰苦，有不少驮羊会累死在半途中。驮羊的风俗多流行于藏北牧区。

另据传说，在当年修筑长城时，修嘉峪关城楼遇到了困难。城墙高 9 米，还要在城墙之上修建数十座大小不同的楼阁和众多的垛墙，用砖数量之大是非常惊人的。当时，施工条件很差，没有吊运设备，全靠人工搬运。而当时修关城所用的砖，都是在 20 公里以外的地方烧制而成。砖烧好后，用牛车拉到关城之下，再用人工往上背。由于城高，唯一能上下的马道坡度大，上下很困难，尽管派了许多人往城墙上背砖，个个累得要死，但背上去的砖却仍然供不应求，工程进展受到了严重影响。

一天，一个放羊的孩子来到这里放羊，看到这个情景，灵机一动。他解下腰带，两头各捆上一块砖，搭在山羊身上。然后，用手拍一下羊背，身子轻巧的山羊，就驮着砖一溜小跑就爬上了城墙，人们看了又惊又喜，纷纷仿效。于是人们就将城砖挂在山羊角上，每头山羊驮两块城砖，然后再将山羊赶到城墙上，卸下城砖。这种方法要比雇人来运送城砖效率更高。这样，大量的砖头很快就运上了城墙。

（二）羊皮筏子

羊皮筏子是一种简易的运载工具，古时又称作"革船"。《水经注·叶榆水篇》云："汉建武二十三年（公元 46 年），王遣兵来乘革船南下水。"唐李筌《太白阴经·战具篇·济水具》："浮囊以浑脱羊皮，吹气令满，紧缚其孔，缚于胁下，可以渡也。"

羊皮筏子是西北地区黄河流域上一种古老的"船"，用羊皮制成。羊皮筏负重较轻，所以大多用以载客，兼营短途货运。渡河时，将有充气羊皮袋的一侧置于水面，筏子的船工一手持桨，一手扶稳皮筏，并帮乘客上筏。一般在渡河时均顺水而下，船工用桨急划不停，以使筏尽快靠岸。若要返回原处，则由船工背筏逆流而上。兰州等地有谚云："下水，人乘筏；上水，筏乘人。"用羊皮筏送人渡河，流行于青海、甘肃、宁夏境内的黄河沿岸。

羊皮筏子在黄河上漂浮，有两千多年的历史，已经成为黄河上的一大文化景观。羊皮筏子在当地被称为"排子"，划羊皮筏子的人就被叫作"排子匠"或"筏子客"，他们大都是有多年的摆渡经验、身怀绝技的摆渡高手。

如今，羊皮筏子已成为一种典型的黄河民俗文化旅游景观。羊皮筏子造型美观、独特，具有很好的观赏性，是古代中国人民智慧的结晶。现在，在其制作工艺、驾驶技术、传统文化展示等方面，已经被作为非物质文化遗产来加以保护（图 5-6）。

图 5-6　黄河边上晾晒的羊皮筏子

（三）羊车趣闻

在中国历史上，以牲畜作牵引的有牛车、马车、骡车、驴车等。除了这些，羊车在史料中也能找到蛛丝马迹。更让人惊奇的是，有两辆羊车竟然见证了西晋王朝的兴盛和灭亡。

当时，羊车成为晋武帝司马炎的专用座驾，别人乘坐便会因僭越而获罪。禁卫军首领羊琇就是因为乘羊车而遭到参劾，险些把命都丢了。

另外一个人是亡国之君司马邺。他光着膀子，扮演成奴隶，拿着祭器，抬着棺材，坐在羊车里，就像羊一样温顺而任人宰割。

以羊拉车，至少在汉代就有了。汉代之后，在隋朝、北宋的官方记载中，人们仍然能见到羊车的影子。

第六章

关于羊生肖文化

一、关于我国传统的生肖文化

羊生肖是生肖动物群中的一员，其来龙去脉牵涉到生肖动物群体。同时，这个动物群体又会联系到干支纪年的习俗。因此，在探讨羊生肖之前，先要探讨一下干支和生肖动物群体之间的联系。

（一）干支纪年的由来

干支，又称天干、地支，是我国古代用以记录时间的一套专门的序数系统。干，指十干，依次为甲、乙、丙、丁、戊、己、庚、辛、壬、癸；支，指十二地支，依次为子、丑、寅、卯、辰、巳、午、未、申、酉、戌、亥。干支按顺序两两相配，即甲子、乙丑、丙寅、丁卯……癸亥，组合至六十为一个循环，被称为一个甲子。

用干支纪年，据传早在 4 000 多年前的黄帝轩辕氏时代就已产生。现在能看到最早的甲子全文，是河南安阳殷墟出土的刻于牛肩胛骨上的，后刊印于《甲骨文合集·37986 版》。这也就是说，早在殷商时代，甲子就已用于纪日。

干支纪年，与干支纪辰相关。《左传·昭公七年》："何谓辰？""日月之会是谓辰，故以配日。"即是指日月合朔之日，地球在公转轨道上的位置。古人据此将黄道天区划分为 12 个区段，用以观测星象，推算历法，占验祸福。但是，按 12 个合朔日计算，只有 354 日多一些，并不能分掉一个太阳回归年，即人们视运动里的天区黄道带的全长。

于是，古人就以冬至日（因该日圭表上日影最长，可以测而推定），北斗斗杓所指处的星宫所在为基准，在天区黄道带上向左、向右各取 15 度（折合成今之度），称为"子"辰。由此，自东向西将等分同长的其余黄道带，依次命名为丑、寅……亥。在周代，以含有冬至节的月份为一年的正月，故史称周历的"月建"为建"子"，它相当于今农历的十一月。

十二辰何以用子、丑、寅、卯……这一套名称呢？原来在远古的神话里，它们是 12 位月亮神。据《山海经》记述，天帝俊的妻子羲和，生了 10 个日神（即十干）；他的另一位妻子常羲，生了 12 个月神（即十二地支）；日神、月神轮流司值。商族人认为每天有一位日神和一位月神轮流司值（日神甲司昼，月神子值夜，则该日记为甲子）。

人们认为，十干的产生与"10 个太阳"的传说有关，即与前述的羲和生了 10 个日神的故事有关。据《山海经·大荒南经》记述："东南海之外，甘水之间，有羲和之国。有女子名曰羲如，方浴日于甘渊。羲和者，帝俊之妻，生十日。"这 10 个太阳住在一棵大树上："九日居下枝，一日居上枝。"（据《海外东经》）。这指的就是 10 个日神轮流值日。

这些神话与传说间接地反映了十干的起源。古人想象天上有 10 个太阳轮流出没，它们各自值日一轮就是 10 天，也称为一旬，在当时"旬"的意思就是"循"，即循环往复，以此为阶段来记日。为区别起见，分别以甲、乙、丙、丁、戊、己、庚、辛、壬、癸命名之，这就是十干。用干支纪年是从战国时代的太阳纪年法发展而来的，即以十干配十二辰，组成六十甲子。另据出土于马王堆的帛书记载，战国时代已有直接用干支纪年的情况出现。

（二）十二辰与十二生肖动物相配

关于生肖的由来，说法很多。其中有代表性的说法是将十二辰与十二种动物相联系。现存最早的记载见于 1975 年于湖北云梦睡虎地秦墓出土的秦简。在秦简《日书》甲种的背面，记有这样的文字："子，鼠也；丑，牛也；寅，虎也；卯，兔也；辰，（原简残缺）；巳，虫也；未，马也；申，环也；酉，水也；戌，老羊也；亥，豕也。"

这与东汉王充在《论衡》里提及的 12 种动物（即行之于今的十二生肖：子鼠、丑牛、寅虎、卯兔、辰龙、巳蛇、午马、未羊、申猴、酉鸡、戌狗、亥猪）有些不同。但是，最迟在战国末年，古人已经将十二辰已与 12 种动物相联系了。也就是说，在那时十二生肖就已经产生了。

那么，十二辰为什么要与 12 种动物相配呢？

首先，这与起源于旧石器时代中期的图腾崇拜相关。如前所述，那些在物质生产实践中受到青睐与关注的动物，由于其与人的关系很密切，因而得到了人们的礼遇。在理性思维尚未发达、观察事物以野性思维为视线的先民心目中，物我是一体的。他们常把喜欢的、信仰的动物作为自己的称谓，以寄托自己心中美好的期望。世界各民族的发展历史也都曾经历过这样一个阶段。

生肖中的 12 种动物名称，均是在上古时期 12 种图腾的称谓，也是后来姓氏的来源。一个有力的佐证就是，这些称谓在我国古往今来的姓氏中大多可找到。猪姓演变成彘姓、豳姓等，汉朝有姓狗名未央的，后秦姚苌的皇后姓蛇，等等。由此可见，在记忆或记录出生年份的生肖习俗出现之前，人类就已经有了图腾姓氏，即将某些关系密切的动物作为部落名称、作为姓氏归属的习惯。这就为生肖习俗的出现和广泛应用做好了铺垫。

其次，与以 12 为一循环轮回的历法计数习俗相融。相传在帝舜时代，先民成熟的历法是太阳历，或称华夏族纪年法：即将一年分为 10 个月，而基础时间分类又以 12 等分为准，即一天 12 时辰，12 天为一旬，36 天为一月，72 天为一季，360 天为一年。这样，一年还剩下 5 天，刚好用来当作过年的日子。这是参照地球与太阳运转规律而制定的历法。

据考证，这种历法十分科学和先进，而且其创立的时间相距今有约万年。在那个时代，传播和记忆这些历法，主要是靠口耳相传。也许是为了记忆的便利，先民们就把生活中亲密的动物伙伴——牲畜动物（即图腾动物），选出 12 种与之相配。

刘尧汉先生在《中国文明源头新探》中，收集到尚残存于彝族民众中的"十二兽"纪日法，汉族人称之为"黑甲子"。还有云南大学历史系江应梁教授早年所著的《凉山彝族奴隶制度》一书中说："大小凉山中统一地实行一种历法，非阳历也非阴历，是把一年划分为 10 个月，每个月固定 36 日……。"这些记载，都透露了我们远古先祖对于这一历法运用的真实信息。

在文化蒙昧低下、心智尚未发展的民族中，计数其实是一件比打死一头猛兽还困难的事。刚从野蛮的动物界挣扎出来的先民们，诚如法国人拉法格在《思想起源论》一书中运用原始部落人的实际材料所论析的那样，其计数的能力与鸽子不相上下，数到一、二就不行了。即使到了十月太阳历产生的时代，先民计数的能力，尚不能普及化，只是保持在少数统治集团的人物中，比如酋长、巫觋、史官等人物中。

对普通民众来说，计数仍是十分困难的事。他们的抽象思维还不发达，其抽象能力只能包含在已有的形象思维之中，只能以一种概念嵌于形象中的野性思维之中。因此，在应用和记忆这种历法时，以兽名时、定日、纪年的方法就应运而生了。这种"十二兽"的计时法，形象生动具体，便于记忆，又不失其计数的实质，因此很快就风行成俗。

总之，我们的先民在生产实践中用他们所关注的熟悉的动物名称，来概述抽象的历法计时，在具体的动物形象中包含了计数历法的哲理，形成了十二兽名计时法，并由此进一步衍化引申出十二生肖纪年的民俗。

二、羊生肖的文化意义

在长期的历史发展过程中，人们把羊看成是吉祥、和美和善良的代名词，并逐渐形成了独特的羊图腾文化，羊也成为十二生肖之一。从古至今，羊都扮演着和顺、温柔的角色。它甚至是五谷丰登、国泰民安的象征。

在中国民间传说中，有神羊因盗五谷种子给人间而舍生取义的故事。

据说在远古的洪荒时代，人间是没有五谷的，人类靠蔬菜和野草为生，面黄肌瘦，出现严重的营养不良。有一年秋天，一只神羊从天宫来到凡间，发现人类面有菜色，神情萎靡。问及原因，才知道人类不种粮食，连什么叫粮食也不知道。神羊善心大发，当即告诉人们下次一定给他们带一些粮种来。原来，当时只有天宫御田里才种有营养丰富的粮食，吝啬的玉帝不愿把粮食拿给人类分享。神羊回到天宫后，半夜趁守护天神熟睡之际，偷偷溜进御田里，摘下五谷（稻、稷、麦、豆、麻），含在口中，趁天未亮，溜至凡间。人们听说神羊给他们带来了五谷种子，都十分好奇。神羊把种子交给人们，又吩咐了种植五谷的方法，就悄悄地回到天宫去了。

人们播下五谷种子，当年就长出了庄稼。在收获时，人们见到五谷的穗，既似羊头，又像羊尾，收获的粮食又香又甜，收获的麻织成的衣裳又轻又暖。人们在秋收冬藏之后，便举行了盛大的祭祀仪式，以感谢神羊的送种之恩，这类秋收冬藏的农家祭祖仪式至今仍在一些农村举行。

盛大的祭羊仪式惊动了玉帝，玉帝发现了人间出现五谷，立即想到是神羊把种子带给了人间。查明情况后，玉帝迁怒于神羊，命令天官宰羊于人间，并要人们吃掉羊肉。

第二年，奇怪的事情发生了。在神羊行刑的地方，先是长出了青草，后来长出了羊羔。羊从此在人间传宗接代，以吃草为生，把自己的肉和奶无私地贡献给人类。人们则出于对羊舍身送种的感谢，每年都举行腊祭，以示纪念。

三、以"羊"命名的地名

羊作为动物那种吉祥、和美和善良的寓意，以及羊作为十二生肖动物形象之一，都使得羊生肖文化对社会生活影响深远。这一点从全国各地有如此之多的以羊命名的地名就可以看出其影响力。

北京作为首都，城市化进程发展很快，但是至今依然有包含"羊"的地名80多处。比如今天的"羊坊店"，在辽代时就已经是"羊市"。前门大街的耀武胡同、菜市口南边的南大吉巷等，过去都曾叫"羊肉胡同"，而今天的北京西四一带还有一条胡同名为"羊肉胡同"。老舍先生的出生地、新街口东边的"小羊圈胡同"，因为胡同出口狭小、其形状很像羊圈而得名。北京的崇文门外还有"羊市口"，并以花市大街为界分"南羊市口街"和"北羊市口街"，据《北京胡同志》记载在清中期以前这里曾是经销西北地区的羊的集市。北京曾有多条街巷被称为"羊毛胡同"，是因早年间街巷中有加工羊毛作坊或出售羊毛制品的店铺而得名。北京奥林匹克公园北边还有个叫"羊坊"的地方,在明清时期,张家口外贩运羊只的人到安定门外进行交易,他们会在"羊坊"停下来将羊宰杀,再驮着羊肉去安定门外交易。

重庆市至今仍有 74 个包含"羊"的地名。比如江北区的"羊坝滩""白羊湾""绵羊坝",在民国初期都是牧羊之地。沙坪坝区有"羊角堡",因为地处山堡形似羊角而得。渝中区有"羊子坝",百年前那里的荒坡主要用来晒羊皮。綦江区有"羊角场""羊角街",武隆县有"羊角岩",秀山县有"老羊角",这些地名都与羊有关。奉节县的"羊儿山",得名是因为地形像一只山羊的两只耳朵。彭水县的"羊头铺",是因为后山有一块石头,形状像羊头而得名。武隆县有个地名叫"羊肠弯",是因为那里山路十八弯很像羊肠小道而得名。黔江区有个"羊牯坨",因为此地户户养羊,其中公羊(羊牯)尤其多,所以得名"羊牯坨"。

宁波有 58 处带"羊"字的地名。比如:江北有"羊山巷""羊山头""羊角尖",江东有"羊行街"。鄞州有"羊角田""羊尾巴村""羊岙山""茅羊山""湖羊尾巴""羊角岩"等地名。北仑有"白羊岭""羊山""羊府庙""放羊山岗"等地名。余姚有"羊坑村""羊岭庵村""白羊山""大羊山""羊鼻山""羊台岗""上羊岭""羊额岭""上羊岗""羊角尖"等地名。慈溪有"羊路头村""周羊村""南周羊村""羊淘村""羊淘里村""上羊山""下羊山""羊路头湾"等地名。奉化有"羊角漕路""羊角落村""羊泗坑村""羊山""羊湾""羊岙岗""羊石山""毛羊岗"等地名。宁海有"羊府宝洞村""羊山头""逃羊岗"等地名。象山有"羊府路""羊中岙村""羊背山""小羊尖""羊窝垮头山""羊鸡礁""羊尾巴礁""大羊屿"等地名。

兰州地区地处黄土高原,地域辽阔,地形复杂,气候多变,是典型的大陆性季风半干旱地区。人类文明历史上,兰州地区大部分时段以畜牧业为主,因此含有"羊"字的地名数量很大。一千多年以前,兰州地区的气候比较湿润的,那时候森林覆盖率较高,草木茂盛,非常适宜畜牧业发展,尤其适合于养羊。以"羊"命名的很多,比如:羊柴沟、羊圈沟、羊黑、羊路沟、羊路坡、羊滩圈沟、羊寨、羊寨上庄、羊寨下庄、万羊、万羊台、马家羊路、石羊沟、青羊水、青羊头、中黄羊川、下黄羊川、黑羊咀、上羊黑山、下羊黑山、黄羊塘、乏羊坡、小羊达子沟、羊达子沟、黄羊川、小羊圈沟、大青羊沟、羊肠子沟、小羊肠子沟、青羊水泉、羊胡子滩等。

古都南京有"羊"字地名30余个。既有"羊山""羊山头"，还有"羊角尖"。在新街口附近还有"羊皮巷"，在建邺路鸽子桥北还有"羊市桥"。南京有两座"羊山"，一座在仙林街道原仙林农牧场北部，另一座在溧水白马岔路口村西北，原为牧羊场，所以叫"羊山"。南京还有两个"羊山头"村，一个在六合竹镇镇兆壁村，清末建村，村后有羊山，村以山得名，另一个在六合竹镇镇大侯村，清代建村，因为地处牧羊山上，所以得名。其他含有"羊"的地名还有"羊山北街""羊山北路""羊岗"等。

古都扬州也有20余处叫做"羊"的地名。扬州城里有五条与"羊"有关的巷子，分别是"羊巷""羊肉巷""羊胡巷""大羊肉巷""小羊肉巷"，均在广陵辖区内。这些巷子曾经都与养羊、贩羊、宰羊、卖羊有关。扬州还有四个自然村庄与羊有关："小羊村"位于仪征新集镇，因姓氏而命名，无具体寓意。"西羊村"位于仪征刘集镇，"林羊口"村位于高邮汉留镇，"石羊庄"位于高邮菱塘回族乡，以庄里一座古墓旁放过着两只石雕的羊得名。

昆明也不缺以"羊"命名的地名。比如："羊仙坡""羊方山""羊方凹""羊桃箐""大羊巷"；也有"一窝羊""羊场""洛羊镇""羊坝冲""羊槽沟""羊见地"；还有"火羊阵""羊坡头""羊甫头""羊市口""羊肠村"等。这些"羊"地名，背后还有许多故事传说都与羊有着密切的关系。

泉州含有"羊"字的地名也有10余处。比如：羊公巷、羊门村、羊角山村、白羊村；羊角山、羊狮山、羊仔岭、养羊山、羊角寨等。其中"白羊村"的由来，是因其方姓先祖移居此地时，看见一只白羊常常睡在山坡上，后来先人将祖祠建在那里，因而得名"白羊村"。"羊仔岭"因附近村庄村民常在山场放羊，因而得名"羊仔岭"。"羊门村"是因村民居住在大雾山脉半山腰，有养黑山羊的习惯，并建羊棚养羊，故地名取羊门二字。

　　其实，全国各地都有以"羊"字命名的地名。比如广州又叫"羊城"，古晋国有一座城邑叫"羊舌"，成都有"青羊区"，四川曾有"羔羊县"，深圳宝安区的"羊台山"，内蒙古磴口县的"洪羊洞"，云南临沧市的"羊头岩"，济南市的"羊头峪"，山西高平的"羊头山"，等等。

第七章

与羊有关的古诗词

将羊的形象引入到文学作品中，以文学独特而富有魅力的表现手法，来歌咏羊的形象和丰富的内涵，并且从中寄托作者情思和意兴者，在我国历代的诗词歌赋里并不鲜见。其渊源当推《诗经》里的诗章，而后来的各朝各代的文学创作，也都因循了《诗经》传统的创作轨迹，抒发一己的情绪。可以这么说，就是将《诗经》所创立的这个源头大大地加以发展和拓宽了。

一、反映乡村生活的古诗词

（一）《诗经》中的《无羊》

《小雅·无羊》表现了周秦时期我国畜牧业发达，牛羊成群，六畜兴旺。

小雅·无羊

谁谓尔无羊？三百维群。

谁谓尔无牛？九十其犉。

尔羊来思，其角濈濈。

尔牛来思，其耳湿湿。

或降于阿，或饮于池，或寝或讹。

尔牧来思，何蓑何笠，或负其糇。

> 三十维物，尔牲则具。
>
> 尔牧来思，以薪以蒸，以雌以雄。
>
> 尔羊来思，矜矜兢兢，不骞不崩。
>
> 麾之以肱，毕来既升。
>
> 牧人乃梦，众维鱼矣，
>
> 旐维旟矣，大人占之；
>
> 众维鱼矣，实维丰年；
>
> 旐维旟矣，室家溱溱。

如果说《诗经》里多有比兴手法，往往以虚拟之景之物来表现诗人至深之情的话，那么这篇《小雅·无羊》可以说是颇有写实的风格。数百上千的羊成群地聚集在辽阔无边的草原上，就像蓝天上的片片白云，羊儿们在低头吃草饮水，头齐刷刷地聚在一块，一派和平安宁的景象。凑上近前再细细观看，那羊儿个个长得膘肥体壮，无病无灾，一待祭祀盛典举行之日，都可以作为敬献神明的祭品的。当然，六畜兴旺的景象乃是一个侧面，从中也可以窥视出周朝政通人和、国富民强的深层寓意。

（二）晋代郭璞的《羬羊赞》

在《诗经》以后，晋代郭璞的《羬羊赞》是最引人注目的一篇作品。

羬　羊　赞

［晋］郭璞

> 月氏之羊，其类在野。
>
> 厥高六尺，尾亦如马。
>
> 何以审之，事见尔雅。

郭璞，是东晋著名的文学家。他生于 276 年，死于 324 年，字景纯，河东闻喜（今属山西省）人。在文学史上，他以博学著称，喜好古文奇字，又喜好阴阳卜筮之术。在文学创作上，郭璞擅长诗赋，所作《游仙诗》著称于文学史。

在这首《羬羊赞》里，他详细地描述了月氏的六尺大羊的生动形貌。月氏，是我国古代的游牧民族之一，曾遭匈奴袭击，大部分西迁塞种地区

（今新疆伊犁地区），被称为"大月氏"；少部入南山（即祁连山）与羌族杂居，被称为"小月氏"。《尔雅·释兽》云："羊六尺为羬。"郭璞是专门研究《尔雅》的大家，这首诗作对羬羊的描写，可以看作他对《尔雅》的形象的附注。

（三）唐代诗人王维的《渭川田家》

渭 川 田 家

〔唐〕王维

斜阳照墟落，穷巷牛羊归。

野老念牧童，倚杖候荆扉。

雉雊麦苗秀，蚕眠桑叶稀。

田夫荷锄至，相见语依依。

即此羡闲逸，怅然吟式微。

此诗作于唐开元后期，王维在诗中描绘了渭水两岸的乡村生活。

诗人描绘了一幅恬然自乐的田家暮归图，虽写的都是平常事物，但却表现出诗人高超的写景技巧。全诗以朴素的白描手法，写出了人与物皆有所归的景象，映衬出诗人的心情，抒发了诗人渴望有所归、羡慕平静悠闲的田园生活的心情，同时也流露出诗人在官场感受到的孤苦与郁闷。

"斜阳照墟落，穷巷牛羊归"，生动地描绘了乡村田舍在黄昏夕照时的情景，夕阳斜照，牛羊牧归，呈现出一幅浓墨重彩的田园景色。

（四）唐代诗人杜甫的《日暮》

日 暮

〔唐〕杜甫

牛羊下来久，各已闭柴门。

风月自清夜，江山非故园。

石泉流暗壁，草露滴秋根。

头白灯明里，何须花烬繁。

杜甫在流寓夔州瀼西东屯期间，见到瀼西一带地势平坦、清溪萦绕、山壁峭立、林寒涧肃、草木繁茂。《日暮》一诗描写了诗人所居住的山村在黄昏时分的寂静与祥和，也借此表达了诗人对于故乡思念之情。

诗句"牛羊下来久，各已闭柴门"，诗人用一个"久"字，来述说牛羊行走的缓慢和悠闲，而各家各户的柴门都已经关上了，西边的最后一道夕阳也从柴门上扫过，天地都安静下来，等待着进入寂静的黑夜。

（五）唐代诗人李峤的《咏羊》

咏　羊

［唐］李峤

绝饮惩浇俗，行驱梦逸材。

仙人拥石去，童子驭车来。

夜玉含星动，晨毡映雪开。

莫言鸿渐力，长牧上林隈。

李峤，字巨山，赵州赞皇（今河北省）人，生于约645年，二十岁举进士，高宗、武后、中宗都任官职，可谓三朝元老。李峤的诗多为咏物之作，除《咏羊》，又有《汾阴行》较有名。《咏羊》诗是李峤诸多咏物诗里的一篇，系歌咏羊的一首五言诗。

诗中李峤运用了不少羊的典故："绝饮"句源于《孔子家语·相鲁》，"鲁人有贩羊者沈犹氏，常朝饮其羊以诈市人。孔子为政，则不敢以水饮羊。""逸材"指力牧，典出《史记·五帝本纪》云："黄帝举力牧以治民。""仙人拥石"见于葛洪大《神仙传》记载，黄初平得道成仙，牧白石皆为羊。"童子驭车"用卫玠少时乘羊车事。"夜玉含星"，天狼星别名为玉羊。"晨毡映雪"系用"苏武牧羊"典，据《汉书·苏武传》云，苏武被囚于匈奴，天下雪，苏武卧吃雪与旃毛一同吞咽。"鸿渐"借指仕途，"牧上林隈"典出《汉书·卜式结》："初，式不愿郎，上曰：'吾有羊在上林中，欲令子牧之'。式既为郎，布衣中跃而牧羊。岁余，羊肥息。上过其羊所，善之。式曰：'非独羊也，治民亦犹是矣。以时起居，恶者辄去，毋令败群'。"《汉书·公孙弘卜式儿宽传赞》："公孙弘、卜式、儿宽皆以鸿渐之翼困于燕爵，运迹羊豕之间，非遇其时，焉能致此位乎。"

（六）唐代诗人王贞白的《田舍曲》

田 舍 曲

〔唐〕王贞白

古今利名路，只在侬门前。

至老不离家，一生常晏眠。

牛羊晚自归，儿童戏野田。

岂思封侯贵，唯只待丰年。

征赋岂辞苦，但愿时官贤。

时官苟贪浊，田舍生忧煎。

在中国古代许多文人士大夫眼里，远离官场、尘嚣的静谧田舍是他们理想的家，是因无法施展政治抱负的退隐之地。他们向往看到恬然吃草的牛羊在嬉戏。理想中的"牛羊"就是失意的中国士大夫们心灵的寄托和安慰。"牛羊晚自归，儿童戏野田"，在《田舍曲》一诗中，诗人也同时描绘了当时乡村的实际生活景象。

（七）唐代诗人钱起的《题玉山村叟屋壁》

题玉山村叟屋壁

〔唐〕钱起

谷口好泉石，居人能陆沈。

牛羊下山小，烟火隔云深。

一径入溪色，数家连竹阴。

藏虹辞晚雨，惊隼落残禽。

涉趣皆流目，将归羡在林。

却思黄绶事，辜负紫芝心。

钱起，唐代诗人，字文仲，吴兴人（今浙江湖州人）。天宝年间进士，历任蓝尉、司勋、祠部员外郎，终为功考郎中，故世称"钱功考"。作诗题材较为单一，多为送别诗。他善于写景，诗风清新淡雅，意境幽深。

《题玉山村叟屋壁》一诗刻画了山村傍晚的景色，表现了郊野风景，呈现出乡村生活。"牛羊下山小，烟火隔云深"，展现出如诗如画的乡村生活图景。

（八）宋代诗人黄庭坚的《次韵答柳通叟问舍求田之诗》

次韵答柳通叟问舍求田之诗

[宋] 黄庭坚

少日心期转谬悠，蛾眉见妒且障羞。

但令有妇如康子，安用生儿似仲谋。

横笛牛羊归晚径，卷帘瓜芋熟西畴。

功名可致犹回首，何况功名不可求。

黄庭坚（1045—1105 年），字鲁直，号山谷道人，晚号涪翁，洪州分宁（今江西省九江市修水县）人，北宋著名文学家、书法家、盛极一时的江西诗派开山之祖，与杜甫、陈师道和陈与义素有"一祖三宗"（黄庭坚为其中一宗）之称。与张耒、晁补之、秦观都游学于苏轼门下，合称为"苏门四学士"。生前与苏轼齐名，世称"苏黄"。著有《山谷词》，且书法亦独树一格，为"宋四家"之一。

《次韵答柳通叟问舍求田之诗》描述了乡野景象，也阐发了对于人生的慨叹。"横笛牛羊归晚径，卷帘瓜芋熟西畴"，生动地展现了放牧与农耕的景象。

（九）宋代诗人黄庭坚的《戏答张秘监馈羊诗》

戏答张秘监馈羊诗

[宋] 黄庭坚

细肋柔毛饱卧沙，烦公遣骑送寒家。

忍令无罪充庖宰，留与儿童驾小车。

羊的温顺激发了诗人的善良之心。面对别人送来的羊，杀之则于心不忍，送回去则情面难却，还是留着羊给孩子驾车玩吧。

（十）宋代诗人陆游的《牧羊歌》

牧 羊 歌

［宋］陆游

牧羊忌太早，太早羊辄伤。

一羊病尚可，举群无完羊。

日高露晞原草绿，羊散如云满川谷。

牧童但挥竹一枝，岂必雪诗知草牧。

陆游，字务观，号放翁，越州山阴（今浙江绍兴）人。生于公元1125 年，早有文名。这首《牧羊歌》是描写放牧经验的歌谣，其文字质朴、浅直，别具一格。

诗中说"牧羊忌太早"，这与"晚出早归"的放牧经验相一致，因为清早露水多凝结在牧草上，羊吃了带水的牧草，在肚子里发酵而易得膨胀病，个别羊得病尚可以救治，若整个羊群都得了病，就都没办法处置了。

诗中还说，等到太阳高照时候，草原上碧绿一片，羊散布其间，就像片片白云一般。牧童只要手执一根驱赶草地上螨虫的竹枝，就可安心放牧了。这些难道非得读了诗书才能懂得吗？

（十一）宋代诗文家岳珂的《绵羊》

绵 羊

［宋］岳珂

褥毛吹朔雪，细肋卧晴沙。

晓牧尾摇扇，春游项引车。

湩流便逐草，酪腻正需茶。

日夕归栖处，因风想塞笳。

岳珂（1183—1234 年）广字肃之，号亦斋，为抗金名将岳飞之孙，亦是宋代诗文家。他著有《绵羊》诗。

这首诗是作者代羊立言，说的是绵羊原本生活在风雪严寒的塞北草原，条件虽然艰苦，但却自由自在。它们早上走到草原上随意的吃草，悠闲地摇着尾巴。吃饱了，走累了，可以躺在阳光晒得暖融融的沙滩上休息。

然而不幸的是它们被选送进宫廷。春天，它们拉着车子供人们尽兴游玩，平时它们的乳汁被人们无休止的索取，以至于人们都吃腻了乳酪制品。而它们却因被过分的索取，不得不拼命地吃草来补充身体的亏空。直到大阳落山它们才能休息。

夜深人静，风声四起，听着这熟悉的风声，不由使它们怀想塞上悲凉的胡笳。对胡笳的怀想既是对现在宫廷中不幸的倾诉，也是对原来塞上生活的思念。

诗中的"湩"是指乳汁，"塞笳"即是指胡笳，是我国古代北方民族的管乐器。

全诗以形象画面的对比，不动声色地表达了自己的情感。一个身在宫廷而愈思长林、志在丰草的羊的形象跃然纸上。

（十二）元代诗人许有壬的《秋羊》

元代文学虽不长于诗，但却长于杂剧和小令。但元代诗歌里对羊的吟咏却并不鲜见，并有许有壬、杨维桢等人的作品传世。

秋　羊

［元］许有壬

塞上寒风起，庖人急尚供。

戎盐春玉碎，肥羊压花重。

肉净燕支透，膏疑琥珀浓。

年年神御殿，颁俊每沾侬。

许有壬，字可用，汤阴（今属河南省）人，公元 1287 年生，延裕进士。至治中以江南行台监察御史行部广东，劲治不洁官僚豪家。顺帝时任中书参知政事。许有壬历官七朝，前后近五十年。官至集殿大学士，卒于 1364 年。其咏羊诗题名为《秋羊》。

羊肉作为美食由来已久，尤其是在北方养羊业发达的地区，上至宫廷御宴，下至寻常家庭小吃，都离不开这一道美味。作者在这首《秋羊》诗里，没有因循于咏物诗的借物言志的老套路，而是用近乎白描的纪实手法，细致而详尽地叙说了塞北秋风乍起，羊肉正肥，厨人们忙于准备盛宴，以及对于美味自己急于享受那种心情，逼真地描写出了自己偏爱羊宴那种色鲜艳、味香浓的情愫。

（十三）清代诗人杨静亭的《都门杂咏》

道光二十五年（1845 年）十一月，北京通州人杨静亭编写的《都门纪略》刊印问世。这是中国出版的第一部旅行指南类书籍，其编印目的就是为当时的士子与客商进京时充当导引。

都 门 杂 咏
[清] 杨静亭

煨羊肥嫩数京中，酱用清汤色煮红；
日午烧来焦且烂，喜无膻味腻喉咙。

《都门纪略》分为上下两册。上册共有十门：风俗、对联、翰墨、古迹、技艺、时尚、服用、食品、市廛、词场。下册是歌咏竹枝词。当年这部书曾经非常流行，算得上是当年的畅销书。即使在今天，这部书也是人们研究当时的文化和民俗之必读资料

二、抒发文人感怀的古诗词

（一）《诗经》中的《羔羊》

《诗经》里描写羊、歌咏羊的篇章相当之多，在《风》《雅》《颂》里都有涉及，或许正合了"思无邪"之道耶。

国风·召南·羔羊

羔羊之皮，素丝五紽，退食自公，委蛇委蛇。
羔羊之革，素丝五緎，委蛇委蛇，自公退食。
羔羊之缝，素丝五总，委蛇委蛇，退食自公。

《国风》里的《羔羊》篇前有序文云："羔羊，鹊巢之功致也。召南之国，化文王之政。在位皆节俭正直，德如羔羊也。"所以说，整个《羔羊》

篇，意在表明：作为一个开明国家的臣子，穿着洁白柔顺的羔羊皮革的衣服，而其品德操行要更以羔羊之德来约束自己。光明磊落，节俭自律，减少美食之类的享受，并且对此要有安贫乐道、怡然自得的神情。

我们常说《诗经》里有比兴手法，往往借物起兴，表达一个意义深远的主题。这《羔羊》篇便是很好一例。羔羊皮革素洁华美，但这并非是一个品行高贵的正人君子所追求的终极目标，以此作为参照，只有表里如一，内在的品性修养也达到了"德如羔羊"，这才算得上是真正高贵不凡。这个道理，对于我们今天个人修养和待人接物之道，也是不无启发的。

(二)《诗经》中的《君子于役》

《王风·君子于役》则是表现了思念远方亲人的带有情感的诗篇，其中运用了中国传统诗歌表现手法之一"借景抒情"，颇具感染力。

王风·君子于役

君子于役，不知其期，曷至哉？

鸡栖于埘，日之夕矣，羊牛下来。

君子于役，不日不月，曷其有佸？

鸡栖于桀，日之夕矣，羊牛下山。

这里表现了"君子行役无期度"的社会现实。君子长久地在外服役，遥遥邈邈，没有归期。身在故乡的亲人，包括妻儿和亲朋好友，时时有思念之情涌动。在傍晚日落时分，鸡进窝休息了，远方放牧的牧人也赶着羊群和牛群下山，晚归的景象，最会使人触景生情，生发出感伤来。唐诗里有"浮云游子意，落日故人情"，借浮云、落日来抒发思念之情，与此有异曲同工之妙。

(三)《诗经》中的《郑风·羔裘》

郑风·羔裘

羔裘如濡，洵直且侯，彼其之子，舍命不渝。

羔裘豹饰，孔武有力，彼其之子，邦之司直。

羔裘晏兮，三英粲兮，彼其之子，邦之彦兮。

羔裘是一种珍贵的毛皮，具有轻便、亮丽、舒适、保暖的特点，比如我国宁夏滩羊的羔裘"二毛皮"就是举世闻名的珍品。在古代，羔裘常常被用作朝服。这里运用了"比"的表现手法，以羔裘喻指着此朝服的古之君子所具备的正直、刚强、柔顺之美德。也就是本诗所提及的"三英"之德。《洪范》云："三德，一曰正直，二曰刚克，三曰柔克。"这就是说，古代操守高尚的君子仁士，必须是中正平和之人，刚柔相济。知易行难，一人欲此"三德"兼备，当是难上难。濡，湿也，转指润泽，以"羔裘如濡"来形容羔裘的光亮润泽。

（四）《诗经》中的《唐风·羔裘》

同以"羔裘"为名的《唐风·羔裘》则表现了另一个主题。

唐风·羔裘

羔裘豹祛，自我人居居，岂无他人，维子之故。

羔裘豹衣，自我人究究，岂无他人，维子之好。

其诗序有云："羔裘，刺时也。晋人刺其在位不恤其民也。"作为一国之臣，本应辅佐国君治理国家，体恤下情，然而有些臣子虽也身着羔裘朝服，却高高在上，脱离民众，这样一来，无疑是危险的。《诗经》里的不少诗篇，则有美刺意义，隐喻朴素的民生思想。《唐风·羔裘》篇可以算是一个。

（五）北朝民歌《敕勒歌》

北朝民歌是流传最广的古代诗歌之一，也最为大家所熟知。

敕 勒 歌

敕勒川，阴山下，

天似穹庐，笼盖四野。

天苍苍，野茫茫，

风吹草低见牛羊。

相传，东魏高欢为西魏军所败，为激励士气，他曾使敕勒族人斛律金唱此歌，以重振旗鼓。原歌为鲜卑语，译成汉乐府民歌后，畅顺明达，朗朗上口，千百年来广为传诵，至今仍是妇孺皆能熟诵的著名民歌。

整个诗作展现了北方大草原辽阔无垠、牛羊成群的壮美豪迈景象，气象雄浑，是我国乐府民歌中最为杰出的代表作之一。

（六）唐代诗人李白的《送萧三十一之鲁中兼问稚子伯禽》

送萧三十一之鲁中兼问稚子伯禽

〔唐〕李白

六月南风吹白沙，吴牛喘月气成霞。

水国郁蒸不可处，时炎道远无行车。

夫子如何涉江路，云帆袅袅金陵去。

高堂倚门望伯鱼，鲁中正是趋庭处。

我家寄在沙丘傍，三年不归空断肠。

君行既识伯禽子，应驾小车骑白羊。

创作这首《送萧三十一之鲁中兼问稚子伯禽》时，诗人因遭人嫉恨而感到终身无法实现自己的政治理想，于是就把自己所有愤世嫉俗的烦闷和痛楚，转化成"驾小车骑白羊"的浪漫主义理想抒发出来。羔羊的形象像一根亘古的琴弦，触动着古人心灵中最柔软的地方，也最能引起人们的共鸣。

（七）唐代诗人李白的《登峨眉山》

登峨眉山

〔唐〕李白

蜀国多仙山，蛾眉邈难匹。

周流试登览，绝怪安可息。

青冥倚天开，彩错疑画出。

泠然紫霞赏，果得锦囊术。

云间吟琼萧，石上弄宝瑟。

乎生有微尚，欢笑自此毕。

烟容如在颜，尘累忽相失。

倘逢骑羊子，携手凌白日。

此诗为五言古体诗，全篇十六句可分四段，每段四句。用入声质韵，一韵到底。四段的首句，皆用平声字作结，在音调上有振音激响的作用。

末段的末二句"倘逢骑羊子，携手凌白日"，"骑羊子"是指峨眉山传说中的仙人葛由，传说他骑着自己刻的木羊入山成仙。"凌白日"，是指辞谢人间。诗句的意思是：假如遇到骑木羊进山的葛由，亦当与之携手成仙而去。

（八）唐代诗人曹唐的《小游仙》

小　游　仙

［唐］曹唐

共爱初平住九霞，焚香不出闭金华。

白羊成队难收拾，吃尽溪头巨胜花。

曹唐，字尧宾，桂州（今广西桂林）人，一说为郴州（今湖南郴州）人。初为道士，后举进士不第，在唐咸通中官至使府从事。其所作《游仙诗》有一百数十篇之多。他著有作品集三卷，都已经散失，后人辑有《曹从事诗集》一卷。大概是他早年学道游仙经历使然，他的这首名为《小游仙》的七言诗也充满了得道成仙的道家思想。

诗中用了"黄初平得道成仙"的典故。《初学记》卷二九引葛洪《神仙传》："黄初干者，丹溪人也，年十五，牧羊。有道士便将至金华山。其兄初起，行李初平。历来不得，见市中有道士，乃随求弟。相见语毕，问羊何在，平曰：'羊近山东。'兄往视，但见白石。平言叱叱羊起，于是白石皆起，成数万头羊。"诗人在这首《小游仙》里幻想着有朝一日，自己也能像黄初平那样，得道成仙，有呼石头而羊起的境界。

（九）宋代诗人文天祥的《咏羊》

咏　羊

［宋］文天祥

长髯主簿有佳名，羵首柔毛似雪明。

牵引驾车如卫玠，叱教起石羡初平。

出都不失成君义，跪乳能知报母情。

千载匈奴多牧养，坚持苦命汉苏卿。

文天祥，字履善，一字宋瑞，号文山，吉州吉水（今江西）人。生于公元1236年，宋理宗宝裕四年（1256年）进士第一。这首《咏羊》诗，盛赞羊的美德，以史籍上的典故和记载的铺排形成一种气势和文采，名为咏羊，实为借羊言之志。

首句典出崔豹《古今注·羊别名》："羊，一名髯须生簿。"次句"羵首"和"柔毛"分别典出《小雅·苕之华》和《礼记·典礼》。三句"卫玠驾车"用《世说》："卫玠乘白羊车"事。"叱石羡初平"则源出《神仙传》"黄初平叱石为羊"。"跪乳能知报母情"，典出《埤稚·羔》："羔性群而不党，又皆跪乳，象礼其德，宜施于朝。故古者以为朝服。"我们平常所说的羊羔有至孝之心，亦源于此。

末尾两句则取自"苏武牧羊"故事。全诗的关键，即所谓"诗眼"，就在这末尾两句，这也是整篇《咏羊》诗所要阐发的主旨。中国古典诗歌有咏物以言志的传统，这首《咏羊》诗就是借咏羊抒发热爱祖国、坚守节操与正义的崇高情怀。

（十）宋代诗人王阮的《题四羊图》

题 四 羊 图

［宋］王阮

三百维群世不见，乃以四羊为一图。

人言此图出韦偃，不知韦偃有意无。

岩岩参天一古木，下有轻莫满郊绿。

雪羃隐约黑晕中，沙肋微茫笔端足。

昔闻韦侯画马工，杜陵长歌歌古松。

孰知画羊更如此，世间绝艺谁能穷。

蕲春太守好事者，珍藏有此稀世画。

嗟余得见双眼明，此一转语久难下。

三羊游戏芳草茵，一羊辄蹲枯树根。

安能添我做牧人，为公鞭此一败群。

王阮，生年不详，卒于公元1208年，字南卿，南宋江州人（今江西九江人）。他曾为唐代著名画家韦偃的《四羊图》作诗。

诗中的"岩岩"意为高大，"羹"是指草的芽，"沙肋"为羊的别称，"蕲春"为湖北的地名，"轭"意为独。

这是一首题画诗，诗分三层。

首层介绍画的作者和欣赏此画内容，即赏画。开篇引《诗经·无羊》"三百维群"的诗句，说明世上还没有人画大群羊的画，以此来突出眼前所见的《四羊图》，并点明此画乃出自唐代著名画家韦偃之手。接着描述了画的内容和技法的特点：背景是一株参天古树，树下是一片芳草地；暗黑的底色衬托出雪白的山羊，显得主题鲜明，气韵生动。

第二层由欣赏转入赞叹，可称为赞画。诗人知道韦偃是以画马驰名于世的，曾经为大诗人杜甫所赞赏，没想到画羊也是举世无双。幸得蕲春太守珍藏了这一稀世之图，使诗人一饱眼福。而从蕲春太守让诗人看画的叙写，诗人已巧妙地将太守求其题画暗含其中了。

第三层诗人的情感由赞而入，可谓之入画。《四羊图》浑然天成，诗人已深深地被画家的艺术表现力所震慑，似乎已忘记了自己只是一个欣赏者的身份，看见一只羊独自蹲在树根下，他就急不可待地要跳入画中充当一名牧者，想将这只离群之羊赶入羊群之中。

优秀的绘画作品需要优秀的欣赏者来品味，前者的高明之处需要后者去发掘和欣赏。通过王阮的这首题画诗，可以推断《四羊图》是极具艺术感染力的一幅画，只是可惜韦偃的《四羊图》今人已无从得见。

（十一）元代诗人杨维桢的《题苏武牧羊图》

题苏武牧羊图

［元］杨维桢

未入麒麟阁，时时望帝乡。

寄书元有雁，食雪不离羊。

旄尽风云节，心悬日月光。

李陵何以别，涕泪满河梁。

杨维桢，字廉夫，号铁崖、东维子，诸暨（属浙江）人。生于公元1296 年，泰定进士，官至建德路总管府推官。

元代诗人杨维桢的《题苏武牧羊图》诗，用苏武牧羊的故事，再以李陵事件作为比较，表现了苏武高风亮节、不屈不挠的崇高情怀。

（十二）明太祖朱元璋的《牧羊儿土鼓》

明清两代，诗文、小说繁荣，是我国古典文学发展的终极。不仅在文人骚客的笔下，时时可以见到羊的踪影，即便是贵至一国之君，也对羊情有独钟。明太祖朱元璋就是其中的一个，他曾作诗题为《牧羊儿土鼓》。

牧羊儿土鼓

［明］朱元璋

群羊朝牧遍山坡，松下常吟泉道歌。

土鼓枹时山鬼听，石泉濯处涧鸥和。

金华谁识仙机密，兰渚何知道术多。

岁久市中终得信，叱羊洞口白云过。

作为一国之君的明太祖朱元璋，在这首《牧羊儿土鼓》诗里，表现了一种归隐的意趣，诗用"黄初平叱白石为羊"的典故，由牧羊儿的土鼓之声，联想到黄初平少年时候隐于金华的往事，抒发了恬淡、清远的闲情雅致。

（十三）明代诗人谢承举的《恭题灵羊图》

在明代皇帝中，不仅有人喜欢咏羊，而且还有人喜欢画羊。明宣宗朱瞻基（1426—1435 年在位）就曾画过"灵羊图"。谢承举在《恭题灵羊图》里记其事。

恭题灵羊图

［明］谢承举

塞上春深草初绿，黄河套边堪放牧。

何来羌羚携乳畜，旁有韩卢将搏逐。

群羚不奔且不惊，辒车无影鸾无声。

持旄已归苏子卿，挟册未见黄初平。

羊何安闲卢何猛，以静制动清边境。

我皇执笔发深微，意在和维化强梗，

是时贤相惟三杨，升平辅理称虞唐。

九重优游翰墨场？天与人文垂四方。

（十四）清代诗人王士禛的《赵承旨画羊》

赵承旨画羊

［清］王士禛

三百群中见两头，依然秃笔扫骅骝。

竭来清远吴兴地，忽忆苍茫敕勒秋。

南渡铜驼犹恋洛，西归玉马已朝周。

牧羝落尽苏卿节，五字河梁万古愁。

王士禛，字子真，一字贻上，号阮亭，义号渔洋山人，山东新城（今桓台）人，清代诗人。以"神韵说"闻名于后世的王士禛，写有《赵承旨画羊》诗。

在《赵承旨画羊》诗中，他运用多个与羊有关的典故："三百群"源出《小雅·无羊》："谁谓尔无羊？三百维群。""吴兴地"是指当年"黄初平得道叱石为羊"的金华地。"敕勒秋"是指北朝乐府诗《敕勒歌》，系从鲜卑语译出的名作。"铜驼"典出《晋书·索靖传》："靖有远识，至洛阳见朝政不纲，知天下将乱，因指宫门铜驼曰：'会见汝在荆棘中耳！'""牧羝落尽苏卿节"则是人们熟知的"苏武牧羊"故事。

第八章

与羊有关的俗语、成语和对联

一、与羊有关的俗语

没有比语言能更好地表现人类的思想和情感了。古人说:"情动于衷而形于言。"而现代人更是把语言作为一种最重要的交际手段。羊文化早已渗透到我们社会生活的各个方面,自然会在语言中表现出来。那些民间的质朴或显得有些原始的语言素材,经过了长时间的口口相传,在社会生活中得到了保留和传承。

语言,尤其是口口相传的生活中的俗语,总是在这种循环的流动中,不断地发展着。其表现形式多种多样,有一般俗语、歇后语、谚语和民间歌谣等多种形式。这些或幽默、或机敏、或诙谐的口头语,不仅在语言艺术上独具魅力,而且其中也包含着深刻而丰富的文化内涵,更是羊文化在社会生活中的直接表现。

(一)一般俗语

1. 不见了羊,还在羊群里寻

这句俗语一般用来比喻在哪里丢失了东西,还应到哪里去找。

在《歧路灯》三十回中:"'不见了羊,还在羊群里寻',我想府上还寄着我的箱笥,领去还弄粗戏罢。"

这句俗语后来又变异为"羊群里丢了羊群里找"。

刘江《太行风云》五〇:"办法有的是,羊群里丢了羊群里找。他给众人甜头吃，咱再从众人身上找点苦头。"

2. 不能请羊管菜园，不能请狼管羊圈

羊进入菜园，会将菜吃光；狼进入羊圈，会吃掉所有的羊。这句俗语的意思是说：如果用人不当，则会反受其乱。

3. 不要看公羊叫得厉害，要看它过河的本领

这是一句柯尔克孜族的俗语，意思是与"是骡子是马，拉出来溜溜"很相近。

4. 打柴的不能跟着放羊的

放羊的人可以一边跟别人聊天一边看护羊群，而砍柴人如果一味地跟牧羊人聊天，那就耽误了砍柴。所以，如果做的事情不一样，做的方式也不会相同。

5. 东边吃羊头，西边吃狗头

这句俗语的意思是：有奶便是娘；也指做人没有原则，墙头草，随风倒。

6. 东倒吃猪头，西倒吃羊头

比喻做事没有一定的章法，遇事总是临时应付了事。也比喻遇事没有主见，一会儿听信这边，一会儿又听信那边。

7. 独虎敌不过群狼，独狮斗不过群羊

这句俗语的意思是：即使是强人，一人单打独斗，也敌不过普通人拧成一股绳。也就是说，只有团结一致，才能更有力量。

8. 蠹啄剖梁柱，蚊虻走牛羊

虫蛀鸟啄能使梁柱毁坏，蚊虻的叮咬可使牛羊奔跑。这句俗语是在比喻微小的有害因素，也可以最终酿成大祸。

9. 贩猪羊俏，贩羊猪俏，两样都贩禁屠了

这句俗语是在比喻人不走运，做什么都难以做成功。

10. 放牛得坐，放马得骑，放羊走破脚板底

这句俗语是通过对比放牛人和放马人，来突出牧羊人劳作的艰辛。

11. 挂羊头卖狗肉

"挂羊头卖狗肉"，一般用来比喻以招牌骗人、名不符实。

典出《晏子春秋·内篇杂下》："晏子见，公问曰：'寡人使吏禁女子

而男子饰，裂断其衣带，相望而不止者，何也?'晏子对曰：'君使服之于内，而禁之于外，犹悬牛首于门，而卖马肉于内也。公何以不使内勿服，则外莫敢为也。'公曰：'善!'使内勿服，不逾月，而国莫之服。"

春秋时代，齐灵公即位后，喜欢宫女都穿着男人服装，于是齐国妇女都仿效起来。齐灵公发现后派手下官吏去禁止，告诉官吏说："如果违抗命令，就撕裂她们的衣服，扯断她们的衣带。"可是，即使这样也还不能禁止。齐灵公感到很不好办。晏婴说对外禁止而对内不禁止，就像挂牛头而卖马肉一样，所以要禁止和改变这一习俗问题，就首先要从宫内开始做起。齐灵公就照他的说法去做，不到一个月，就再也没有女扮男装的事情发生了。

《后汉书·百官志》三尚书会史注略有变异，为："悬牛头，卖马脯。"后来，改"牛首"为"羊头"，"马肉"为"狗肉"，见于《续景德传灯录》三一《昙华禅师》："从此卸却干戈，随分著衣吃饭，二十年来坐曲录床，悬羊头卖狗肉，知它有甚凭据?"今俗语为："挂羊头卖狗肉"。

从"悬牛首卖马肉"到"挂羊头卖狗肉"，在形式上发生了较大的变异。不过，其意义是始终如一的，并没有发生多大的变化。

12. 千羊之皮，不如一狐之腋

这句俗语的意思是：一千张羊皮也不如一张狐狸皮，一千个人的小心低语也不如一个士人的直言批评。其含义类似于"用兵在精而不在多"。

13. 钱在差手，羊落虎口

这句俗语的意思是：钱（或权力、资源）被没能力的人掌控，就像羊落入虎口必有一死一样，不赔光是不可能的。

14. 群雁无首不成行，羊群出圈看头羊

大雁都跟着头雁排成行，羊群一出羊圈就要跟着头羊成群走。这句俗语是通过与大雁做对比，来突出领头羊的重要作用。

15. 山羊不跟豺狼作亲戚，老鼠不和猫儿打亲家

山羊和老鼠都是动物里的弱小者，而豺狼和猫儿则是它们的强大的天敌。这句俗语以山羊和老鼠作比喻，来表达弱者不能和欺凌自己的强敌来往。

马忆湘《朝阳花》四章二："龙大婶见我回来了，对我说：'小兰，山

羊不跟豺狼作亲戚，老鼠不和猫儿打亲家，你还回来作么子？'"

16. 石头虽小垒成山，羊毛虽细织成毯

这句俗语的意思是：积少可以成多，日积月累就能形成良好的习惯。

17. 羊羹虽美，众口难调

人们常用这句俗语来比喻"东西虽好，但要做到人人满意"却是很困难的。

宋普济《五灯会元》卷一五《庐山开先善罗禅师》："僧问：'一雨所润，为什么万木不同？'师曰：'羊羹虽美，众口难调。'"

羊羹的美味自不必多言。古时候曾经有因为一杯羊羹而亡国的中山君，也有因为羊羹而加官晋爵的魏尚书。然而即使美味如羊羹，也难保人人吃了都满意。

18. 羊毛出在羊身上

"羊毛出在羊身上"是我们平时较为常用的一句俗语，常用来比喻与人之物，实际就是出自于对方。

明陈与郊在《樱桃梦·猎饮》里，已经有类似的说法："落他银，就买送他时新果子，羊毛原出羊身。"到了清代西周生《醒世姻缘传》一回里，已经完全使用现代的"羊毛出在羊身上"这一说法了："媒人打夹账，家人落背弓，陪堂讲谢礼，那'羊毛出在羊身上，做了八百银子，将珍哥娶到家内。'"

19. 羊毛搓成绳子，也能捆住狮子

这句俗语的意思是：羊毛虽然细小柔软，但是搓成一股绳子，就会坚固结实，可以捆得住强健的狮子。总之，积弱成强，以柔克刚。

20. 羊毛是卷的美，语言是直的美

这是一句白族人的俗语，意思是各样的事物都具有各自的美，与羊毛是卷的美不同，语言是发自内心，因而真诚的语言才是美的。

21. 羊毛贴不到猪身上

这句俗语的意思是：很多事情，本就是泾渭分明的，容不得有人颠倒黑白。

22. 羊群和睦，狼不敢捉

这句俗语的意思是：内部和睦，外敌就不敢来犯；无内忧，才能顶得

住外患。

23. 羊群里跑出骆驼来

在民间口头语里，这句俗语常用来比喻在平庸的人群里出了个了不起的人物，与"鸡窝里飞出了金凤凰"的意思相近。

语见《红楼梦》八八回："如今你还了得，'羊群里跑出骆驼来了，就只你大。'你又会做文章了。"

此句有时也简作"羊群里出骆驼"，见老舍《方珍珠》一幕："方珍珠：我真想上学！方大风：羊群里出骆驼，哪个学校收你？"刘江《太行风云》里，改作"羊群里跑出一条驴来"，其一八节载："怎么羊群里跑出你这么一条驴来！啊——原是搬来你这么颗大脑袋？三张纸画了个驴头，你好大脸面。"

24. 羊肉馒头没的吃，空教惹得一身骚

这句俗语一般用来比喻好处没有得到，但却招来了麻烦。

在《喻世明言》卷一中："平氏大怒，把他骂了一顿，连打几个耳光子，连主人家也数落了几句。吕公一场没趣，敢怒而不敢言。正是：羊肉馒头没的吃，空教惹得一身骚。"

在《醒世恒言》卷二七中，也有类似的说法："那禁子情亏理虚，满口应承，陪告不是：'下次再不敢去惹他。'正是：羊肉馒头没得吃，空教惹得一身膻。"

在《儒林外史》五二回中："他只要一分八厘行息，找还有几厘的利钱，他若是要二分开外，我就是'羊肉不曾吃，空惹一身膻'，倒不如不干这把刀儿了。"

25. 羊上狼不上，马跳猴不跳

这句俗语一般用来比喻行动不协调、步调不统一。

语见周骥良《吉鸿昌》一："咱们打仗一靠官带，二靠弟兄们敢拼。要是大家气不顺，羊上狼不上，马跳猴不跳，这仗永远也打不胜。"

26. 养上一群羊，不怕有灾荒

因为养羊不需要太多的饲料，羊主要是吃草的，羊粪还可以做肥料。因此，遇到灾荒，粮食歉收了，对养羊影响不大。而且，养羊还可以出产羊毛和羊皮（有的穿），羊肉又可以食用（有的吃）。总之，养羊就可以不

愁吃、不愁穿，还怕有什么灾荒呢。

27. 养羊种姜，子利相当

子利：是指本钱与利息。意思是养羊和种姜获利不相上下。

28. 遇着绵羊是好汉，遇着好汉是绵羊

一般用来比喻人欺弱怕强，欺软怕硬。

29. 在外边是羊，在家里是狼

这句俗语意思是指有些人就是"窝里横、外面怂"。

有些家庭在教育孩子上出现问题，结果孩子就变成"两面人"，在家里像狼，说一不二，但到外面却像绵羊，对外人百依百顺。

30. 猪不辣，羊不酱

这是一句陕北的俗语。因为羊肉是陕北的特产，其羊肉要比其他地方鲜很多，而且在羊肉的做法上也相当讲究。"猪不辣，羊不酱"，就是说猪肉要好吃就不要做成辣的，羊肉要好吃就不要做成酱的。陕北的羊肉是用清水加入当地的"地椒草"等传统香料炖出来的，要慢火炖至羊肉骨肉分离才好吃，这时才是肉嫩汤鲜，美味无比。

（二）歇后语

歇后语一般由前后两部分组成。这些长期流传于民众口头上的活的语言，实际上也是一种活的历史文化现象，人们在用它充当交际工具的同时，也丰富了人们的交往内容和交往方式，还保存和发展了中华民族丰富多彩的羊文化。

摆出狗肉挂羊头——以假当真。

柏油马路过牛羊——稳稳当当。

半边羊头——独角。

斑马换羚羊——不知谁合算。

逼着山羊拉犁——拼老命。

鞭打绵羊过火焰山——往死里逼。

不吃羊肉有羊膻臭——自背臭名。

豺狼和羊交朋友——安的是吃肉的心肠。

豺狼披羊皮——充好人；蒙骗猎人。

长颈鹿进羊群——非常突出；高出一大截。

吃饱的绵羊羔——要多安分有多安分。

吃到嘴里的肥羊羔——岂肯松口。

吃进狼嘴的羊肉——吐不出来。

串在绳上的绵羊——一个也少不了。

刺苗粘在羊身上——缠住不放。

打猎的不说渔网，卖驴的不说牛羊——三句话不离本行。

打猎放羊——各干一行。

打兔子碰见了黄羊——捞了个大外快。

大风刮羊圈——飞扬（羊）跋扈。

大雨窝里背羊毛——越背越重。

叼羊游戏中的小羊羔——任人撕扯。

当年的羊羔——一滚就熟。

刀下的绵羊——任人宰割。

丢了羊肝捡羊毛——大处不算小处算。

丢了一只羊，拾到一头牛——吃小亏占大便宜。

丢下黄羊撵兔子——不知哪大哪小。

夺下羊羔放走狼——留了后患。

饿虎遇羊群——有吃的了。

饿狼窜进羊厩——无事不来；想饱口福。

恶狼对羊笑——不怀好意。

恶狼装羊——不存好心；居心叵测。

二分钱买个羊蹄子——咬筋了。

二两羊毛絮床褥子——难摊。

二月里的羊——上不了坡。

放虎吃羊——以强凌弱。

放羊的去圈马——乱套了。

放羊的拾柴火——捎带。

放羊上山——步步高。

放羊娃打酸枣——捎带活儿。

放羊娃喊救命——狼来了。

肥羊伴着老虎睡——胆大；送上门的肉。

风中的羊毛——不知下落；忽上忽下。

赶着绵羊上树——难往上巴（扒）结。

刚出生的羊羔——就知道找草吃。

羔羊落进雪窝里——爬不出来。

隔山估羊——难知大小。

隔山唤羊——白喊。

隔着山头赶羊——鞭长莫及。

公羊下羔——没指望。

狗咬烂羊皮——撕扯不清。

好斗的山羊——顶顶撞撞。

猴子骑绵羊——神气十足。

狐狸和羊交朋友——居心不良。

虎窝里跑出个羊羔——虎口余生。

黄羊的尾巴——长不了。

黄羊跑到虎穴里——凶多吉少。

活羊拉到桌子上——离死不远了。

剪下羊毛换挂面——不图赚钱图方便。

叫羊看菜园——靠不住。

开锅的羊肉——热气腾腾。

看羊的狗——一个比一个凶。

烤熟了的羊头——龇牙咧嘴。

啃净了的羊头——没啥油水。

啃了的羊头拿砖砸——转脸无情。

拉骆驼放羊——高的高，低的低。

狼带羊羔进山——没回音。

狼给绵羊引路——危险极了。

狼给羊献礼——没安好心。

狼看羊羔——越看越少。

狼夸羊肥——不怀好意。

狼窝里的羊——九死一生。

狼也跑了，羊也保了——两全其美。

狼崽子进羊圈——不是好事。

老虎不嫌黄羊瘦——沾荤就行。

老虎吃羊——弱肉强食。

老虎吃羊羔——不吐骨头。

老虎借羊——有借无还。

老虎学羊叫——充善兽［哈尼族歇后语］。

老黄狼哭羊羔——虚情假意。

老绵羊撵狼——拼老命。

老山羊的犄角——歪歪扭扭。

老羊肉——有嚼头。

黎明的觉，半道的妻，羊肉饺子清炖鸡——难得的好处。

两个羊羔打架——对头。

孪生的羊羔——难分彼此。

骆驼进羊圈——不入门。

买老牛得羊——大失所望。

卖肉的杀羊——内行。

买只羊羔不吃草——毛病不少。

迷路的头羊——走岔道。

迷途的羔羊——无家可归。

绵羊绑在门扇上——任人摆弄。

绵羊的尾巴——翘不起来；油水多。

绵羊结伙——三三两两。

绵羊进狼窝——自己送死。

绵羊锯了角——假装大头狗。

绵羊拉屎——零零碎碎。

牛驮子搁在羊背上——担当不起。

牛羊的肚腹——草包。

跑了羊修圈——防备后来。

牵只羊全家动手——人浮于事。

青铜羊羔铁公鸡——一毛不拔。

入夏的羊毛——非剪不可。

砂锅里煮羊头——脑袋早软了嘴还硬。

山羊爱石山，绵羊恋草滩——各有所好。

山羊病缠在绵羊身上——代人受过。

山羊吃薄荷——食而不知其味。

山羊打架——钩心斗角。

山羊的脖子——直不愣登的。

山羊抵角——向外不向里。

山羊额头的肉——没多少油水。

山羊见了老虎皮——望而生畏。

山羊拉车——不听你那一套。

山羊拴在竹园里——缠住了。

山羊头——没啥吃头。

山羊野马在一起——不合群。

绳子牵羊羔——让它往哪里走，它就跟着往哪里走。

四个兽医抬只羊——没有你的份儿；没治了。

铁匠牧羊——干的不是那一行。

喂兔养羊——本小利大。

小偷进牧场——顺手牵羊。

绣娘爱针线，牧人爱牛羊——干一行爱一行。

许不下羊羔许骆驼——巧言哄人。

羊不吃冬青——好坏分得清［蒙古族歇后语］。

羊肠上的油——难剥。

羊肠小道——绕来绕去。

羊吃碰头草——碰到哪算哪。

羊吃青草猫吃鼠——各人有各人的福。

羊闯虎门——送来的口食；有进无出。

羊顶犄角——硬碰硬。

羊斗老虎——自寻死。

羊儿不吃草——壮不了。

羊儿不长角——狗头狗脑。

羊肥了要挨刀——该死〔蒙古族歇后语〕。

羊粪蛋下山——滚蛋〔蒙古族歇后语〕。

羊羔踩到稀泥凼——不能自拔。

羊羔吃奶——双膝跪地。

羊羔充骆驼——眼大往上看。

羊羔拴在狼尾巴上——吃不了也拖死了。

羊给黄鼠狼拜年——讨不出好来〔蒙古族歇后语〕。

羊跟老虎交朋友——总有一天要吃亏。

羊胡子熬胶——撕不开，扯不清。

羊嫁狗——各自情愿。

羊圈里来头驴——冒充老大哥。

羊圈里撵出骆驼——大牲口。

羊圈里捉羊——哪有跑〔蒙古族歇后语〕。

羊圈修着田埂埂——肥水不落外人田。

羊啃秋秸——闲嚼。

羊毛夹火炭——娇（焦）坏了〔蒙古族歇后语〕。

羊毛里的草虫子——捉不完。

羊毛吞在肚子里——捻毛线了。

羊皮膏药——不灵。

羊皮褂子——反正都是理（里）。

羊披虎皮——凶不起来。

羊皮上刮肉——没多大油水〔彝族歇后语〕。

羊群里的骡子——孬种。

羊群里藏不住骆驼——纸包不住火。

羊群里跑出个骆驼——抖什么威风。

羊群里跑出个兔——数它小，数它精。

羊群里跑进个狼——祸患无穷。

羊群无头——乱跑。

羊群遇恶狼——各散四方。

羊群中的大羊羔——宠儿［哈萨克族歇后语］。

羊肉包子打狗——有去无回。

羊肉当狗肉卖——价贱。

羊肉烩青菜——各有所爱。

羊入虎口——必死无疑。

羊入篱笆——进退两难。

羊上树——没见过。

羊身上取驼毛——白日做梦；办不到。

羊虱巴在羊身——死不松嘴［哈萨克族歇后语］

羊蹄子打鼓——一个点儿。

羊头安在猪身上——颠倒黑白。

羊头肉——肥不了。

羊头上的毛——没长进［回族歇后语］。

羊尾巴拴棒槌——做好打狼的准备。

羊走入汤——自送其死。

羊嘴里没草——干嚼。

有骆驼不说羊——尽拣大的讲。

又想要公羊，又盼有奶喝——难两全；贪得无厌。

猪羊共圈——黑白分明。

（三）谚语

花草出自山中，谚语出自口中。谚语是多年来流传在民众口头上的一类语言，其中包含有丰富的社会经验，其表达简练形象。谚语有一定的哲理性、科学性和文学性。它常常不独立存在，而在人们讲话时加以引用，但它又有完整的结构和思想。谚语是一种短小的韵文作品。它韵味隽永，语言精练，朗朗上口。

早在春秋战国时期，就有大量的民间口头语在日常交往中被广泛使用，以达到独特的表达效果。比如楚国谋士庄辛在给楚襄王的一番救楚对策中，开篇就引用了当时的一句古谚语："见兔而顾犬，未为晚也；亡羊而补牢，未为迟也。"后来，这句谚语就演变成了"亡羊补牢"这个成语。

1. 草是羊的命

羊是反刍动物，采食必须以粗饲料为主才符合其消化机理。如果羊喂得精饲料多而草料少，就会造成羊消化功能衰退、抗病能力降低等问题。在一般情况下，羊的精饲料喂量不应超过日粮总量的 30%，这样才能保证羊儿健康成长。所以，"草是羊的命"是符合科学道理的。

2. 冬天常喝羊肉汤，不找医生开药方

羊肉是冬令补品中的美味之一，它不仅富于营养，而且有较高的药用价值，经常食用能温中暖下，补益气血，强健机体。俗话说："药补不如食补。"羊肉既是美味，又是良药，兼有食补、药补之功，尤其适宜在冬季食用。

李时珍曾指出："羊肉能暖中补虚，补中益气，开胃健力，并治虚劳寒冷、五劳七伤。"其他名医如李东垣、王世雄等也在《用药法象论》和《随息居饮食谱》中专门论述过羊肉的功效。从现代食品科学来看，羊肉含有丰富的蛋白质、脂肪和维生素类。据测定：羊肉含水分 68%，蛋白质 17.3%，脂肪 13.6%，糖类 0.5%，其他无机盐、维生素、硫胺素等的含量也较其他肉类为高。

3. 放羊打住头，放得满肚油；放羊不打头，放成瘦马猴

这段谚语是说放牧时要打住头羊，让其多吃慢走，以便于全群控制，使羊只吃饱就能膘肥体壮。如果让头羊乱跑，羊群就会紧随其后，就使整群羊只食草少、消耗多，羊只就会越来越瘦。牧羊人要掌握羊群行走的速度与方向，同时挡住走出群的羊，要保证羊群慢走多吃。

4. 黄羊向南跑，风雨马上到

这是牧羊人在放羊实践中总结出的天气变化规律，具有短期天气预报的功效。

5. 灰粪洋芋猪粪菜，羊粪麦子人人爱

这句谚语是在说明"灰粪"（草木灰与牲畜粪混合在一起）适合于施

在洋芋（土豆）地里，"猪粪"适合于施在菜地里，而"羊粪"最适合于施在麦子地里，能促进麦子丰收。

6. 家喂十只羊，不愁庄稼长不壮

这是一句流传在山西省的农谚。意思是说：多养一些羊，就能在农田里多施一些羊粪肥，庄稼就可以长得更加苗壮。

7. 牛粪冷，马粪热，羊粪能得二年力

农家在培育秧苗时发现，牛粪只有肥效而不能保温发热，马粪不仅有肥效而且还能保温发热（马粪里有更多的养分有利于微生物分解发热）。所以，马粪被更多的施用在育苗的苗床里。而羊粪作为肥料的价值更高，一次施用可以产生两年的肥力，而且羊粪在提供肥力的同时还能改善土壤结构，提高地力。

8. 牛食如浇，羊食如烧

这是一句古谚语，意思是说，草木让牛吃过之后，就如灌溉了水一样，会更茂盛地成长，而草木若让羊吃过之后，却如野火烧过一样，全没了生气。

9. 牛羊多叫必落雨

这是农家在农耕实践中总结出的牲畜行为与天气变化之间的规律，具有经验型天气预报的功效。

10. 农家养了羊，多出三月粮

这句谚语的意思是：农家多养羊，就有了更多的羊粪施到农田里。由于羊粪可以使庄稼更健壮，结果就会多产出够家人吃三个月的粮食。

11. 三五一百五，小羊离了母

这句谚语意思是说母羊的怀孕期为150天（每月30天，一共5个月），到了150天就要生小羊羔了。

12. 山羊打架，天气变卦

这句谚语也是农家在农耕实践中总结出的牲畜行为与天气变化之间的规律，同样具有经验型天气预报的功效。

13. 山羊怕交九，绵羊怕打春

"交九"是指农历的冬至。"交九"以后就进入了一年中最冷的季节。这时是饲养山羊的困难时期。入冬前要做好羊舍的维修，羊圈围墙要用树

枝或秸秆夹严，以防风保暖。"山羊怕交九"就是说在冬至时需要格外小心的看护好山羊，以防止山羊因寒冷而生病。

俗话说"寒随一夜去，春逐五更来"。立春为农历二十四节气中的第一个节气，又叫"打春"，就是冬至数九后的第六个"九"的开始，所以有"春打六九头"之说。立春的表现就是天气开始回暖，严寒基本过去，人们开始感受到早春的气息。白天变长，太阳变暖，气温、降水也开始增加。但是人不能急于脱掉厚衣服，相反要更加注意保暖。绵羊也是一样，在"打春"时更要注意保暖，更要精心饲养和放牧，以防羊只生病。

14. 羊儿吃草不下山，明天出门带把伞

这句谚语是牧羊人在牧羊实践中总结出的牲畜行为与天气变化之间的规律，具有经验型天气预报的功效。

15. 羊粪种麦子，秀才出帖子

这句谚语的意思是：羊粪（施在农田里）最有利于麦子生长，秀才最擅长于书写帖子。

16. 羊靠人放，膘靠草长

这句谚语的意思是：羊群要靠牧羊人来放牧，羊要吃好草才能长膘。

17. 羊毛剪在二月八

这句谚语的意思是说羊在春季需要剪毛，农历二月初八是适合于剪羊毛的时间。我国幅员辽阔，全国各地适合于剪羊毛的时间不尽相同。从这句谚语来看，农历二月初八比较适合于我国南方低海拔地区剪羊毛。

18. 羊喂盐，夏一两，冬五钱

盐是羊生长发育不可缺少的物质，有助于维持体细胞的渗透作用，能帮助运送养分和排泄废物。钠和氯不仅是血液中不可缺少的成分，也是羊胃液中胃酸的组成成分，有助于羊对饲料的消化利用。

羊食盐供给不足，可导致其食欲下降、体重减轻、被毛脱落。适当补给食盐可以提高其采食量，也有利于增重。给羊喂盐，可以将食盐直接拌入精饲料中，也可以将盐块或盐水放入食槽内让羊舔食，还可以做成含有食盐和微量元素的舔砖供羊舔食。总之，食盐要每日定量喂给，夏季喂一

两，冬季喂五钱。

19. 一羊生癣，群羊受害

羊是聚群的家畜，一只羊生病，很容易传给整群羊。当然，"一羊生癣"整群羊很快就会被传染，"群羊受害"也就成为必然。

20. 猪粪肥，羊粪壮，驴粪马粪跟着逛

这句谚语的意思是：猪粪肥力好、肥效快，羊粪肥力持久，能使庄稼苗壮。驴粪和马粪肥力不及猪粪和羊粪。从肥力情况来看，驴粪和马粪纤维素含量高，氨氮含量较低。因而使其肥力不及猪粪和羊粪。

（四）民间歌谣

1. 生男如狼，犹恐生羊；生女如鼠，犹恐生虎。

歌谣的意思是：生男孩就要像狼一样凶猛，还怕他孱弱；生女就要柔弱如鼠，还担心她像一只老虎。这与旧时所谓的"男贵刚强，女贵柔弱"的涵义相一致。

《后汉书·曹世叔妻传》："阴阳殊性，男女异行。阳以刚为德，阴以柔为用；男以强为贵，女以弱为美。故鄙谚有云：'生男如狼，犹恐其尪；生女如鼠，犹恐其虎。'"

《资治通鉴·唐太宗贞观十八年》："上曰：'吾如治年时，颇不能循常度。治自幼宽厚，谚曰：'生男如狼，犹恐其尪；生女如鼠，犹恐其虎。冀其稍壮，自不同耳。'"

2. 十羊九牧，其事难行；一同三公，适从焉在?

这段歌谣的意思是：执政要避免政出多门，事权不一。

"十羊九牧，其令难行；一国三公，适从何在"出自唐代刘知几《变通·忤时》。公：是指主公。其意思是：十只羊，九人放牧，号令就难以执行；一个国家如果有三个主公，人们就不知道该听谁的了。

3. 苏文熟，吃羊肉；苏文生，吃菜羹。

"苏文"，是指三苏（苏洵、苏轼和苏辙）的文章，三人均为宋代大文豪，故文章出众。

这段民间歌谣表明在那个时代"三苏"一旦有好的文章，全天下都会为之欢庆。由此可以想见，他们的文章在当时是多么的受人推崇。

4. 贪他一斗米，失却半年粮；争他一只猪，反失一群羊。

歌谣的意思是：贪图他人一斗米，却失去了半年的口粮；拿了别人的一头猪，反而失掉了一群羊。总之，其含义就是因小失大。

《增广贤文》之四百二十六："贪他一斗米，失却半年粮；争他一脚豚，反失一肘羊。"这段的意思是：贪图他人一斗米，却失去了半年的口粮；拿了别人的一个猪蹄，反而失掉了一个羊肘子。这就提示人们：贪小便宜会吃大亏。其含义与"偷鸡不成蚀把米""赔了夫人又折兵"意思相近。

5. 灶下养，中郎将；烂羊胃，骑都尉；烂羊头，关内侯。

据《后汉书·刘元传》载，西汉末年的赤眉军，拥立刘姓宗室的更始帝为傀儡皇帝，浩浩荡荡地进入了长安城。当时就有讽刺民谣称："灶下养，中郎将；烂羊胃，骑都尉；烂羊头，关内侯。"原来，傀儡皇帝更始帝在赤眉军授意下，将大批原先为赤眉军烧菜的伙夫都委以要职，他们不学无术，横行不法，深为百姓所不满，赤眉政权也就因此失去了威信。

这时，有一位有识之士李淑上书说，"败材伤锦，所宜至虑。"这里的"败材"，典出《孟子·梁惠王》，说造巨宅要用栋梁之材，如果工匠不懂行，将栋梁之材锯小，那么巨宅也就造不成了。"伤锦"，典出《左传·襄公六年》，郑国子产说，好的绸缎非得好的裁缝师傅来裁剪才能做出好衣服来，如果给没有学过缝纫的人来做，那就是糟蹋了衣料。李淑的这些意见对赤眉军只是对牛弹琴，他们甚至把李淑关入监狱。不久，赤眉军政权也就被刘秀取而代之了。

二、与羊有关的成语

成语，按照一般的理解，是指人们长期以来使用的、形式简洁而意思精辟的、定型的词组或短句。汉语的成语一般由四个字组成。虽说有不少成语都来自于典故，富含书卷气，但因为习闻习用，在口头上用得多了，耳边听久了，因而也就具有了日常口头语的性质。

1. 爱礼存羊

由于爱惜古礼，不忍使它废除，因而保留古礼中所需要的祭羊。一般用来比喻有意识地保留已经不大起作用的物件或仪式。《论语·八佾》：

"子贡欲去告朔之饩羊，子曰：'赐也，尔爱其羊，我爱其礼。'"

2. 败群之羊

败：即为危害。"败群之羊"是指危害整个羊群的羊。一般用来比喻危害集体的那个人。

3. 羝羊触藩

"羝羊触藩"典出《周易·大壮》其九三云："小人用壮，君子用罔，贞厉，羝羊触藩，羸其角。"其九三处于整个乾卦的最上方，以阳对阳，强劲之极，对于小人来说，这是强健而不知谦逊，有点做得过分了；而对君子来说，这情形有如陷进了罗网里而不能自拔，又如公羊过于冲动而去撞藩篱，结果却被挂住了角，不吉之兆。其上六又云："羝羊触藩，不能退，不能遂，无攸利；艰则吉。"

公羊撞在藩篱上，羊角被挂住，既不利向前，又不能后退，处在进退两难的境地之中。此时最忌迟疑不决、畏首畏尾的处事态度；只有抱定志向，处惊不乱，那么危险就会过去，忧患也会消失殆尽，吉祥的征兆还是会显示出来的。

基于《周易》里对"羝羊触藩"的解说，作为成语，后来也基本保持了这个意思，比喻进退两难的情形。

4. 饿虎扑羊

"饿虎扑羊"意思是：就像饥饿的老虎扑向羊（老虎的食物）一样。一般用来比喻动作猛烈而迅速。

5. 二俱亡羊

"二俱亡羊"字面意思是指两只羊都跑了。一般用来比喻不专心从事本业，以致于造成损失。

6. 虎入羊群

"虎入羊群"字面意思就是指老虎跑进羊群。一般比喻强大者冲入柔弱者中间任意砍杀。明代罗贯中《三国演义》第十一回："孔融望见太史慈与关张赶杀贼众，如虎入羊群，纵横莫当。""虎入羊群"亦可称作"虎荡羊群"。

7. 狼羊同饲

"狼羊同饲"就是说把狼和羊放一起喂养。一般用来比喻把坏人与好人一样的对待。

8. 羚羊挂角

"羚羊挂角"一般用来比喻诗文意境超脱，不着痕迹。传说羚羊夜宿，角挂于树，脚不着地，猎术者无迹可寻。

《景德传灯录》之十六《义存禅师》篇云："师谓众曰：'吾若东道西道，汝则寻言逐句；吾若羚羊挂角，汝向什么处扪摸？'"又其十七《道膺禅师》篇云："如好猎狗，只能寻得有踪迹底；忽遇羚羊挂角，莫道迹，气亦不识。"

"羚羊挂角"的成语在佛教祥宗语录中常以此作为比喻，言弄通佛理有待于悟性，不能拘泥求于言语文字。亦用以比喻诗文奥妙，不落痕迹。宋严羽《沧浪诗话·诗辩》云："诗者，吟咏性情也。盛唐诸人惟在兴趣，羚羊挂角，无迹可求。故其妙处透彻玲珑，不可凑合。"

9. 买王得羊

其字面含义是：想买王献之的字，结果却得到了羊欣的字。一般是喻指"差强人意"。"买王得羊"有时也用来指那些仿名人的字画，虽然看起来逼真，但却终究是逊色一等。

10. 牛羊勿践

"牛羊勿践"是指不要让牛羊践踏。一般用来比喻爱护某物。《诗经·大稚·行苇》："敦彼行苇，牛羊勿践，方苞方体，维叶泥泥。"

11. 歧路亡羊

"歧路亡羊"典出《说符篇》：战国时杨子的邻居有一次不慎丢失了羊，忙率众去找，结果因路上岔道太多，终于没有找到羊。杨子听了以后，颇有感慨。当他的弟子孟孙阳和心都子问起这件事时，他又举了个例子说，住在滨河地区的人善水，靠摆渡来谋生，甚至可以维持百余口人的生计；外地人带着干粮前来学艺，但竟有半数人溺水而亡。由这两件事情，心都子明白了杨子感慨的原因："大道以多歧亡羊，学者以多方丧生。"研习大道理也有类似的情形，至深之理有如大路，同样存主干和枝叶，如果抓不住要领，被枝叶所迷惑，有时候反而会因此而迷失方向。"长先生之门，习先生之道，而不达先生之况，"那就可悲了。

后来人们用"歧路亡羊"来比喻事理复杂而多变，不能找到正确的方向，因而也就找不到真理。

12. 牵羊担酒

"牵羊担酒"就是指牵着羊、挑着酒，其含义是向人表示慰问或向人表示祝贺。元代无名氏《举案齐眉》第四折："老夫如今牵羊担酒与孩儿庆喜。"

13. 驱羊攻虎

驱：意思就是"赶"。这个成语的含义就是驱赶着羊群去进攻老虎。一般用来形容以弱敌强，力量悬殊，因而必遭覆灭。汉代司马迁《史记·张仪列传》："且夫为从者，无以异于驱群羊而攻猛虎，虎之与羊不格明矣。今王不与猛虎而与群羊，臣窃以为大王之计过也。"

14. 肉袒牵羊

肉袒：即是赤身裸体；牵羊：即是牵着羊。"肉袒牵羊"是古代战败投降的一种仪式，现在也有表示犒劳军队的意思。春秋时期左丘明《左传·宣公十二年》："郑伯肉袒牵羊以逆。曰：'孤不天，不能事君，使君怀怒以及敝邑，孤之罪也。'"

15. 如狼牧羊

"如狼牧羊"意思是：就如同让狼来放牧羊群一样。一般用来比喻官吏残酷地欺压老百姓。汉代司马迁《史记·酷吏列传》："宁成为济南都尉，其治如狼牧羊。"

16. 舍策追羊

其意思是放下手中的书卷，去寻找丢失的羊。一般用来比喻发生失误之后，再努力设法补救。《庄子·骈拇》："臧与谷二人相与牧羊，而俱亡其羊。问臧奚事？则挟筴读书；问谷奚事？则博塞以游。"陆德明释义："筴，字又作策，初革反。李云：竹简也。古以与书，长二尺四寸。"

17. 使羊将狼

使：意思是"派"；将：意思是率领、指挥。字面意思就是派羊去指挥狼。

一般用来比喻某人不足以担当统帅或指挥。也用来比喻让仁厚的人去驾驭那些强横而有野心的人，结果终究要坏事。汉代司马迁《史记·留侯世家》："今诸将皆陛下故等夷，乃今太子将此属，无异使羊将狼，莫肯为用。"

18. 鼠穴寻羊

鼠穴，肯定很小；羊，一般形体较大。"鼠穴寻羊"那就是肯定不可能寻到的，因为鼠穴里根本装不下一只羊。这个成语一般用来比喻采取了没有功效的做法。

19. 顺手牵羊

字面意思是顺手把人家的羊牵走。一般比喻趁势将敌手捉住或者乘机利用别人。现多用于比喻乘机拿走别人的东西。

20. 亡羊补牢

"亡羊补牢"是人们常用的成语。这句成语典出《战国策·楚策四》庄辛对楚襄王说的一段话："臣闻鄙语曰：'见兔而顾犬，未为晚也；亡羊而补牢，未为迟也。'臣闻昔汤、武以百里昌，桀、纣以天下亡。今楚国虽小，绝长续短，犹以数千里，岂持百里哉？"

战国时，楚怀王误听信了秦人的话，被软禁在秦国。怀王之子楚襄王即位，不思报仇雪耻，反而亲佞远贤，荒淫无度，不理朝政，使国势日下。大臣庄辛向楚襄王劝说，提醒他再这样下去很危险。楚襄王却很不高兴，反怪庄辛预言灾祸，蛊惑人心。庄辛预感到楚国就要大难临头了，就逃到赵国去躲避，以观事态的变化。庄辛到赵国不满五月，秦国就发兵攻楚，并一举占领了楚国首都郢和其他地方，楚襄王流亡在外，很后悔没能听庄辛的话，就派人到赵国去请回庄辛，向他表示歉意，并请庄辛发表高见，庄辛就说了以上这段话。

庄辛引用了战国时候的俚语，说猎人见到了兔子才想到去放猎狗，虽说晚了点，但也有捕捉到的可能；羊已经破圈逃走，再想到去补牢破洞，虽说有了损失，但比不去补救要好得多。然后，庄辛再以汤、武和桀、纣为例，指出只要发奋图强，无论何时都可以有所作为的。楚襄王听从了庄辛的话，请他来收拾残局，终于收复了楚国的失地。后来，人们就用"亡羊补牢"作为成语，以此来比喻出了事故或犯了错误，如能及时设法补救，就可以防止继续遭受损失。

21. 亡羊得牛

"亡羊得牛"意思是：丢掉羊，而得到牛。一般用来比喻损失小而收获大。

22. 问羊知马

"问羊知马"一般是用来比喻从旁推究，最终弄清楚事情的真相。

23. 羊肠九曲

羊肠：是指像羊肠一样崎岖的小路。九曲：是指有许多曲折的地方，也指河道曲折。"羊肠九曲"一般用来形容崎岖的小径和弯弯曲曲的河道，有时也借指路途的艰难。

24. 羊肠鸟道

"羊肠鸟道"比喻道路像羊肠一样崎岖，或是指那些只有飞鸟才能飞过的险峻山路。一般用来形容山路曲折、狭窄而又险峻。《五灯会元·明州伏锡山禅师》："羊肠鸟道无人到，寂寞云中一个人。"

25. 羊肠小道

"羊肠小道"多指曲折而极窄的路，也可以是指蜿蜒而曲折的山路。

26. 羊鹤不舞

羊：是指晋武帝时的征南大将军羊祜。舞：是指舞蹈。意思是说羊祜养的一只会跳舞的鹤，临场却不肯起舞了。一般用来比喻平常受过训练的人，临场时却表现的平庸无能。

27. 羊狠狼贪

"羊狠狼贪"意指像公羊一样凶狠，像豺狼一样贪婪。后来用于形容人的凶狠残忍、贪得无厌。

"羊狠狼贪"典出《史记·项羽本纪》："宋义曰：'不然。夫搏牛之虻不可以破虮。今秦攻赵，战胜则兵罢，我承其敝；不胜，则我引兵鼓行而西，必举秦矣。故不如先斗秦赵。夫被坚执锐，义不如公；坐而运策，公不如义。'因下令军中曰：'猛如虎、狠如羊、贪如狼，疆不可使者，皆斩之。'"

古人以为，羊性前逆，所以既有柔和的一面，也有倔强斗狠的一面。唐韩愈《郓州溪堂》诗有云："孰为邦蟊，节根之螟；羊狠狼贪，以口覆城。"这一成语亦作"羊贪狼狠"，元马致远《江州司马青衫泪》曰："老虔婆羊贪狼狠，通令他改嫁茶商。"

28. 羊酪莼羹

羊酪：是指用羊乳做成的半凝固食品奶酪。莼羹：用莼菜嫩叶做成的汤。"羊酪莼羹"一般用来指风味极佳的乡土特色食品。属于褒义词，多含有赞誉之意，或思念故乡之情。晋代郭澄之《郭子》："陆士衡诣王武子，武子有数斛羊酪，指示陆机曰：'卿东吴何以敌此?'机曰：'千里莼羹，未下盐豉。'"

29. 羊落虎口

"羊落虎口"一般用来比喻好人落入坏人之手，结果处境极端危险。元代朱凯《吴天塔》第一折："俺家姓杨，被番兵陷在虎口交牙峪里。这个叫做羊落虎口。正犯了兵家所忌。"

30. 羊毛尘量

"羊毛尘量"意思是指羊毛尖上尘土的重量。一般用来形容事物微不足道。《俱舍论·分别世品》："积七兔毛尘，为一羊毛尘量。"

31. 羊歧忘返

歧：是指岔路。"羊歧忘返"意思是指羊在岔路上忘记了返回。一般用来比喻因辨不清方向而误入歧途，越走越远。唐代陆龟蒙《幽居赋》："豹管闲窥，羊歧忘返。"

32. 羊体嵇心

"羊体嵇心"是指精于琴艺，并深得琴师的心法与技巧。

羊：是指羊盖（人名），他精于琴艺。嵇：是指嵇元荣（人名），他精于琴艺，并深得琴师心法与技巧。《南史·柳恽传》记载：南朝宋时有嵇元荣、羊盖，二人都善琴，能传戴安道琴法。柳从二人学琴，曲尽其妙。齐竟陵王子良赞曰："卿巧越嵇心，妙臻羊体。"

33. 羊胃羊头

"羊胃羊头"用来喻指不学无术、无所作为的昏庸官吏。西汉末年赤眉军拥立刘姓宗室的更始帝刘玄为傀儡皇帝。更始帝在赤眉军的授意下，将大批赤眉军中烧菜做饭的伙夫委以重任。长安百姓厌恶至极。当时流行的讽刺歌谣为："灶下养，中郎将，烂羊胃，骑都尉，烂羊头，关内侯。"

34. 羊续悬鱼

羊续：是人名，为汉时官吏。"羊续悬鱼"是指羊续把生鱼悬于庭。一般用来形容为官清廉，拒受贿赂。《后汉书·羊续传》："寸权豪之家多尚奢丽，续深疾之，常敝衣薄贪，车马羸败。府丞献其生鱼，续受而悬于庭，丞后又进之，续乃出前所悬者以杜其意。"

35. 羊质虎皮

"羊质虎皮"这个成语典出汉杨雄《法言》卷三《吾子篇》引战国魏杨朱《杨朱篇》："羊质而虎皮，见草而悦，见豺而战，忘其皮之虎也。"他在这段话里，用披虎皮的羊作为比喻，羊虽然披着虎皮，但本性却没有改变，看见草就开心，看见豺狼就胆战，忘了自己身上的虎皮了。杨朱是针对当时有人居孔子之室，着孔子之衣，却没有具备孔子的道德品质而说这番话的。

后人就用"羊质虎皮"这个成语来比喻内在虚弱、外表强悍，表里不符的意思。

36. 以羊易牛

易：即为替换。字面含义就是用羊来替换牛。一般用来比喻用这一个来替代那一个。

37. 争鸡失羊

"争鸡失羊"，一般用来比喻因贪图小利而造成大的损失。汉代焦延寿《易林》卷八："争鸡失羊，亡其金囊。"

三、与羊有关的对联

（一）四言对联

马驰万里　　　　　羊肥马壮　　　　　羊迎大吉
羊恋千山　　　　　国富民丰　　　　　岁纳永康

（二）五言对联

对韵俨龙马　　　　春风追丽日　　　　春来羊起舞
联书大吉羊　　　　羊角步青云　　　　雪化马归山

春新羊得草　　　　风吹飞柳絮　　　　红梅赠马岁
世盛马加鞭　　　　墨舞碎羊毫　　　　彩烛耀羊年

花香丰稔岁　　　　金马辞旧岁　　　　骏马奔千里
燕舞吉祥图　　　　银羊贺新春　　　　吉羊进万家

骏马春常在　　　　骏马归山野　　　　腊鼓催神骏
吉羊福又添　　　　灵羊爱草原　　　　春风送吉羊

马驰金世界　　　　马带祥云去　　　　马带祥云去
羊唤玉乾坤　　　　羊铺锦绣来　　　　羊携惠风来

马革酬壮志　　　　马留英雄气　　　　马年腾大步
羊碑纪丰功　　　　羊会世纪风　　　　羊岁展宏图

马辟长安道　　　　马去雄风在　　　　马嘶飞雪里
羊开大吉春　　　　羊来福气生　　　　羊舞画图中

马蹄留胜迹　　　　马蹄留胜迹　　　　马蹄腾瑞雪
羊毫谱新歌　　　　羊角搏青云　　　　羊角触红梅

马拓康庄道　　　　马尾扫飞雪　　　　马有知途德
羊铺锦绣云　　　　羊头触艳梅　　　　羊存跪乳恩

马跃庆丰年　　　　马载祥云去　　　　鸣莺传燕信
羊鸣歌盛世　　　　羊携惠雨来　　　　策马赴羊年

三羊开景泰　　　　三羊开泰日　　　　三羊生瑞气
双燕舞春风　　　　万事亨通年　　　　百鸟唤春光

笙歌辞旧岁　　　　天涯芳草绿　　　　羊毫抒壮志
羊酒庆新春　　　　华夏玉羊欢　　　　燕梭织春光

羊挟惠风来 　　　　羊携惠雨来 　　　　未时骄阳艳
马载祥云去 　　　　羊岁淑景新 　　　　羊岁淑景新

(三) 六言对联

骏马四蹄击鼓 　　　　立志当怀虎胆 　　　　马啸英雄浩气
羚羊双角开春 　　　　求知莫畏羊肠 　　　　羊鸣世纪春光

马岁家家如意 　　　　马去抬头见喜 　　　　水秀山明草茂
羊年事事吉祥 　　　　羊来举步生风 　　　　羊肥马壮春荣

(四) 七言对联

八骏荣归除夕夜 　　　　八骏嘶风传捷报 　　　　八骏嘶风传捷报
三春新谱放羊歌 　　　　五羊跳跃展新图 　　　　五羊衔穗获丰年

八骏腾飞民富裕 　　　　百凤迎春朝旭日 　　　　白羊越涧探春景
三阳开泰国和谐 　　　　五羊衔穗兆丰年 　　　　紫燕绕梁报福音

宝马腾飞迎福至 　　　　北岭春深宜牧马 　　　　不舍风驰追马迹
灵羊起舞报春来 　　　　南疆草浅待牵羊 　　　　行看岁稔话羊年

才听骏马踏花去 　　　　才闻骏马踏花去 　　　　长空载誉夸天马
又见金羊献瑞来 　　　　又见灵羊献瑞来 　　　　大地回春颂吉羊

驰骋春风追丽日 　　　　雏鸭报春江水暖 　　　　创业甘为伏枥马
扶摇羊角步青云 　　　　灵羊衔穗稻花香 　　　　富民全靠领头羊

春草茸茸催马壮 　　　　春露秋霜连广宇 　　　　春满神州舒画卷
碧溪潺潺助羊肥 　　　　羊肠鸟道变通途 　　　　羊临华夏入诗篇

春染红棉迎旭日　　　催马唤羊逢盛世　　　得意春风催快马
羊衔金穗报丰年　　　叱云沐雨览新春　　　解人新岁献灵羊

得意春风仍疾马　　　风吹马尾千条线　　　庚午祝捷神马去
连天碧草又宜羊　　　雨打羊毛一片毡　　　辛未报喜宝羊来

好鸟鸣春歌盛世　　　画展春城描特色　　　吉羊得草延春色
吉羊启运乐升平　　　诗题羊石纪新春　　　紫燕衔泥落好家

吉羊健步迎春至　　　金凤呈祥人得意　　　金驹辞岁羊报吉
洪福齐天及地来　　　玉羊衔瑞事称心　　　丹凤朝阳燕迎春

金马奔驰富裕路　　　金马奋蹄载誉归　　　金马扬蹄抒远志
银羊欢跃太平年　　　三阳开泰迎春至　　　玉羊接力展宏图

金穗飘香香四季　　　骏马凯旋留胜迹　　　骏马腾飞成壮举
玉羊报喜喜千家　　　吉羊欢跃贺新春　　　灵羊起步赴新程

康午祝捷神马去　　　鲲鹏展翅扶羊角　　　老马奋蹄知路远
辛未报喜宝羊来　　　莺燕欢歌送马蹄　　　羔羊跪乳感恩深

老马识途辞旧岁　　　老马识途归故里　　　老马识途知作重
灵羊衔穗报丰年　　　羔羊跪乳报春晖　　　羊羔跪乳会感恩

老马识途终有意　　　羚羊挂角挑春色　　　灵羊捷足登新境
羔羊跪乳最多情　　　喜鹊登枝报福音　　　骏马奋蹄向未来

灵羊下界盈门喜　　　龙凤腾飞迎一统　　　马步生风辞旧岁
乳燕衔泥满院春　　　马羊接力赛三春　　　羊毫挥墨写佳联

马驰碧野凯歌壮　　马驰大道征途远　　马驰万里传捷报
羊跃青山景色新　　羊上奇峰景色娇　　羊跃千山奏凯歌

马驰原野繁花茂　　马到成功民致富　　马甲雄骑迎胜利
羊跃神州事业兴　　羊来开泰国图强　　羊羹美酒庆丰收

马年事事如人意　　马年已绘丰收景　　马首关情吟妙句
羊岁时时报福音　　羊岁继吟致富诗　　羊毫随意绘新图

马首是瞻新世纪　　马岁荣光辉日月　　马岁事事合民意
羊毫尽绘好春光　　羊毫道劲续春秋　　羊年处处沐春风

马蹄踊跃驰千里　　马驮硕果归山去　　马尾劲松承雨露
羊角扶摇上九霄　　羊踏青坪报喜来　　羊毫妙笔点春光

马尾拉琴歌富岁　　马尾松青凝瑞雪　　人怀远志驰良马
羊毫着墨谱新篇　　羊毫笔墨舞春风　　世易新春唤白羊

神骏回眸丰稔景　　骏马功成领功去　　骏马腾飞成壮举
灵羊翘首吉祥图　　吉羊捷足报捷来　　灵羊起步赴新程

骑马牧羊歌盛世　　神马行空普天瑞　　世纪春风萌绿草
顶凌踏雪报新春　　仙羊下界遍地春　　山乡柳笛放群羊

世纪更新花吐艳　　世上尘埃随马尽　　誓做长征千里马
春风送暖瑞呈祥　　人间春色逐羊来　　争当改革领头羊

岁焕新风燕剪柳　　岁届新春人福寿　　喜得马年成骏业
春来大地羊铺云　　羊衔金穗业丰收　　笑看羊岁展宏图

羊膏美酒同辞岁　　羊归陇上春来早　　羊角扶摇九万里
白发红颜共庆春　　马识归途业告成　　马蹄疾奔小康年

羊年喜千家祝福　　羊群簇拥千堆雪　　羊群拥起千堆玉
国运昌万物生春　　燕子翻飞一世春　　稻浪浮来万亩金

万木争荣浮春色　　万树争荣添翠色　　万象更新新世纪
五羊献瑞有福音　　五羊献瑞报佳音　　五羊献瑞瑞门庭

万象已随新律转　　五羊结彩迎新纪　　五羊献瑞人增寿
五羊争跃好春来　　六畜兴旺报好年　　百鸟鸣春喜盈门

五羊献瑞增春色　　五羊衔穗年丰稔　　惜别垂杨难系马
百鸟争鸣唱福音　　双燕迎春岁吉祥　　喜瞻叱石尽成羊

小道羊肠无阻碍　　驯马腾飞千里路　　一片白云羊变幻
雄心捷足好登攀　　牧羊更上一重峰　　千条翠柳燕翻飞

英雄跨马扬长去　　犹思骏马奔腾急　　玉树葱茏皆出色
龙女牧羊载福来　　更赞矫羊奋发先　　金瓯稳固不亡羊

玉羊启泰迎春至　　玉宇澄清观燕舞
金马奋蹄载誉归　　草原茂盛喜羊欢

（五）八字以上对联

碧草白羊三春图画　　马步关山一日千里　　送马年春花融白雪
金戈铁马万里征途　　羊叫吉庆神州万家　　迎羊岁喜鹊闹红梅

快马加鞭不坠腾飞吉　　　岁序更新马年留胜绩
吉羊昂首更添奋发心　　　春风初度羊志展鸿猷

骏马奔驰满载乌金辞岁去　　　马去蹄香北国又添千里马
吉羊起舞豪吟白雪报春来　　　羊来春暖南疆再现五仙羊

先富后富你富我富大家富　　　凯歌阵阵千里马早过玉门关
羊多猪多钱多粮多喜事多　　　春风习习带头羊又登泰山顶

第九章

以羊为题材的民间剪纸

剪纸是中国的传统手工艺术，就是用剪刀或刻刀在纸上剪刻花纹，用于装点生活或是配合民俗活动烘托气氛的一种民间艺术形式。在中国，剪纸具有非常广泛的民众基础，深深植根于各族人民的日常生活之中，是各种民俗节庆活动不可或缺的重要组成要素。

中国传统剪纸的文化传承包括视觉形象和造型格式，其中蕴涵了丰富的历史文化信息，表达了广大民众的价值观念、道德规范、生活理想和审美情趣。同时，剪纸艺术也具有认知、教化、表意、抒情、娱乐等多重社会价值。

在 2006 年 5 月，剪纸艺术经国务院批准列入我国第一批国家级非物质文化遗产名录。在 2009 年 9 月举行的联合国教科文组织保护非物质文化遗产政府间委员会第四次会议上，中国申报的"中国剪纸"项目被列入"人类非物质文化遗产代表作名录"。

在我国民间，剪纸的功用主要有四大类：

第一，用于张贴：即直接张贴于门窗、墙壁、灯彩、彩扎之上作为装饰。比如，窗花、墙花、顶棚花、灯笼花、纸扎花、门笺等。

第二，用于摆衬：即用于点缀礼品、嫁妆、祭品、供品等。比如，喜花、供花、礼花、烛台花、斗香花、重阳旗等。

第三，用于刺绣底样：用于衣服、鞋帽、枕头等装饰之用。比如，鞋花、枕头花、帽花、围涎花、衣袖花、背带花等。

第四，用于印染：即作为蓝印花布的印版，用于制作衣料、被面、门帘、包袱、围兜、头巾等。

在我国民间，以羊为题材的剪纸按照内容和形式可以分为传说故事类剪纸、牧羊类剪纸、双羊类剪纸（双羊吉祥）、三羊类剪纸（三阳开泰）、骑羊类剪纸、吉庆类剪纸、纳福类剪纸、团羊类剪纸等。

一、传说故事类剪纸

羊羔跪乳，乌鸦反省［民间剪纸］

羊羔跪乳［民间剪纸］

五羊衔谷的传说［民间剪纸］

柳毅传书—龙女牧羊［张培华］

苏武牧羊［民间剪纸］

五哥放羊Ⅰ［民间剪纸］

五哥放羊Ⅱ［民间剪纸］

五哥放羊Ⅲ［民间剪纸］

五哥放羊Ⅳ［山西民间剪纸］

二、牧羊类剪纸

牧羊Ⅰ［民间剪纸］

牧羊Ⅱ［民间剪纸］

牧羊Ⅲ［民间剪纸］

牧羊Ⅳ［民间剪纸］

牧羊Ⅴ［民间剪纸］

牧羊Ⅵ［民间剪纸］

牧羊Ⅷ［民间剪纸］

草美羊肥［民间剪纸］

小羊倌［民间剪纸］

妞子放羊［江西·戴贞桂］

赶羊Ⅰ［董太岭］

赶羊Ⅱ［民间剪纸］

三、双羊类剪纸

大羊和小羊［民间剪纸］

双羊图Ⅰ［民间剪纸］

双羊图Ⅱ［民间剪纸］

顶羊Ⅰ［陕西民间剪纸］

顶羊Ⅱ［民间剪纸］

吉祥双羊［民间剪纸］

树下双羊［民间剪纸］

富贵双羊［民间剪纸］

双羊拱福［民间剪纸］

争春图［河北·张冬阁］

双羊［内蒙古·燕亮］

四、三羊类剪纸

三阳开泰Ⅰ〔民间剪纸〕

三阳开泰Ⅱ〔民间剪纸〕

三阳开泰Ⅲ〔民间剪纸〕

三阳开泰Ⅳ〔民间剪纸〕

三阳开泰Ⅴ〔民间剪纸〕

三阳开泰Ⅵ〔民间剪纸〕

三阳开泰Ⅶ［民间剪纸］

三阳开泰Ⅷ［民间剪纸］

三阳开泰Ⅸ［民间剪纸］

三阳开泰Ⅹ［民间剪纸］

三阳开泰Ⅺ［山西·陈玉萍］

三阳开泰Ⅻ［湖南·张兰英］

五、骑羊类剪纸

猴子骑羊Ⅰ〔山东民间剪纸〕

猴子骑羊Ⅱ〔民间剪纸〕

猴子骑羊Ⅲ〔民间剪纸〕

娃娃骑羊Ⅰ〔民间剪纸〕

娃娃骑羊Ⅱ〔民间剪纸〕

娃娃骑羊Ⅲ〔民间剪纸〕

娃娃骑羊Ⅳ〔民间剪纸〕

娃娃骑羊Ⅴ〔上海·孙平〕

娃娃骑羊Ⅵ〔山西·吕慧〕

娃娃骑羊Ⅶ〔山东民间剪纸〕

骑羊吹笛Ⅰ〔民间剪纸〕

骑羊吹笛Ⅱ〔民间剪纸〕

六、吉庆类剪纸

骑羊送吉祥［民间剪纸］

八羊图［民间剪纸］

羊年吉祥［民间剪纸］

富贵吉祥［民间剪纸］

羊年贺新春［民间剪纸］

富贵阳春［民间剪纸］

八羊闹新春［民间剪纸］

喜洋洋［民间剪纸］

红梅闹新春［民间剪纸］

七、纳福类剪纸

福羊［高平剪纸］

福字八吉祥［民间剪纸］

羊年纳福Ⅰ［民间剪纸］

羊年纳福Ⅱ［民间剪纸］

八羊盘福［民间剪纸］

吉祥有福［民间剪纸］

四羊卧福［民间剪纸］

吉祥富贵［民间剪纸］

八、招财类剪纸

招财进宝［民间剪纸］

双羊送宝［民间剪纸］

财旺粮丰［民间剪纸］

羊年大发［民间剪纸］

招财羊Ⅰ［民间剪纸］

招财羊Ⅱ［民间剪纸］

招财羊Ⅲ［民间剪纸］

九、团羊类剪纸

小花羊［民间剪纸］

六羊散欢［民间剪纸］

双羊待乳［民间剪纸］

登高［民间剪纸］

老绵羊 [民间剪纸]

祥和图 [民间剪纸]

春羊得绿（禄）[民间剪纸]

羊图花 [民间剪纸]

富贵祯祥 [民间剪纸]

未羊吉祥 [民间剪纸]

喜洋洋［民间剪纸］

团羊Ⅰ［民间剪纸］

团羊Ⅱ［民间剪纸］

团羊Ⅲ［民间剪纸］

团羊Ⅳ［民间剪纸］

团羊Ⅴ［民间剪纸］

团羊Ⅵ〔民间剪纸〕

团羊Ⅶ〔民间剪纸〕

团羊Ⅷ〔民间剪纸〕

团羊Ⅸ〔民间剪纸〕

团羊Ⅹ〔民间剪纸〕

团羊Ⅺ〔民间剪纸〕

第十章
以羊为题材的民间艺术品

一、有关羊的画像石

画像石，实际上是汉代地下墓室、墓地祠堂、墓阙和庙阙等建筑上雕刻画像的建筑构石。其所属建筑，大多为丧葬礼制性建筑。因此从本质上看，汉画像石是一种祭祀性丧葬艺术。画像石不仅是汉代以前中国古典美术艺术发展的巅峰，而且对汉代以后的美术艺术也产生了深远的影响，其在中国美术史上独具承前启后作用。总之，画像石是中国古代文化遗产中的瑰宝，是汉代大多没有留下名字的民间艺人雕刻在墓室、棺椁、墓祠、墓阙上的以石为地、以刀代笔的石刻艺术品。

画像石的分布地域很广，一般认为有4个中心：一是河南南阳、鄂北区，二是山东、苏北、皖北区，三是四川地区，四是陕北、晋西北区。此外，在河南新密和永城，北京的丰台，浙江的杭州，陕西的邻县，也有零星分布。其中前3个区域都是当时的经济文化中心，而第4个区域则在东汉顺帝以前是北方的边防重地。

画像石的内容丰富多彩，一般可分为三类。一是反映当时丰富多彩的现实生活，比如车骑出行、迎宾拜谒、庖厨宴饮、乐舞杂技、亭台楼阁等，这些构成了一幅完整的墓主人庄园经济图；二是垂教后世的历史故事，反映道家思想和民间宗教思想以及忠君孝亲的伦理道德；三是雄奇瑰丽的神仙世界，比如有青龙、白虎、朱雀、玄武四神，有女娲、伏羲、玉兔、神兽等，充满想象力的先民把龙、虎、鹿等神奇动物作为墓主人升仙的骑乘工具而描绘在画像石上。

　　总之，汉画像石内容丰富，取材广泛，并从各不同的角度反映了汉代的社会状况、风土人情、典章制度、宗教信仰等，其中当然也包括关于羊的符号与场景。画像石不仅是精美的古代石刻艺术品，同时也是研究汉代政治、经济和文化的重要史料。

图 10-1　汉代画像石—三阳开泰［山东藤县出土］

图 10-2　汉代画像石—骑羊

图 10-3　汉代画像石—喂羊［河南南阳出土］

图 10-4　山东汉代画像石—吉祥之羊［山东出土］

图 10-5　汉代画像石—羊纹［江苏徐州出土］

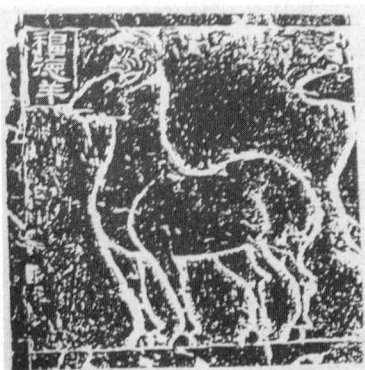

图 10-6　汉代画像石—福德羊［江苏徐州　　图 10-7　汉代画像石—石羊［徐州出土］
出土］

图 10-8　汉代画像石—对羊纹［江苏徐州出土］

图 10-9　汉代画像石—双羊［四川出土］

图 10-10　东汉画像石—羊［陕西绥德出土］

二、关于羊的青铜器和铜器

青铜器是由青铜合金制成的器具，诞生于人类文明进程的青铜时代。最早的青铜器出现于 6 000 年前的古巴比伦两河流域。中国青铜器制作有4 000～5 000 年的历史，并具有极高的艺术价值和史料价值。

在距今 4 000～5 000 年，相当于传说中的尧舜禹时代，古文献上就记载了当时人们开始冶铸青铜器。在黄河、长江中下游地区的龙山时代遗址中，考古人员在几十处遗址中都发掘出了青铜器制品。

中国出土的青铜器主要包括有炊器、食器、酒器、水器、乐器、车马饰、铜镜、带钩、兵器、工具和度量衡器等。青铜器出现并流行于 4 000年前直到秦汉时代，其中又以商周青铜器物最为精美。羊从商周时代开始，就是青铜器的重要造型和装饰形象。

从西汉开始，人们就能打造更为精美的铜制器具了，比如河北省中山靖王墓出土的西汉铜羊尊灯，就是一件精美的铜制艺术灯具。与青铜器相比，铜器则显得更加细腻而精美。

图 10-11　羊角柱［三星堆出土］

图 10-12　羊尊［商代］

图 10-13　双羊尊［商代］

图 10-14　三羊尊［商代　故宫博物院收藏］

图 10-15　四羊方尊［商代　中国国家博物馆收藏］

图 10-16　三羊鬲［商代　河南省博物
　　　　　馆收藏］

图 10-17　三羊饕餮纹尊［商代　河南
　　　　　省博物馆收藏］

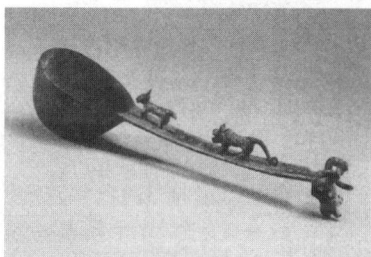

图 10-18　羊首勺［商代］

图 10-19　伯羊尊［西周　宝鸡市博物馆收藏］

图 10-20　青铜器父辛卣［西周］

图 10-21　羊首尊［西周］

图 10-22　羊尊［西周］

图 10-23　青铜羚羊饰件［西周］

图 10-24　羊头三轮盘［战国］

图 10-25　汉墓羊角钮钟［广西　广西博物馆收藏］

| 使用时 | 不使用时 |

图 10-26 铜羊尊灯〔西汉 河北博物馆收藏〕

图 10-27 铜奔羊〔东汉 河南博物馆收藏〕

图 10-28 圆明园铜羊首〔清代〕

三、关于羊的陶器和瓷器

陶器，是用黏土或陶土经捏制成形后烧制而成的器具。陶器制作历史悠久，在新石器时代就已见到简单粗糙的陶器。陶器在古代是作为生产生活用品而存在的，它是人类由旧石器时代发展到新石器时代的标志之一。

最早的陶器是将天然泥土与砸碎的石英石类颗粒按一定比例混合，加水揉搓后捏制成坯料，经晾干后再进行烧制，最后制成不怕水、不开裂的生产生活用器皿。陶器器身内部多孔（不及瓷器致密），不透明，一般有施釉料的陶器和不施釉料的陶器两类。陶器质地比瓷器粗糙，不施釉料陶器的通常呈黄褐色，有些陶器上还刻有各类纹饰。如果施釉料，则陶器可以是彩色的，也可以呈现出各种彩色花纹。

中国是瓷器的故乡，瓷器烧造的发明是中华民族对世界文明的一大贡献。瓷器是由瓷石、高岭土、石英石、莫来石等烧制而成，外表施有玻璃质釉或彩绘的器物。瓷器的成形要通过高温（约 1 280～1 400℃）烧制，瓷器表面的釉色会因为烧制温度的不同而发生化学变化和色彩变化。

中国的原始瓷器起源于 3 000 多年前。至宋代时，中国制瓷业已经进入最为繁荣的时期，当时各大名窑已遍布大半个中国。当时的汝窑、官窑、哥窑、钧窑和定窑被并称为宋代"五大名窑"，比较有名的还有柴窑和建窑。

被称为"瓷都"的江西景德镇，在元代出产的青花瓷就已成为瓷器的杰出代表。青花瓷釉质透明如水，胎体质薄轻巧，在洁白的瓷体上敷以蓝色纹饰，显得格外素雅清新。青花瓷一经出现，便风靡一时，并成为景德镇的传统名瓷之冠。与青花瓷共同并称"四大名瓷"的还有青花玲珑瓷、粉彩瓷和颜色釉瓷。

由于羊与人们的生活密切相关，因此无论是陶器还是瓷器，羊的符号与形象都成为陶器或瓷器的烧造对象或是装饰纹样。

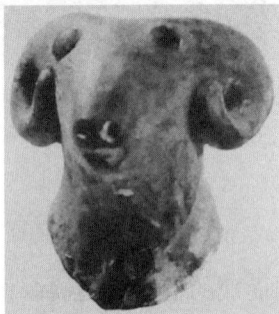

图 10-29　灰陶羊头［商代］

图 10-30　陶羊［汉代］

图 10-31　陶卧羊［汉代］

图 10-32　彩绘陶绵羊［汉景帝阳陵出土］

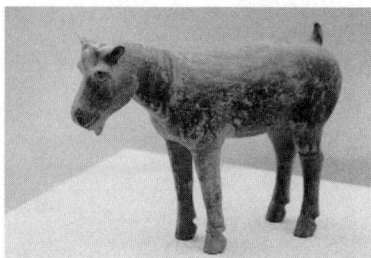

图 10-33　彩绘陶羊［汉景帝阳陵出土］

图 10-34　绿釉陶卧羊尊［汉代］

图 10-35　大吉羊瓦当［汉代］

图 10-36　彩绘陶卧羊尊［东汉］

图 10-37　青瓷羊［三国　中国国家博物馆收藏］

图 10-38　青瓷羊首壶［西晋］

图 10-39　青瓷褐斑羊水注［东晋　南京博物院收藏］

图 10-40　陶独角羊［北魏］

图 10-41　母子羊［隋代　安徽博物馆收藏］

图 10-42　黄釉陶卧羊［唐代］

图 10-43　唐代大将军墓陶羊［洛阳出土］

图 10-44　青釉褐绿彩羊形烛台〔唐　长沙窑〕

图 10-45　白瓷羊〔宋代〕

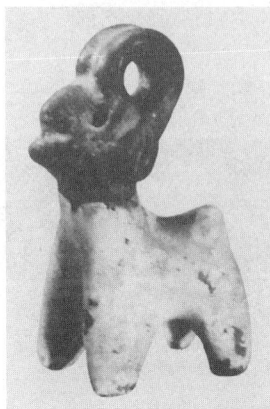

图 10-46　白釉黑彩瓷羊〔明代　安徽博物馆收藏〕

图 10-47　汝釉三羊瓷尊〔清代〕

四、陶羊圈和瓷羊圈

中国古人有"事死如事生"的习俗，会将人活着时候的生活场景也布置在墓葬中。当人们生活中与养羊关系密切时，在人们的墓葬中就会出现缩小了的陶羊圈或瓷羊圈。在东汉和三国时期这一墓葬习俗尤其比较常见。

图 10-48　方形绿釉陶羊圈［汉代］

图 10-49　圆形绿釉陶羊圈［汉代］

图 10-50　镂空式绿釉陶羊圈［汉代］

图 10-51　绿釉陶羊圈［汉代　国家博物馆收藏］

图 10-52　骑人绿釉陶羊圈［汉代］

图 10-53　灰陶羊圈［东汉］

图 10-54　灰陶羊圈（双羊）［东汉］

图 10-55　圆形陶羊圈［东汉］

图 10-56　方形陶羊圈［东汉］

图 10-57　屋形陶羊圈［东汉］

图 10-58　门楼式陶羊圈［东汉］

图 10-59　陶羊圈［三国］

图 10-60　陶羊圈［三国两晋］

五、有关羊的木雕和木刻版画

（一）有关羊的木雕

　　木雕是雕塑艺术的一种，在我国常常被人们归为"民间工艺"。木雕可以分为立体圆雕、镂雕、浮雕、根雕几大类，有时还会通过涂色施彩来保护木质和美化木雕。木雕手艺是从木工中分离出来的一个工种，在我国的工种分类中一般被称为"精细木工"。

木雕一般选用质地细密坚韧、不易变形的树种，比如楠木、紫檀、樟木、柏木、银杏、沉香、红木、龙眼等。采用自然形态的树根雕刻为艺术品的则被称为"树根雕刻"。

木雕艺术起源于新石器时期的中国，距今7 000多年前的浙江余姚河姆渡文化遗址，就已经出现木雕鱼。秦汉两代木雕工艺逐渐趋于成熟，并实现了绘画、雕刻技术的完美结合。唐代是中国工艺技术大放光彩的时期，木雕工艺也日趋完美。保存至今的唐代木雕佛像，都堪称中国古代艺术品中的杰作。

明清时期的木雕题材多为生活风俗和神话故事，比如吉庆有余、五谷丰登、平安如意、松鹤延年等，这些主题深受当时社会的欢迎。羊作为与人关系紧密的饲养动物，或是吉祥如意的形象，也经常会成为木雕描述的对象或是木雕的装饰纹样。

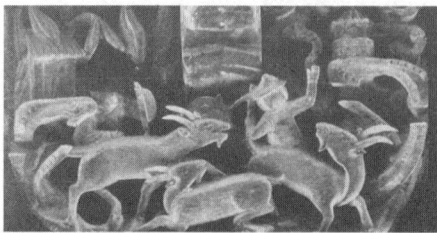
图10-61　牧童［山西汾阳木雕］

图10-62　吉羊与仙鹤［木雕］

图10-63　苏武牧羊［清代黄杨木］

图 10-64　羊形熏香炉［民国时期木雕］

图 10-65　羊羊得意［木雕］

图 10-66　招财羊［紫檀木雕］

图 10-67　三羊开泰［木雕］

图 10-68 骑羊［木雕］

图 10-69 卧羊［木雕］

图 10-70 双羊［木雕］

（二）有关羊的木刻版画

　　木刻版画是在木板上刻出反向图像，再印在纸上供人欣赏的一种版画艺术。版画（直接在木板上刻画），也是中国美术的一个重要门类。古代的版画主要是指木刻版画，也有少数为铜版刻和套色漏印。木刻版画那独特的韵味，使它在中国艺术史上具有独特的艺术价值与市场地位。

　　中国古代四大发明之一的印刷术，是人类文明发展史上的一块重要的里程碑。而印刷术的基础原本就是木板雕刻。将文字反向雕刻在木板上，然后再通过印刷使字迹保留在纸上，这就是印刷术。一般认为，中国印刷术成型于唐代，最早是用于刻印经卷。据宋人朱翌《猗觉寮杂记》记载："雕印文字，唐以前无之，唐末益州始有墨版。"

在中国，早期的木刻版画主要是年画。由于年画接近老百姓的生活，市场大，需要价廉物美，而手工绘制耗时长，不能满足市场需求。所以在明清年间，民间木刻年画异军突起，并以数量大、价格廉而风行各地。其中的河南朱仙镇、苏州桃花坞、天津杨柳青、山东潍坊、四川绵竹的木刻年画被人们并称为"中国五大民间木刻年画"。羊由于象征着"吉祥如意"，因而常常被用于木刻年画中，也常常被用于庆祝丰收等木刻版画中。

图 10-71　农家羊［木刻年画］

图 10-72　看羊的狗［木刻年画］

图 10-73　戏羊［杨柳青木刻年画］

图 10-74 猪羊肥大赛黄牛［20 世纪 60 年代木刻版画］

图 10-75 牧羊［木刻版画］

六、有关羊的民间泥塑

泥塑艺术，是中国民间的一种传统艺术形式。泥塑就是用黏土塑制成各种艺术形象的一种民间手工艺。其制作方法是在黏土里掺入少许棉花等纤维，捣匀后，再捏制成各种形象的泥坯，经过阴干后，涂上底粉，最后再施彩绘。

泥塑以泥土为原料，以手工捏制成形，或素或彩，多以人物或动物为捏制对象。泥塑在我国民间又被俗称为"彩塑""泥玩"等。我国泥塑最早发源于陕西省宝鸡市的凤翔县，后流行于陕西、山西、天津、河南、江苏等地。羊由于其可爱形象和吉祥的寓意，因而也就自然成为泥塑的创作对象。

图 10-76 泥塑羊［陕西省凤翔县］

图 10-77　泥塑羊［山西省绛县］

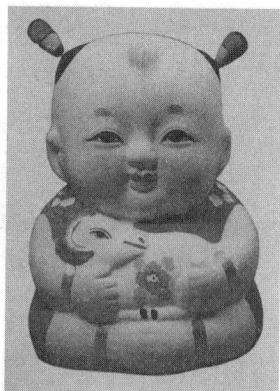

图 10-78　惠山泥人阿福抱羊
［江苏省无锡市］

七、有关羊的面塑

面塑，又叫面花、礼馍、花糕，是源于山西、山东、河北等地的中国民间传统艺术形式之一。一般是以面粉为主料，做出各种不同的造型或是调成不同的色彩。面塑只用手和简单工具，就能塑造出各种栩栩如生的形象。

据史料记载，中国的面塑艺术早在汉代就已经有文字记载，经过几千年的传承和发展，早已成为中国传统文化和民间艺术的一部分。面塑也是人们研究历史、考古、民俗、雕塑、美学不可忽视的实物资料。从面塑的捏制风格来看，一般都会显示出古朴、粗犷、豪放等一艺术特点。羊由于形象可爱和寓意美好，因而也就常常会成为面塑的内容。

图 10-79　高平面塑羊Ⅰ

图 10-80　高平面塑羊Ⅱ

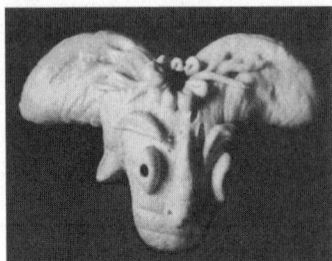

图 10-81　高平面塑羊头

图 10-82　阳城面塑羊 I

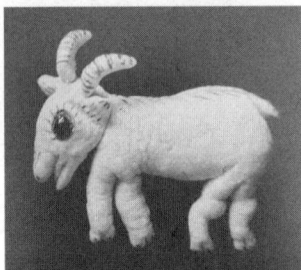

图 10-83　阳城面塑羊 II

图 10-84　面塑羊 I

图 10-85　面塑羊 II

图 10-86　面塑羊 III

图 10-87　羊头面塑 I

图 10-88　羊头面塑 II

八、有关羊的刺绣和毛毡绣

（一）有关羊的刺绣

刺绣就是用针线在织物上绣制出各种装饰图案，一般是用针将丝线或其他纱线以一定图案和色彩在绣料上穿刺，以绣迹构成花纹的装饰织物。刺绣是中国民间传统手工艺形式之一，在中国至少已经有 2 000～3 000 年的历史。

羊与人们的生活密切相关，因此，羊的形象图案也被人们作为装饰图案刺绣在织物上，以表达人们对羊的喜爱和对于美好生活的向往。

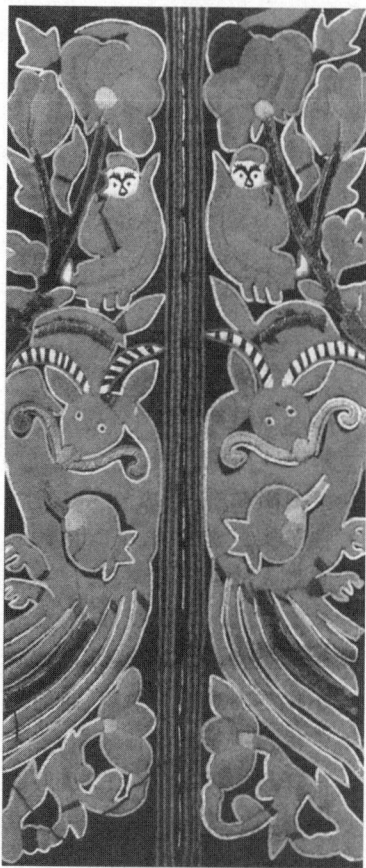

图 10-89　央公牧羊图［苗族刺绣］　　　　图 10-90　牧羊人与山羊［刺绣］

图 10-91　庆丰收［刺绣］

图 10-92　羊图腾［刺绣］

图 10-93　乌金黄土故地［刺绣］

图 10-94　双羊［湘绣］

图 10-95　双羊［刺绣工艺品］

图 10-96 羊［刺绣工艺品］

图 10-97 羊［刺绣工艺品］

图 10-98 羊［刺绣挂件］

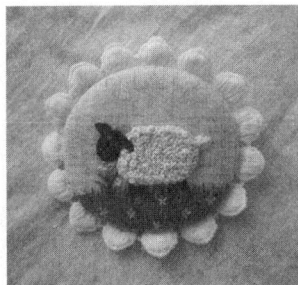

图 10-99 羊［刺绣胸针］

（二）有关羊的毛毡绣

羊毛毡是人类有历史记载的最古老的非编织类纤维织物（无经线和纬线），它制作简单、颜色丰富、用途广泛。羊毛毡既可以做成帐篷挡风御寒，也可以铺垫床铺，还可以做成鞋帽。在日常装饰中，既可以做成玩偶、项链、摆件等装饰品，也可做成餐垫、披肩、围巾等生活用品。

毛毡绣，一般是以写实或抽象的方式，在羊毛毡上用羊毛线绘出图案，一般用线较粗；或是在粗纤维织成的粗布上直接植入羊毛（或粘贴羊毛），并以羊毛绘出图案；还有的则是以细碎的毛毡片缝缀在毛毡上，以碎毛毡片勾画出

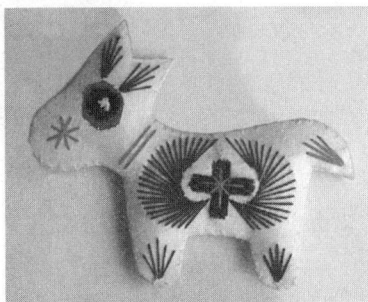

图 10-100 毛毡绣Ⅰ

图案或是显示出毛绒的效果。

图 10-101　毛毡绣Ⅱ

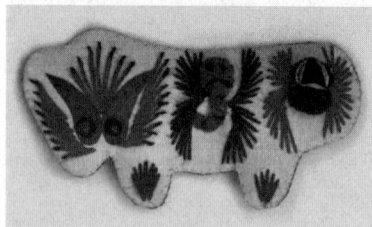

图 10-102　毛毡绣Ⅲ

图 10-103　毛毡绣Ⅳ

图 10-104　毛毡绣Ⅴ

图 10-105　毛毡绣Ⅵ

第十一章

以羊为题材的绘画作品

一、唐代的羊绘画

1. 阎立本

阎立本（约601—673年），雍州万年（今陕西省西安市临潼区）人，为唐代政治家、著名画家。在隋朝，阎立本就已官至朝散大夫、将作少监。在唐高宗显庆元年（656年），阎立本继任兄长阎立德为将作大匠，同年由将作大匠迁升为工部尚书。总章元年（668年）擢升为右相，封博陵县男。当时姜恪以战功擢任左相，因而时人有"左相宣威沙漠，右相驰誉丹青"之说。

阎立本擅长工艺，多巧思，工篆隶书，对绘画、建筑都很擅长，兄阎立德亦长书画、工艺及建筑工程。阎毗、阎立德、阎立本父子三人并以工艺与绘画闻名于世。阎立本善画台阁、车马、肖像等，其绘画代表作有《步辇图》《历代帝王像》《职贡图》等。阎立本的绘画形象逼真而传神，是当时的名作，被时人誉为"丹青神化"。

图 11-1 《职贡图》[唐·阎立本]

图 11-2 《三羊图》[唐·阎立本]

2. 周昉

周昉（约公元 8 世纪至 9 世纪初），唐代著名画家，字仲朗、景玄，京兆（今陕西西安）人，具体生卒年代不详。他出身显贵，先后任越州长史、宣州长史别驾。能书，擅画人物、佛像，尤其擅长画贵族妇女，容貌端庄，体态丰肥，色彩柔丽，为当时宫廷士大夫所喜爱。

周昉是中唐时期继吴道子之后而起的重要画家，是当时有名的宗教画家兼人物画家，其早年效仿过张萱，后来加以变化，别创一体。周昉创造的最著名的佛教形象是"水月观音"。其佛教画曾成为当时流行的标准，被称为"周家样"。其传世画作有《簪花仕女图》《挥扇仕女图》《调琴啜茗图》《蛮夷执贡图》等。

图 11-3 《蛮夷执贡图》[唐·周昉]

3. 刁光胤

刁光胤（约852—935年），唐代人，雍京（今西安）人。他攻画湖石、花竹、猫兔、鸟雀，性情高洁，交游不杂。他约在公元901—904年间入蜀，其后绘画前辈有攻花雀者，顿减价矣。

刁光胤居蜀三十余年，笔无暂眠，非病不休，非老不息，年八十。豪贵之家及好事者，收得其画，将为传家之宝，传视子孙。他亦擅画龙水、竹石、花鸟等，一生作画勤奋，多为花鸟，为五代著名画家黄筌的老师，曾亲授其画艺。

他的画羊作品《枯树五羊图》，全幅宽为44.6厘米、长为88.2厘米，画中有溪涧、湍泉、寒林、枯树等景物。其中羊在对山掩映的坡岸上，五羊傍着枯树和湍泉歇息，或坐、或立、或觅食，从羊的神情来看，似都别有所思。画羊的用笔显得比较纤秀，而画枯树的用笔就显得较为浑厚。

图11-4　　《枯树五羊图》（局部）［唐·刁光胤］

二、宋代的羊绘画

1. 陈居中

陈居中，生卒年不详，活跃于12世纪，为南宋时期著名画家，擅画人物、蕃马、走兽等，作品多描绘西北少数民族生活情态及鞍马，多表现社会混乱、民族矛盾给人们带来的离别痛楚。陈居中在嘉泰时任画院待诏。笔墨精致，色彩艳丽，形象准确，神情生动逼真。其山羊走兽等亦富有情趣。其作品有《文姬归汉图》《四羊图册》等传世。

陈居中的《四羊图册》，描绘了四只山羊在枯树下打斗、观望的不同动态，四只羊形象生动、逗人喜爱。全图用笔简练朴实，色调柔和中又有对比。他以大面积淡墨渲染出坡地，同时也将天地区分开来，并很好地衬托了画面的主体。图中景物高低错落，画面富于变化，不愧为陈居中的传世佳作。

陈居中的《苏李别意图》，其内容为苏武出使匈奴被羁，守节不屈，北海牧羊十九年。李陵战败归降匈奴，被汉武帝诛灭全家，令其不得归汉。当李陵闻知苏武即将返汉时，前来相饯。画中两人握手道别，景物萧瑟、人物愁戚。

图 11-5 《四羊图册》[南宋·陈居中]

图 11-6 《苏李别意图》[南宋·陈居中]

2. 苏汉臣

苏汉臣（1094—1172 年），宋代画家，汴梁（今河南开封）人，一说为钱塘（今浙江杭州）人。北宋徽宗宣和年间（1119—1125 年）任画院待诏，南宋高宗绍兴年间（1131—1162 年）复职，南宋孝宗隆兴初年（1163 年）任承信郎。

苏汉臣师从刘宗古、周昉等人，他擅画佛道、仕女，尤精儿童，其仕女多画闺阁中仕女的意态。其作品多婴戏图，成功地表现了儿童形象及其游戏时天真活泼的情趣，其笔法简洁劲利，其作品色彩明丽典雅。其传世作品有《秋庭戏婴图》《五瑞图》《击乐图》《婴戏图》等。

3. 李迪

李迪，生卒年代不详，南宋画家，河阳（今河南省孟州市）人，北宋宣和时为画院成忠郎，南宋绍兴时复职为画院副使，历事宋孝宗、宋光宗、宋宁宗三朝

图 11-7 《开泰图》[宋·苏汉臣]

（1162—1224 年），活跃于宫廷画院几十年，画多艺精，颇负盛名。他工于花鸟竹石、鹰鹘犬猫、耕牛山鸡，长于写生，间作山水小景。其画作构思精妙，功力深湛，雄伟处动人心魄。所作品《枫鹰雉鸡图》温柔可爱，《鸡雏图》形象生动活泼，刻画细致入微。其山水画师李唐法，亦多佳作。

李迪传世作品多，大多有年款。淳熙元年（1174 年）作《风雨归牧图》轴，现藏台北故宫博物院；淳熙十四年（1187 年）作《雪树寒禽图》轴现藏上海博物馆。庆元二年（1196 年）作《枫鹰雉鸡图》轴、庆元三年（1197 年）《鸡雏侍饲图》册页、《猎犬图》册页，均藏故宫博物院。从李迪画作最晚年款（庆元三年，1197 年），上溯到其最初画作年款（北宋宣和七年，1125 年），期间跨度为 73 年。据此推算，则李迪存世之年龄应在 90 岁以上。其关于羊的画作为《春郊牧羊图》。

图 11-8　　《春郊牧羊图》［南宋·李迪］

4. 佚名（两幅）

图 11-9　《三羊图》［南宋·佚名］

图 11-10　《初平牧羊图》［南宋·佚名］

三、元代的羊绘画

1. 赵孟頫

赵孟頫（1254—1322 年），字子昂，汉族，号松雪道人，又号水晶宫道人、鸥波,中年曾署孟俯,浙江吴兴(今浙江湖州)人。他是南宋末至元初著名书法家、画家、诗人,为宋太祖赵匡胤十一世孙、秦王赵德芳嫡派子孙。

至元二十三年(1286年),赵孟𫖯被行台侍御史程钜夫举荐,受元世祖忽必烈的礼敬,历任集贤直学士、济南路总管府事、江浙等处儒学提举、翰林侍读学士等职。累官翰林学士承旨、荣禄大夫。晚年逐渐隐退,后借病乞归。至治二年(1322年),赵孟𫖯逝世,享年69岁。

赵孟𫖯博学多才,能诗善文,工书法,精绘艺,擅金石,通律吕,解鉴赏。尤其以书法和绘画成就最高。在绘画上,他开创元代新画风,被称为"元人冠冕"。赵孟𫖯亦善篆、隶、真、行、草书,尤以楷、行书著称于世。其书风遒媚、秀逸,结体严整、笔法圆熟,创"赵体"书,与欧阳询、颜真卿、柳公权并称"楷书四大家"。

其画作有《二羊图卷》等传世,著有《松雪斋文集》等。

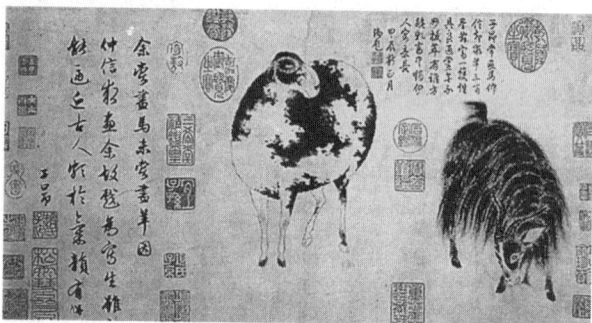

图 11-11　《二羊图卷》[元·赵孟𫖯]

2. 佚名(两幅)

图 11-12　《林原双羊图》[元·佚名]

图 11-13 《绵羊太子图》[元·佚名]

四、明代的羊绘画

1. 朱瞻基

朱瞻基（1398—1435 年），即明宣宗（1425—1435 年在位），为明朝的第五位皇帝，是明仁宗朱高炽的长子，幼年就非常受其祖父朱棣与父亲的喜爱与赏识。永乐九年（1411 年）被祖父立为皇太孙，数度随朱棣征讨蒙古。

朱瞻基在性格上，他与其父朱高炽相似，也具有他父亲那种对皇帝作用的理想主义的、然而是保守的想法。朱瞻基是文人和艺术的庇护人，其统治的特点也表现为其在政治和文化方面的成就。在位期间，文有"三杨"（杨士奇、杨荣、杨溥）、蹇义、夏原吉；武有英国公张辅，地方上又有像于谦、周忱这样的巡抚，一时间人才济济，这使得当时政治清明，百姓安居乐业，经济得到

图 11-14 《三阳开泰图》[明·朱瞻基]

空前的发展，并被史学家们称之为"功绩堪比文景"。

朱瞻基在文化上也有很高的造诣，其传世画作有《三阳开泰图》等。

2. 陈子和

陈子和（公元 15 世纪末至 16 世纪中，生卒年代不详），号酒仙，福建浦城人。他初为塑工，后改习画，专作水墨人物，亦工写意羽禽，兼工山水。作品笔意散逸，潇洒出尘，不堕俗格。其作品山岩树木苍润怪奇，评者谓在吴伟、郭诩之间，为"浙派"画家之一。

其传世作品有《苏武牧羊图》轴、《古木酒仙图》轴、《芦雁松鹤图》双轴图、《双鹭图》轴、《松岩山鸡图》轴等。其从艺活动约在弘治、嘉靖、万历年间。

图 11-15 　《苏武牧羊图》[明·陈子和]

3. 张宏

张宏（1577—1652 年），字君度，号鹤涧，明代绘画大师，江苏苏州人。善画山水，重视写生，笔力峭拔、墨色湿润、层峦叠嶂、秋壑深邃、有元人古意。其所作写意人物，形神俱佳，散聚得宜，是明末吴门画坛中的中坚人物，吴中学者尊崇之。

他在文人山水画方面另辟蹊径，在继承吴门画派风格和特色的基础上加以创新，师自然造化，创作出了富有生活气息的绘画作品，并在画作中体现出了超凡脱俗的精神境界，画面清新典雅，意境空灵清旷。

其代表作有：《栖霞山图》《浮岚暖翠图》《延陵挂剑图》《西山爽气图》《杂技游戏图卷》等。

图 11-16 　《杂技游戏图卷》（局部）[明·张宏]

4. 佚名

图 11-17 《柳荫嬉羊图轴》[明·佚名]

五、清代的羊绘画

1. 袁江

袁江（1662—1735 年），字文涛，号岫泉。雍正时期，召入宫廷为祗侯。袁江是我国绘画史上有影响的宫廷画家，专攻山水楼阁界画。在清康熙、雍正、乾隆时期，楼阁工整山水当以袁江最有名。当时还有他的侄子袁耀与之齐名。他们两人曾受扬州的山西盐商的聘请，到山西作画，作品在北方流传较多。

他擅画山水、楼台，师法宋人。山水画主要学宋代闫次平，画石多鬼皴，楼阁主要学郭忠恕，工整严密。他的绘画素材多为古代宫苑，尤长于界画。界画是我国民族绘画中很有特色的一门画科，工具是界尺、毛笔和竹片，主要描述对象是建筑。界画在东晋时代就已与人物画、山水画并存了，在宋元时期达到高峰，但一直受到文人画的排挤。

袁江的画艺从师仇英，也曾对宋代的山水画做过细心摹绘，尤其继承青绿山水传统。其界画将壮阔的山水与富丽堂皇的楼阁融为一体，既细致入微，又气势磅礴。袁江专攻界画，并成为清代第一的界画家。袁江的画羊作品有《三阳开泰》。

2. 黄慎

黄慎生于 1687 年(卒年不详)，是中国清代杰出书画家，汉族，福建宁化人，初名盛，字恭寿、恭懋、躬懋、菊壮，号瘿瓢子，别号东海布衣，为扬州八怪之一。

黄慎幼丧父，以卖画为生，奉养母亲。初随上官周学画，后离家出游，曾多

图 11-18　《三羊开泰》[清·袁江]

次在扬州卖画。方十八九岁，寄身萧寺，昼为画，夜无所得烛，从佛光明灯下读书。其艺既擅，出游豫章，历吴、越，康熙五十八年(1719 年)至扬州鬻画，人争客之。雍正五年(1727 年)以母垂老，不欲远离，乃奉居扬州，又三年乃返闽，郑燮赠以诗。乾隆三十三年(1768 年)82 岁，尚作花卉册。

黄慎擅长草书，师法怀素；画人物，多取神仙故事为题材，初学上官周，后用狂草笔法作画。其画笔姿放纵，气象雄伟。其所画多为历史人物、佛道、樵夫、渔父，早年工细，后参以怀素草书笔法，所作人物用笔粗犷，顿挫转折，纵横排奡，气象雄伟。

其作品《群乞图》取材现实生活，描写灾荒年乞丐流落街头受人欺凌的画面；其作品《东坡玩砚图》描绘文人生活，用笔迅疾，衣纹顿挫，墨色浓淡相间，人物轩昂、富有气势。黄慎的诗文、狂草书法、绘画被称"三绝"。其也有画作《苏武牧羊图》传世。

3. 郎世宁

郎世宁（1688—1766 年），意大利天主教耶稣会修士，建筑师。曾任清廷专职画家，也曾参与圆明园西洋楼的设

图 11-19　《苏武牧羊》[清·黄慎]

计。他历经康熙、雍正、乾隆三朝，在中国从事绘画 50 余年，影响了当时宫廷的绘画审美取向。

郎世宁擅长画人物肖像、鸟兽、山水及历史画。他以欧洲技法为主，注重物象的解剖结构、光影效果及立体感，同时借鉴中国的传统绘画技法，常采用正面光照，多以色彩渲染，无明确线条。其人物画多为皇帝、后妃以及文武大臣的肖像。

其绘画作品有《弘历哨鹿图轴》《弘历平安春信图轴》《英骥子图轴》《开泰图》《松树羚羊图》等。

图 11-20　《开泰图》［清·郎世宁］　　图 11-21　《松树羚羊图》［清·郎世宁］

4. 爱新觉罗·弘历

弘历，即乾隆皇帝，生于 1711 年，卒于 1799 年，1936—1796 年在位，是清朝的第六位皇帝。其在位 60 年间，平定大小和卓叛乱、巩固多民族国家的发展，编撰《四库全书》，同时也大兴文字冤狱。

弘历是中国封建社会后期一位赫赫有名的皇帝，其在位期间清朝达到了康乾盛世的高峰。他在康熙、雍正两朝文治武功的基础上，进一步完成了多民族国家的统一（完善了对西藏的统治，并将新疆纳入大清版图），并使社会、经济、文化有了进一步的发展。

弘历在位期间，民间艺术有了很大的发展，比如京剧就是形成于乾隆年间。他本人也有一定的艺术修养，并有《三羊开泰图》等作品传世。

图 11-22　《三羊开泰图》（局部）[清·弘历]

5. 苏六朋

苏六朋生于 1798 年，卒年不详，字枕琴，号怎道人，别号罗浮道人。

他善人物、山水，尤以人物故事画著称。曾学过吴伟、蓝瑛以及上官周、黄慎等人的画法，并具有粗放和工细两种画法。其作品雅俗共赏，生

图 11-23　《苏武牧羊图》[清·苏六朋]

图 11-24　《牧羊图》[清·苏六朋]

动逼真。传世作品有《东山报捷图轴》《太白醉酒图轴》《苏武牧羊图》《牧羊图》等。

6. 汪浦

汪浦（生卒年代不详），字钰宾，江苏江都（今扬州）人，寓广州久，为番禺（今广州）人。他工人物、仕女画，布景亦雅秀，艳丽工细。其所绘《山水人物轴》《仕女轴》《富山怡乐图卷》《人物册》等现藏于广州美术馆。

汪浦的《嬉羊图轴》则描绘了一个蒙古族少年用树枝逗戏羊只的情景，作品形象生动，富有意趣。

图 11-25　《嬉羊图轴》[清·汪浦]

图 11-26　《山羊图》[清·居廉]

7. 居廉

居廉（1828—1904 年），字古泉，自号隔山老人，为居巢（清代著名画家）之弟。

居廉工花鸟、草虫、人物，尤以写生见长。其笔法工整，设有色妍丽，在继承和发展恽寿平没骨花鸟画的基础上，创造出了撞水法和撞粉法。

其作品有《花卉草虫图册》《牡丹双蝶图轴》《山羊图》等。

图 11-27　《牧羊图扇面》［清·居廉］

8. 郑芳

郑芳（清代中后期，生卒年代不详），又名芳青，号小塘，海洋（今潮安）庵埠人，清代书画家。

他是枫溪画师，擅长画山、人物、翎毛、走兽，其运笔自如，气韵生动。其画作特色在《墨香居画识》《清画家诗史》中均有记载。其画羊的作品有《龙女牧羊图》。

图 11-28　《龙女牧羊图》［清·郑芳］

9. 任伯年

　　任伯年（1840—1895 年），初名润，字伯年、小楼，后改名为颐。他擅长画肖像、人物、花鸟。其人物画题材广泛，尤善写真术。其花鸟画，手法多样，博采众长，无论是工笔、写意、勾勒、没骨、设色、水墨，均能运用自如，多用湿笔，运用淡墨尤有独到之处，能在写意画中掺和水彩画法，风格清新活泼。其山水画，气象万千，别具丘壑。

图 11-29　《龙女牧羊》［清·任伯年］

　　其作品有《饭石山山农像轴》《芭蕉红叶图轴》《仿高克恭云山图轴》《酸寒尉像轴》等。其关于羊的绘画《龙女牧羊》《苏武牧羊》《三羊开泰》等。

图 11-30　《苏武牧羊》［清·任伯年］

图 11-31　《三羊开泰Ⅰ》［清·任伯年］

图 11-32　《三羊开泰Ⅱ》[清·任伯年]　　图 11-33　《三羊开泰Ⅲ》[清·任伯年]

10. 黄桑

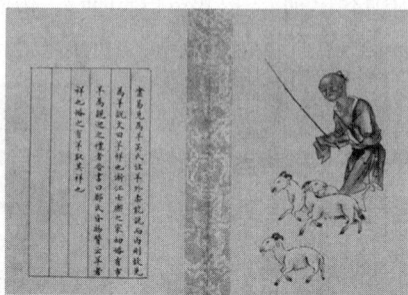

图 11-34　《太平欢乐图册》之《市羊迎亲》[清·黄桑]

六、现代画家的羊绘画

（一）齐白石笔下的羊

绘画大师齐白石（1864—1957 年），生于湖南长沙府湘潭县。原名纯芝，字渭青，号兰亭，后改名璜，字濒生，号白石、白石山翁、老萍、饿叟、借山吟馆主者、寄萍堂上老人、三百石印富翁。

图 11-35　《未羊》齐白石　　　　　图 11-36　《黑羊》齐白石

　　齐白石是近现代中国的国画大师，世界文化名人。其早年曾为木工，后以卖画为生。他擅画花鸟、虫鱼、山水、人物画，笔墨雄浑滋润，色彩浓艳明快，造型简练生动，意境淳厚朴实。齐白石书工篆隶，取法于秦汉碑版，行书饶古拙之趣，篆刻自成一家，善写诗文。曾任中央美术学院名誉教授、中国美术家协会主席等职。

　　齐白石关于羊的画作有《未羊》《黑羊》等。

（二）刘奎龄笔下的羊

　　刘奎龄（1885—1967 年），字耀辰，号蝶隐，自署种墨草庐主人。他中国近现代美术史开派巨匠、动物画的一代宗师，被誉为"全能画家"，擅长动物、植物、人物画及山水画。

　　刘奎龄描摹的动物种类之多，范围之广至今无人可及。他善于"势"的营造，其绘画作品"虚处不嫌窗框松，实处勿感板结紧"，其画华滋清润，厚劲灵动，意境深邃。刘奎龄偏居津门一隅，语讷志坚，孤身前行，其创作恰与徐悲鸿的"尽精微，致广大"契合。

　　刘奎龄是传统派和中西融合派的中坚，他从古典主义、文艺复兴、浪漫主义、现实主义甚至印象派光色运用、油画技术以至夸张变形中吸取营养，他体会到西方现代艺术与中国传统艺术在创造精神上的相似性，并发扬光大了传统的写实技法。

　　刘奎龄画羊的作品有《秋牧图》《双羊图》《三羊图》等。

图 11-37　《双羊图》刘奎龄

图 11-38　《三羊图》刘奎龄

图 11-39　《秋牧图》刘奎龄

图 11-40　《双羊图》刘奎龄

（三）徐悲鸿笔下的羊

徐悲鸿（1895—1953 年），江苏宜兴人，现代画家、美术教育家。它曾留学法国学习西洋画，归国后长期从事美术教育，先后任教于国立中央大学艺术系、北平大学艺术学院和北平艺专，1949 年任中央美术学院院长。

徐悲鸿擅长人物、走兽、花鸟，主张现实主义，强调国画改革融入西画技法，作画主张光线、造型，讲求对象的解剖结构、骨骼的准确把握，并强调作品的思想内涵，对当时中国画坛影响甚大。徐悲鸿有关羊的绘画有《双羊图》《羊》等。

图 11-41　《双羊图》徐悲鸿

图 11-42　《羊》徐悲鸿

（四）陈缘督笔下的羊

陈缘督（1902—1967 年），原名陈煦，字缘督，号梅湖，广东梅州人。陈缘督自幼习画，勤奋好学，聪颖过人，山水、花鸟、翎毛、人物无一不能。后专攻人物，并一心扑在人物画上不能自拔。他擅长中国画，尤长人物。

陈缘督 1917 年从金北楼学画，1923 年入中国画学研究会，1926 年参与创办湖社画会。历任国立北平艺术专科学校、京华美术专科学校、辅仁大学美术系、北京艺术师范学院、中央工艺美术学院教授讲师和教授等职。他在连环画创作方面贡献良多，其作品部部经典，比如《水浒传》之

《曾头市》《大名府》《清风寨》《宋江杀惜》《杨志卖刀》《梁山伯英雄排座次》等，还有《白蛇传》《西游记》等作品。

其有关羊的绘画作品有《三羊图》《牧羊图》等。

图 11-43　《三羊图》陈缘督

图 11-44　《三羊图扇面Ⅰ》陈缘督

图 11-45　《三羊图扇面Ⅱ》陈缘督

图 11-46　《牧羊图Ⅰ》陈缘督

图 11-47　《牧羊图Ⅱ》陈缘督

图 11-48 《羊》陈缘督

图 11-49 《受天百禄》陈缘督

（五）戈湘岚

戈湘岚（1904—1964 年），原名绍荃，又名荃，别署赏神骏斋主、东亭居士，东台安丰人，定居沪上。他 1920 年从上海美专肄业，为中国美术家协会会员，曾任上海中国画院画师。

戈湘岚是画马大师，曾赢得郭沫若"今之曹霸"的美誉，有行家将其与徐悲鸿并称为"北徐南戈"，其代表作有《春耕》《白马图》《马》《斑马》等。

戈湘岚以画马著称，并擅画翎毛、花卉、鱼虫、走兽。他以传统的笔法，并融入西洋绘画的光影渲染，来进行现实主题创

图 11-50 《羊》戈湘岚

作。观其艺术，成就卓著的无疑是神态各异的骏马。其有关羊的绘画有《羊》《三阳开泰》等。

图 11-51 　《三阳开泰Ⅰ》戈湘岚

图 11-52 　《三阳开泰Ⅱ》戈湘岚

图 11-53 　《三阳开泰Ⅲ》戈湘岚

第十二章

以羊为题材的邮票

邮票是供寄递邮件贴用的邮资凭证。各国都希望在邮票的方寸之间，展现出本国或本地区的历史、文化、风土人情、自然风貌等特色。这就让邮票除了代表邮政资费的价值之外，还具有一定的艺术价值和收藏价值。

一、中国发行的羊邮票

牧羊或养羊是我国畜牧业的主要经营内容之一，因此邮票可以展现放牧羊群和养羊生产。同时，羊还是我国传统的十二生肖之一，因此，每到羊年各国或各地区邮政机构都会发行羊年生肖邮票。

（一）中国大陆发行的羊邮票

图 12-1　牧羊［中国人民邮政］　　　　图 12-2　四羊方尊［1964］

图 12-3 牧羊图［1977］

图 12-4 牧羊图三联张［1978］

图 12-5 在广阔天地［1978］

图 12-6 中国羊四联张［1991］

图 12-7　瓷羊［中国人民邮政］

图 12-8　辽阔的草原［1998］

图 12-9　民族大团结小型张——东乡族［1999］

图 12-10　藏羚羊［2003］

图 12-11　柳毅传书—龙女托书四联张［2004］

图 12-12　广州亚运会菱形邮票［2010］

图 12-13　广州亚运会四联张〔2010〕

图 12-14　苏武牧羊—鸿雁传书〔2014〕

图 12-15　韩美林画小型张〔中国邮政〕

图 12-16　吉祥如意小型张〔中国邮政〕

图 12-17　卡通羊〔中国邮政〕

图 12-18　辛未年生肖邮票〔1991〕　　图 12-19　癸未年生肖邮票二联张〔2003〕

2015

图 12-20 乙未年生肖邮票小型张［2015］

（二）中国香港发行的羊邮票

图 12-21 中国香港 1967 年发行的羊年邮票二联张

图 12-22　中国香港 1991 年发行的羊年邮票小型张

图 12-23　中国香港 2003 年发行的骏马吉羊小型张

图 12-24　中国香港 2003 年发行的羊年邮票小型张

图 12-25 中国香港 2015 年发行的羊年邮票四联张

图 12-26 中国香港 2015 年发行的羊年邮票小型张

（三）中国澳门发行的羊邮票

图 12-27 中国澳门发行的无齿孔羊年邮票

图 12-28　中国澳门 2003 年发行的羊年邮票

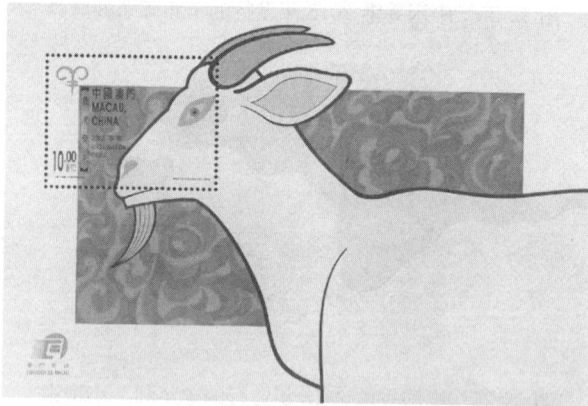

图 12-29　中国澳门 2003 年发行的羊年邮票小型张

图 12-30　中国澳门 2015 年发行的"金木水火土"五联邮票

图 12-31　中国澳门 2015 年发行的大吉羊邮票小型张

（四）中国台湾发行的羊邮票

图 12-32　中国台湾发行的羊邮票

图 12-33　中国台湾 1991 年发行的羊年邮票四联张

图 12-34　中国台湾发行的羊年邮票四联张

图 12-35　中国台湾 2015 年发行的羊年邮票二联张

图 12-36　中国台湾 2015 年发行的羊年邮票小型张

二、外国（地区）发行的羊年邮票

　　随着中国传统的生肖文化不断向世界各地传播，其他国家（地区）也开始在中国农历的羊年发行羊生肖邮票。这些邮票有的是以中国传统的羊剪纸为图案；有的是以中国画家的羊绘画为图案；有的是以当地特有的羊品种为图案；也有的是以具有地域特色的羊卡通图形为图案；还有一些是与羊相关的其他类型的图案。

图 12-37　库克群岛 2015 年发行的羊年邮票小型张

图 12-38　萨摩亚 2015 年发行的羊年邮票小型张

图 12-39　列支敦士登发行的羊年邮票小型张

图 12-40　阿塞拜疆 2015 年发行的羊年邮票小型张

图 12-41　爱沙尼亚 2015 年发行的羊
年邮票

图 12-42　安提瓜与巴布达 2015 年发
行的羊年邮票小型张

图 12-43　澳大利亚 2015 年发行的羊年邮票小型张

图 12-44　朝鲜 2015 年发行的羊年邮票

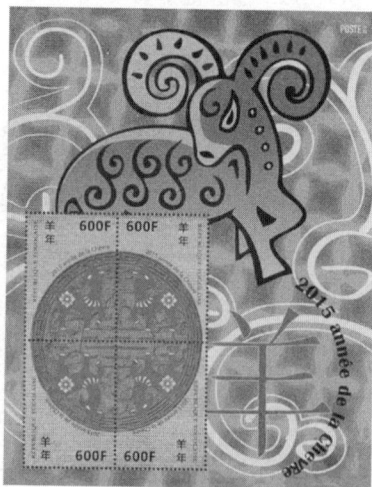

图 12-45　多哥 2015 年发行的羊年邮票小型张

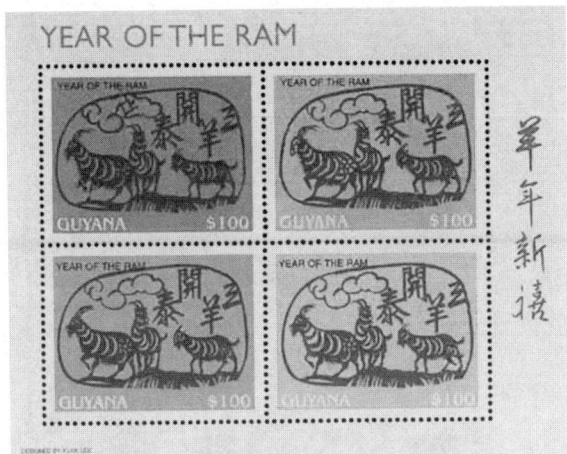

图 12-46 圭亚那发行的"三羊开泰"邮票四联张

图 12-47 圭亚那 2015 年发行的羊年邮票小型张

图 12-48 加拿大发行的"骏马吉羊"邮票小型张

图 12-49 加拿大发行的"三阳开泰"邮票四联张

图 12-50 美国 2003 年发行的羊年邮票四联张

图 12-51 密克罗尼西亚 2015 年发行的羊年邮票小型张

图 12-52 新西兰 2015 年发行的羊年邮票

图 12-53 刚果 2014 年发行的中国羊绘画邮票小型张

图 12-54 加纳发行的齐白石羊绘画邮票小型张

图 12-55　贝宁 2014 年发行的羊邮票二联张

图 12-56　贝宁发行的三角形羊年邮票小型张

图 12-57　朝鲜 2015 年发行的羊邮票

图 12-58 法国 2015 年发行的羊年邮票（含邮戳）

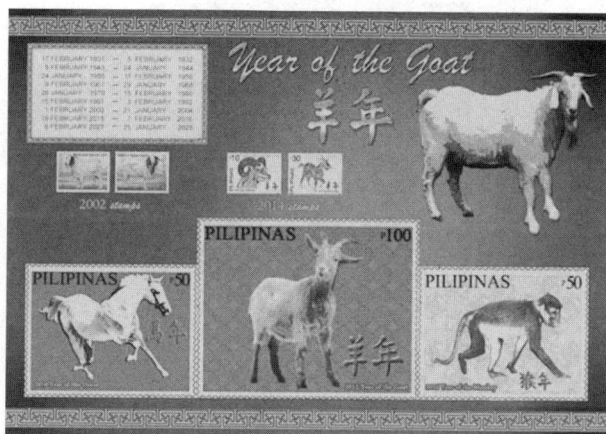

图 12-59 菲律宾 2014 年发行的羊年邮票小型张

图 12-60　格林纳达 2015 年发行的羊年邮票小型张

图 12-61　荷兰发行的羊年邮票

图 12-62　马达加斯加 2015 年发行的羊年邮票小型张

图 12-63　马来西亚 2003 年发行的羊年邮票二联张

图 12-64　马来西亚 2015 年发行的羊
年邮票小型张

图 12-65　马里发行的羊年圆形邮票小型张

图 12-66　马里发行的羊年邮票小型张

图 12-67　斯洛文尼亚 2015 年发行的羊年邮票

图 12-68　印度尼西亚 2015 年发行的羊年
　　　　邮票小型张

图 12-69　中非发行的羊年邮票

图 12-70　澳大利亚 2003 年发行的羊年邮票小型张

图 12-71　贝宁 2015 年发行的羊年邮票小型张

图 12-72　贝宁 2015 年发行的羊年邮票六联小型张

图 12-73　菲律宾 2015 年发行的羊年小型张

图 12-74　哈萨克斯坦 2003 年发行的羊年邮票

图 12-75　韩国发行的羊年邮票小型张

图 12-76　韩国 2015 年发行的羊年邮票小型张

图 12-77　吉布提 2014 年发行的羊年邮票二联张

图 12-78　吉尔吉斯斯坦 2015 年发行的羊年邮票六联张

图 12-79　利比里亚 2015 年发行的羊年邮票

图 12-80　联合国 2015 年发行的羊年邮票小型张

图 12-81　马达加斯加 2014 年发行的菱形羊邮票小型张

图 12-82　马达加斯加 2014 年发行的羊年邮票小型张

图 12-83　马里发行的羊年邮票纪念张［盖邮戳无邮资］

图 12-84　马绍尔 2015 年发行的羊年邮票小型张

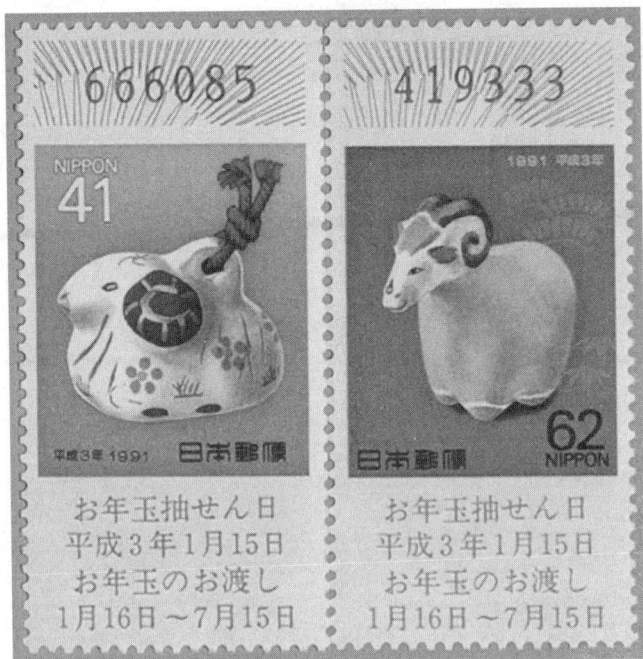

图 12-85　日本 1991 年发行的羊年邮票二联张

图 12-86　日本 1991 年发行的羊年邮票
　　　　　小型张

图 12-87　日本 2003 年发行的羊年邮票
　　　　　小型张

图 12-88　日本 2015 年发行的羊年邮票
二联张

图 12-89　塞拉利昂 2015 年发行
的羊年邮票

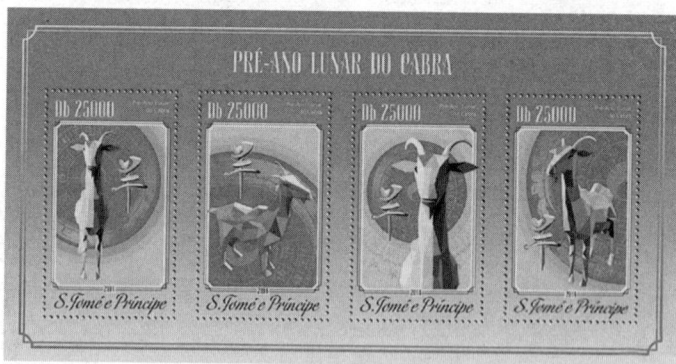

图 12-90　圣多美和普林西比发行的羊年邮票四联张

图 12-91　泰国 2015 年发行的羊年邮票

图 12-92　汤加 2015 年发行的羊年邮票

图 12-93 新加坡 2015 年发行的羊年邮票三联张

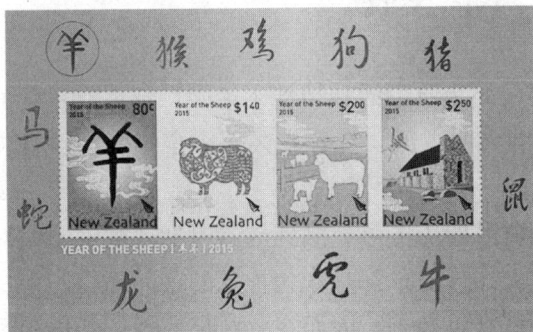

图 12-94 新加坡 2015 年发行的羊年邮票小型张

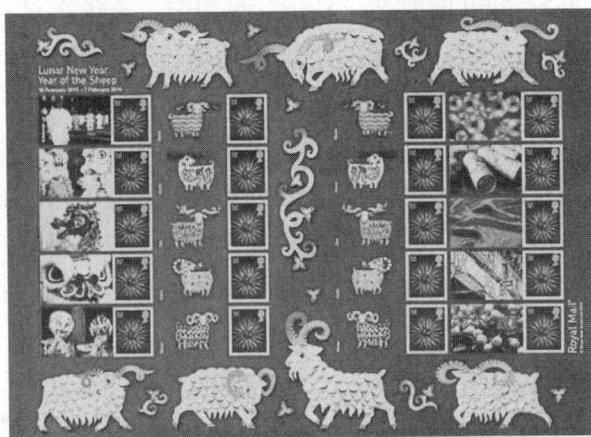

图 12-95 英国发行的羊年邮票小型张

第十三章

羊 美 食 文 化

一、关于羊肉美食

羊，在中国人的物质生活和精神生活中，都占有重要的地位。我国是有 5 000 年历史的文明古国，有着悠久而丰富多彩的饮食文化，羊肉美食更是不能例外。

羊作为人类食品的历史可追溯到周秦时期。虽说当时对羊的崇拜占有极大的势力，绝大部分的羊都是作为神圣的祭品而得到保护，但大概羊美味的诱惑力实在是难以抵御，因而在《礼记》里，既规定了羊作为祭品应受到特殊的庇护，并明文规定作为有身份的人没有特殊原因不得杀羊（奉命操持祭典除外），却又同时在《礼记》里规定了天子在早春的时候可以食羊。其解释是说，早春天气尚寒，羊肉性热，"食之以安性也"，并且还罗列出了大量的烹调羊肉方法和配料等。

在战国时期，羊羹已经成为公认的美食。在《战国策》中，就有中山君"以一杯羊羹亡国"的记载，今天这已经成为众所周知的典故。后魏贾思勰在《齐民要术》中，也用了不少篇幅来专门记载羊菜谱。经过从周秦至今 2 000 多年的发展，以羊为主的菜系已经发展的数目庞大，不可胜数。

在我国传统医学里，羊还是治疗多种疾病和滋补强身的良方。羊肉作为汤剂，可补产后大虚或体亏乏力。相传隋炀帝时的麻叔谋因病坐卧不宁，后用嫩肥羊蒸以药剂，即刻便康复。羊脂内服止腹泻和痢疾，外敷可治疗皮肤病并有润肤美容的效果。羊血可以解毒；羊肝和羊胆都有明目的功用；羊胃和羊肾可以补体虚、壮筋骨等。

二、历史悠久的羊美食习俗

（一）烤羊肉的习俗

烤羊肉有着悠久的历史，并且还有广义和狭义之分。从广义来讲，烤羊肉包括烤全羊、烤肉块和烤肉末等几种以烧烤为主要方式的菜肴；而从狭义来讲，烤羊肉可以专指烤羊肉串。

烤全羊是维吾尔族人和蒙古族人招待尊贵客人的一道名菜。所选原料以一至二岁的绵羊最为适宜。烹制方法一般是先将羊宰杀并收拾干净以后，用细盐在羊的内外擦抹一遍，再抹上鸡蛋、面粉、孜然、胡椒等调制成的粘浆，之后用木棍将整只羊从头至尾穿起来，放进热馕坑中，将通风口、炉口封严，根据炉温高低，经过一个半或两个小时烤制，全羊呈金黄色，取出便可食用。

烤肉块就是人们平常所说的烤羊肉串，这在当今全国各地都随处可见。其通常是将羊肉切成如枣子大小的块状，穿在铁钎上，肉以肥瘦相间为好，一边在炭火上烧烤，一边撒上细盐、孜然、辣面儿等。那酱红色的辣面儿、金黄色的肉块和绿色的孜然，能给人以色香味等交融的诱惑力。烤羊肉串肥香热辣的滋味，实在是别具风味，具有极大的诱惑力，因此已经成为全国各地广受欢迎的一种大众小吃。

图 13-1　烤羊肉壁画［魏晋南北朝］

烤肉末是专门给老人和儿童食用的一种烤肉,其制法是将羊肉末和调料拌匀,再加入一定量的玉米面调和,然后捏成条状,用铁钎穿上,然后再烤食。

(二)烤羊腿和炸羊尾

在我国的蒙古族,有烤羊腿和炸羊尾的饮食习俗。

烤羊腿这道菜肴,是从烤全羊发展而来的。据说,公元 12 世纪时,狩猎和游牧是蒙古族经济活动的两种主要方式。在休息的时候,人们常常会围坐在篝火旁,烘烤整羊来进食,但后来人们发现,羊经过烘烤之后,羊的后腿最美味可口,所以逐渐以烤羊腿取代了烤全羊,并单独成为一道羊肉名菜。

烤羊腿的做法是:取肥壮的羯羊后腿一只,剁去小腿骨,从表面深划十字花刀,刀口要深到腿骨;然后放入烤盘内,加入芹菜段、胡萝卜丝、葱丝、姜片、番茄块,再加入胡椒、料酒、酱油、精盐、清汤等调味品,放入烤箱约烘烤 4 小时左右;待汤少、肉干并呈酱红色时即可出炉。然后将整个羊腿盛放在食盘内上桌,再用刀切成薄片进食。

炸羊尾所选用的原料是取自内蒙古特产的肥尾羊羊尾一块,切成薄片,再用白糖、京糕、果脯碎丁、麻仁碎丁加面粉拌成硬甜馅,分别捏成十个扁圆形的丸子,在丸子外面包上羊尾片。再用十个鸡蛋的蛋清,打成蛋糊状,加入干淀粉搅拌均匀。然后用植物油倒入锅里烧至七成热,用竹筷夹上裹好羊尾片的丸子,蘸上蛋糊逐个下锅用慢火煎炸,至呈金黄色时捞出装盘,再撒上白糖,并以绿丝红丝点缀其间,这道菜真可谓是色香味俱全。

图 13-2　甘肃嘉峪关画像砖上的烤羊肉串画像

（三）涮羊肉的习俗

在寒冷的季节里，人们围着火锅吃涮羊肉，在我国尤其是在北方地区，是最为普遍和最受欢迎的餐食了。

据考证，铜火锅在我国已经有1 400年的历史。而最早的关于涮肉的记载，见于南宋林洪《山家清供》一书。作者谈及自己曾游武夷山六曲，访止止师，遇雪天，得一野兔，没有厨师会烹饪。止止师说，山里人只是切薄兔肉片，用酒酱椒料浸渍以后，把风炉安在桌上，把小半锅水倒入锅中，待水煮沸后，每人用筷一双，自己夹了生兔肉薄片，放在这沸水里摆熟啖之。这就是记载中最早的涮肉方法。

这种涮肉方法，不仅方便易行，而且还有团圆热闹的饮食趣味，以后逐渐流传开来。后来，在人们食用羊肉时，也采用这一方法，而且伴随着食用羊肉的日益普遍，逐渐形成了涮羊肉的饮食习俗。

在另一些民间传说里，也有忽必烈是涮羊肉的首创者的记载。相传，元世祖忽必烈有次南下作战，接连打了几次败仗，人困马乏，栖身于一处荒山之中。大将军哈密史带兵卒到山里捉拿野物充饥，结果三天三夜，竟一无所获。于是，他急忙派人日夜兼程，返回草原，带来四头肥羊。忽必烈见了，大喜，急令厨师快快烧来。谁知等了许久还不见动静，他就亲赴厨房去看个究竟，见厨师正在用刀切羊肉。

早已饿极了的忽必烈看到新鲜的羊肉，迫不及待地将它往烧煮的沸水里一扔，然后用勺子捞起来就往嘴里送，竟越吃越有味，真觉得是从来没有吃过的佳肴。后来，忽必烈作战获胜，统一了全国，做了元朝的开国皇帝。有一天，他忽然想起南下作战的这一经历，要再尝那鲜美异常的佳肴。厨师遵命照办。忽必烈吃后，觉得仍是美味异常，就询问厨师这道菜可否有什么名称。那厨师想起当年忽必烈吃羊肉的情景，就顺口回答说，这菜就叫"涮羊肉"。从此，"涮羊肉"这道菜就一直流传至今。

涮羊肉在北京地区最为出名，并且已经成为北京菜系中的一道名菜。在清代咸丰年间，北京的"正阳楼"就是以涮羊肉著名的。在20世纪初，北京地区又创立了"东来顺"饭庄，并在涮羊肉的选料、配料上作了改进，使其更适合多数人的口味。从此，"东来顺"压倒了"正阳楼"，成为北京最著名的涮羊肉饭馆，其规模也不断扩大。

（四）吃"琵琶骨"的习俗

琵琶骨是蒙古族待客的一道最珍贵的食品。蒙古族吃肉多不剔骨，而是连骨带肉一起烧制。在他们看来，羊琵琶骨部位的肉是整个羊身上最好吃的部分，所以总是用琵琶骨肉来招待最为尊贵的客人，以此表示对客人的尊重，以及与客人亲密友爱。

关于琵琶骨肉，还有这样一段传说：从前，有两个骑马技艺差不多的骑手，一同去参加比赛。他们两人，一个年纪较大，一个年纪较轻些。一路上，他们共同分享琵琶骨肉和其他好吃的东西。晚上，他们夜宿在一所无人的古庙里。年轻人左思右想，担心那位年长的骑手会在比赛中获胜，若自己果真输给他，定会感到羞愧难当、无地自容。于是，他悄悄地爬起身来，将年纪较大那个人的马拉到一个水井旁边，将马推入水井淹死。他想，这样他自己就可以无人匹敌了。

图 13-3　辽代壁画《烹羊肉》

待到第二天天刚亮，他假装吃惊地告诉他的同伴，马儿失踪了。但是，他的同伴最终还是在那口井里，找到了早已淹死的马。年轻人本想编一套假话来欺骗同伴，但他走近仔细一看，那匹被淹死的马，原来不是同伴的，而正是自己的那一匹马。原来是昨晚他在慌乱中拉错了马。年长的同伴终于明白了一切，他对年轻人说："我活了这么大岁数，可从来没有独自吃过琵琶骨上的肉啊。"这意思就是说，想独吞好东西的人，结果往往都是得不偿失，自食其果。

从此以后，蒙古族人在吃羊琵琶骨上的肉时，从来都是与人共同分享，而不是独自个儿享用。这个习俗也就因此流传了下来。

（五）吃"整羊席"的习俗

整羊席也称"全羊席"，是蒙古族在招待贵宾或者在喜庆大宴时才摆设的，它流行于我国内蒙古、新疆等地。整羊席的摆设，在蒙古族里有尊敬和隆重的含义，它源于古代的烤整羊和元代的柳蒸羊。

烤整羊，蒙古语称为"秀斯"或"首斯"，选料用蒙古肥尾大羯羊，在清代以后都用专门的烤炉精制。以"秀斯"为主菜的宴席，就称为"整羊席"。旧时在"秀斯"端上宴席时，先要敬献秀斯词，秀斯词的内容是从古代的传统习惯一直说到当今的宴席。致完秀斯词以后，再由侍者或者族内的晚辈手持一把银制的蒙古长刀，先割下羊头肉奉献给在座的尊长者，请其代表众人敬献给天神和地神。随后，把羊头撤去，将羊脊背的肉按一定顺序切成方块形状，并将边角部的碎肉分给在场的小孩，再请客人用刀割肉进餐。这其中，也反映出了蒙古族尊老爱幼的传统。

如今，这个风俗也发生了一些变化，比如用"祝酒歌"代替了过去的颂词（敬献秀斯词）等，今天的整羊席欢快的气氛也更加强烈。

（六）吃"羊五叉"的习俗

五叉，在古代又称为"乌查"。据《蒙古秘史》中记载："成吉思汗定天下，大赏功臣，设全羊席名为乌查之宴。"在《达斡尔蒙古考》中也说："餐品之尊，未有过于乌查者。"所以，"五叉"和"乌查"都是蒙古语的音译，其俗称为"羊背子"，为蒙古族的民间传统的菜肴。

其制作方法是：用肥壮的绵羯羊一只，宰杀处理干净并去掉头、皮、腿和内脏，从腰窝往前第四肘骨处切断椎骨。然后将整个羊背分为两截，再把后部肘骨分开展平，留羊尾，这部分羊背（连同羊尾）就称为"羊五叉"。同时，将前部各骨关节连肉分开，不得用刀砍骨，压在后部五叉下面，用水煮至七八分熟后，取出按照原样放在大铜盘子里。上桌前，先要摆奶茶及奶制品，再摆上四冷菜和酒，最后才上"羊五叉"，同时会撤去奶食和凉菜。

"羊五叉"为节庆、婚礼或者款待贵客的大宴里的"主菜"，至今仍深受蒙古族人民的喜爱。

（七）手抓羊肉和羊蝎子

我国很多民族都有"手抓羊肉"这一道菜肴。手抓羊肉最早是牧区人们款待宾客的佳肴。因吃时一手持刀切割，一手抓肉入口而得名。初次吃手抓羊肉，会有近乎原始之感，经多次品味以后，则会越吃越馋，这一经历会使人经久难忘。"手抓羊肉"的烹调方法十分简单，就是先将新鲜羊肉用水煮热，再加盐或蘸盐即可食用。

经过水煮烹制的羊肉肉味鲜美。草原上的手抓羊肉，在色、香、味、形上都代表了草原牧人的粗犷、豪放、热情、虔诚以及好客的性格。无论是回族、汉族、蒙古族等民族，都有以"手抓羊肉"作为敬客上品的习俗。

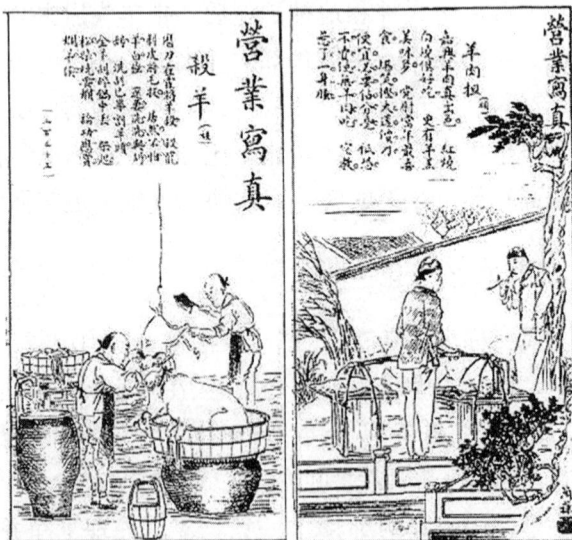

图 13-4　清代插图《杀羊》和《羊肉担》

"羊蝎子"就是羊大梁，因其形跟蝎子相似，故俗称"羊蝎子"。羊蝎子常可用来做清汤火锅，其味道十分鲜美。羊蝎子低脂肪、低胆固醇、富含钙质、易于吸收，有滋阴补肾、美颜壮阳的食疗功效。

其由来要追溯到清康熙年间。当时的蒙古王爷奈曼王，有一次打猎回来路过后院，闻见香气扑鼻，一打听才知道是新来的厨子正给下人们炖羊脊骨吃呢。王爷一尝，味道醇美，随即将其选入府上的食谱。后来，这一吃法流传到了民间。它用的主要原料是羊身上营养最丰富、口感最鲜美的羊龙骨——带里脊肉和脊髓的、从颈项到尾椎骨完整的羊脊椎骨。那一节一节的羊龙骨从横切面上看去，成"丫"字状，而那"丫"字形状的下面，还有一个小的分叉，这就像蝎子张开的形状，故取名为"羊蝎子"。

（八）吃羊肉泡馍的习俗

羊肉泡馍流行于陕西西安及关中地区，是回族和汉族的传统羊肉食品。

羊肉泡馍是从古代用作宫廷"礼馔"的"羊羹"演变而来的。羊羹早在战国时期便是众所周知的美食，只有士大夫才能享用。《战国策》里记载了中山君"以一杯羊羹亡国"的典故。不过，在陕西的民间传说中，羊肉泡馍还与宋太祖赵匡胤有关。

赵匡胤在做皇帝之前，曾穷困潦倒，流落长安。因饥饿难忍，就向路边一家卖牛肉的小吃店里讨碗牛肉汤泡干馍吃，觉得鲜美异常。后来，赵匡胤"黄袍加身"，当上了宋朝的开国之君。他再次来到长安，想起这段往事，就请店主再给他一碗泡馍吃，结果牛肉泡馍闻名远近，很快就流行开来。但在农耕社会牛主要用于农耕，牛肉来源少。后来，人们把牛肉改用羊肉来代替，其味道更为鲜美，这就是今天被人们称为"羊肉泡馍"的陕西名吃。

按照习惯，泡馍须自己动手来掰，如能掰得细碎之极方能称作行家。根据食客的爱好，羊肉泡馍还可以煮成"水围城"（多汤）、"一口汤"（少汤）、"干泡"（无汤）、"单走"（就着汤吃馍，馍不泡入汤中）等饮食花样。在吃的时候，是要从一边吃，不能用筷子搅拌；同时，还要配以蒜、辣酱等调料。

（九）"掏羊锅"的习俗

在江南的余杭古镇仓前，有一种流传上百年的民间美食——掏羊锅。

所谓"掏羊锅"，底下是个普通铁锅，直径大约50厘米，有趣的做法是，在铁锅上罩了个没底的木桶，高80厘米。一般羊肉、羊肚、羊脚、羊肠、羊杂碎、羊汤，要装满到木桶顶上，师傅们则拿着长柄大勺掏锅盛碗上桌。

"掏羊锅"的来历，据说与乾隆有关。乾隆下江南，游至仓前龙泉寺，饥饿难耐。遇上仓前街上卖羊肉的羊老三。羊老三好客，见这几位客人气宇轩昂，就热情地请他们到家里吃饭，没想到家里老婆没准备什么好菜。情急之下，羊老三只好"掏羊锅"。

原来，仓前卖羊肉的，长年用一只锅子烧制羊肉，半爿半爿的羊肉放在锅里烧，这锅老汤不用起底，一直用。时间一长，总有羊杂碎遗落在锅里。若把那些羊肚、羊脚、羊肠、羊杂碎掏起来吃，味道相当鲜美。羊老三情急之下，就用上了这一招。

果然，乾隆吃得心满意足，银两付得足足的。羊老三只知道是碰上了慷慨富商，不料一个月后，知县敲锣打鼓，送来了乾隆回京后御书的"羊老三羊锅"牌匾，再赏三百两白银。自此，大家都争相来品尝这御用的"掏羊锅"，羊老三也就发了"羊财"，而仓前的"掏羊锅"，也就从此出了名。

（十）"藏书羊肉"的习俗

"藏书羊肉"历史悠久，并以其独特的烧煮技艺，成为传统的苏州地方风味小吃，进而风靡江南一带。

藏书镇地处苏州西郊丘陵地带，境内群山绵延，植被丰富，有得天独厚适宜养羊的自然环境。早在明清时代，藏书镇的农民就有从事杀羊、烧羊肉、卖羊肉的副业的习惯。他们一般都是以担卖或摆摊为主，直到清末才开始到苏州城里开店设羊肉坊（俗称"羊作"）。

藏书羊肉经历了数百年的传承与发展，形成了独具特色的羊肉饮食文化。通过选羊、宰羊、排酸、烹煮等环节的把握，减少了羊肉的膻味，又吸收了苏帮菜的风味特点。它追求原料新鲜、口感淡雅、回味无穷。藏书羊肉已经入选《中国名菜大典》。

至今，藏书羊肉还保持了传统的用木桶锅烧煮白汤羊肉的烹制方法，即用烧、煮、焖、炖、焐、炒、滑等多种方法，把羊身上的所有部件包括羊肉、羊皮、羊蹄、羊内脏、羊血等，分别烹制成红烧、白煮、冷菜、热炒等，还有羊肉做的点心、粽子、饺子等各具风味食品，这才是名副其实的"全羊宴"。

藏书镇人烧羊肉有个与众不同的特点，就是把羊肉放在木桶锅里烧煮，烧出来的味道特别鲜美。那么，这个祖祖辈辈留下来的习俗是怎么形成的呢？说起来这其中还有一段传说故事呢。

相传很久以前，在藏书镇里，有个叫姚木碗的人，他以车制木玩具为业。因经常车制木碗，随着时间的推移，人们就把他的真名忘记了，都叫他姚木碗。有一次，他家中车制玩具的木料用完了，便像往常一样拿了斧头上山去砍伐木头。

他攀到山上继续往前走，就看到大树底下有两个白胡子老人在下棋，棋盘放在一段粗大的木头上。姚木碗觉得好奇，这两位老人为什么不在家里下棋，而偏要攀到这么高的山上来下棋呢？他就静静地在旁边观看了半个时辰。突然有个老人发现了他，就对他说："你是什么人，看了这么长时间，赶快回家去吧。"说完，一阵清风吹过，姚木碗眨了眨眼睛。等到再睁开眼睛时，两位老人和棋盘都已经无影无踪了，只留下那段放棋盘的木头。姚木碗十分奇怪，等他想起上山来是为了砍树时，就赶快寻找那把斧头，不料那斧头柄已经烂掉了，只剩下了一块锈铁。树砍不成了，回去怎么办呢？他就把老者下棋的那段木头背了回去。

到家一看，房屋都塌了，不远处坟墓上写着他家人的名字。后来，他遇到几位老人，姚木碗就把自己的经历说了。老人告诉他：你在山上半个时辰，人间已经过了百年，你遇到仙人了。

姚木碗想到自己背回来的那段木头是仙人用过的，也就舍不得把它做成玩具了。他车了许多木碗送给左右的邻居们，大家都说木碗里放了菜，吃起来味道很鲜美。这时候有一位卖羊肉汤的后生，头脑很灵活，就请姚木碗把剩下的那节木头为他做成了一只木桶锅，专门用来烧羊肉。结果这只木桶锅烧出的羊肉果然是鲜美无比。

大家纷纷来买他家的羊肉汤，这让他着实赚了不少钱。于是，当地那些以卖羊肉汤为生的村民，也都学着他的样子，用木桶锅来烧制羊肉，烧出来的羊肉汤味道也很鲜美。藏书镇人用木桶烧制羊肉的传统，就这样一直沿袭到了今天。

三、现代羊美食名录

羊肉是我国民众食用的主要肉类之一，与其他红肉相比，羊肉肉质更加细嫩，其脂肪和胆固醇含量都要少许多。同时，羊肉中维生素 B_1、B_2、B_6 以及铁、锌、硒的含量都颇为丰富。另外，羊肉的肉质细嫩，更容易消化吸收，多吃羊肉还有助于提高身体的免疫力。

从传统中医来看，羊肉性温热，具有暖中补虚、补中益气、开胃健身、益肾气、养胆明目等功效，对于虚劳羸瘦、腰膝酸软、脾胃虚弱、食少反胃、头眩明目、肾阳不足、气血亏虚、产后虚冷、缺乳等病症都有良效。

羊以百草为食，并能根据自身的生理需要选择所食的牧草，固而才有"百药之库"之称。总之，羊肉是人们四季皆宜的营养食品。

春季人们可以吃涮羊肉火锅，如果怕上火，还可以在配制火锅底料时加入几味去火中草药，或者外加菊花或雪梨茶，这样吃羊肉有助于身体健康，而且还能起到利肺的功效，益处多多。

在夏季，人们吃性温热的羊肉时，一般会伴以葱、姜、蒜、花椒等热性佐料，这样能刺激人体大量排汗，以释放出体内的毒素。这是一种非常好的食疗方法，因此全国各地才会出现"伏羊节"的习俗。

在入秋时节，羊肉用于温补对身体大有裨益。传统中医认为，羊肉是助元阳、补精血、疗肺虚、益劳损之妙品，是一种良好的滋补强壮食物。再由于羊肉含有铁、钙、多种维生素等，所以，吃羊肉对于肺病、气管炎、哮喘、贫血、产后气血两虚以及一切虚寒证都最为有益。

在冬季时节，由于人体的阳气潜藏于体内，所以身体容易出现手足冰冷、气血循环不良的现象。按照传统中医的说法，羊肉味甘而不腻，性温而不燥，具有补肾、暖中祛寒、温补气血、开胃健脾的功效。所以，冬天常吃羊肉，既能抵御风寒，又可滋补身体，能实现一举两得。

中国科学技术出版社 2003 年出版的李慧文编写的《羊肉制品 678 例》，是我国迄今为止关于羊美食编纂最全、收集菜品最多的一部作品，这部作品也可以被称为"现代羊美食名录"。在《羊肉制品 678 例》中，还详尽介绍了每一种菜品的具体制作方法。

（一）羊肉蒸制品类

表 13-1　羊肉蒸制品类

序号	菜品名称	序号	菜品名称
1	清蒸羊肉（汉族）	18	手抓羊肉
2	清蒸羊肉（回族）	19	青海抓肉
3	清蒸羊尾	20	扒扣羊肉
4	生蒸羊肉	21	酸辣扣羊肉
5	冬果蒸白肉	22	盐水羊肉
6	松子蒸羊肉	23	京葱羊肉
7	附子蒸羊肉	24	雪花羊肉
8	虫草蒸羊肉	25	百花羊肉
9	参芪蒸羊肉	26	豆豉羊肉
10	粉蒸羊肉	27	人参羊肉
11	荷叶粉蒸羊肉	28	锁阳羊肉
12	蒸羔羊肉丸（台湾）	29	大补羊头肉
13	蒸羊排	30	黄焖羊羔肉
14	扒羊肉	31	淮杞炖羊头
15	手扒羊肉	32	冶全羊
16	生扒羊肉	33	水晶羊羔
17	扒熟羊肉		

（二）羊肉煮涮制品类

表 13-2　羊肉煮涮制品类

序号	菜品名称	序号	菜品名称
	煮制品	34	简阳羊肉汤锅
1	白切羊肉（咸味）	35	羊肉鲤鱼火锅
2	白切羊肉（甜味）	36	全羊锅子（宁夏银川）
3	白切羊肉（辣味）	37	砂锅羊头（北京鸿宾楼）
4	麻酱白切羊肉	38	砂锅酸菜羊肉粉
5	杭州白切羊肉	39	五香羊糕
6	湖北宜都白切羊肉	40	羊糕（甜咸味）
7	真如白切羊肉	41	羊糕（酱色）
8	白水羊肉	42	羊糕（辽宁）
9	白水羊肉（北京）	43	冻红羊糕
10	盐水羊肉	44	羊糕冻
11	水盆羊肉（甘肃）	45	冻羊糕（羊腿肉）
12	生汆羊肉	46	冻羊糕（带皮羊腿肉）
13	羊皮煮肉（云南彝族）	47	冻羊糕（羊肉）
14	片羊肉	48	冻羊糕（带皮羊肉）
15	白片羊肉	49	冷冻羊糕
16	白腱肉		涮制品
17	白水羊头（北京）	1	涮羊肉（羊肉片）
18	白煮羊头肉（北京）	2	涮羊肉（公绵羊肉片）
19	北京马玉昆白羊头肉	3	涮羊肉（羯羊"大三叉""小三叉"）
20	清汤羊首	4	涮羊肉（羊上脑肉）
21	手扒羊肉（内蒙古）	5	涮羊肉（包头）
22	手扒羊肉（宁夏）	6	涮羊肉（长春）
23	手把羊肉	7	涮羊肉（天津）
24	椒羊肉（河南开封）	8	涮羊肉（济南）
25	葱拌羊肉	9	涮羊肉（北京）
26	凉拌羊肉丝	10	涮羊肉（北京东来顺）
27	银丝羊肉	11	涮羊肉（广州）
28	蚝油羊肉	12	简涮羊肉片
29	卷筒羊肉	13	速食羊肉片
30	整羊（云南蒙古族）	14	涮羊肉锅
31	商丘羊肉垛	15	当归羊肉火锅
32	风羊火锅	16	人参羊肉火锅
33	羊肉暖锅（上海）		

（三）羊肉烧焖煨炖制品类

表 13-3　羊肉烧焖煨炖制品类

序号	菜品名称	序号	菜品名称
	烧制品		煨制品
1	红烧羊肉（含茴香、桂皮）	1	煨羊腿肉
2	红烧羊肉（含香油、葱姜）	2	萝卜煨羊肉
3	红烧羊肉（含红糖、山楂）	3	酸辣羊肉
4	红烧羊肉（羊肋条）	4	麻酱羊肉（煨制）
5	烧羊排	5	东坡羊肉
6	杏仁烧羊排	6	鱼藏羊方（江苏徐州）
7	木耳烧羊排	7	芋艿煨羊肘
8	归地红烧羊排		炖制品
9	麻酱羊肉	1	炖羊肉
10	丁香羊肉	2	清炖羊肉（含茴香、花椒）
11	扒羊条肉	3	清炖羊肉（含香菜、胡椒）
12	排羊条肉	4	清炖羊肉（羊肋条）
13	番茄羊条肉	5	白炖羊肉
	焖制品	6	萝卜炖羊肉
1	焖羊肉	7	红辣椒炖羊肉
2	焖羊肉（含茴香、花椒）	8	冬果炖羊肉
3	焖羊腿肉	9	当归炖羊肉（安徽）
4	红焖羊肉（含绍酒、甜面酱）	10	归地炖羊肉
5	红焖羊肉（鸡蛋面粉裹肉）	11	枸杞炖羊肉
6	黄焖羊肉	12	蓖麻炖羊肉
7	黄焖羊肉（含辣豆酱、干辣椒）	13	北芪党参炖羊肉
8	洋葱焖羊肉	14	补骨脂炖羊肉
9	豆瓣焖羊肉	15	补骨脂固肾羊腿肉
10	青豆焖羊肉	16	砂锅炖羊肉
11	土豆番茄焖羊肉	17	砂锅炖羊肉土豆（天津）
12	板栗焖羊肉	18	羊肉炖豆腐砂锅
13	栗子黄焖羊肉	19	羊肉豆腐砂锅（白熟羊肉入锅）
14	爆焖羊羔肉（青海）	20	砂锅炖吊子（内蒙古）
15	罐焖茄子羊肉	21	羊腩煲
16	咖喱羊肉	22	京葱羊肉煲
17	茄汁咖喱羊肉	23	喜气洋洋（羊肉、鲫鱼、胡萝卜）
18	果仁咖喱羊肉	24	辣味坛子羊肉
19	柱侯羊肉（含柱侯酱）	25	红烩羊肉
20	拉古羊肉	26	烩羊肉片
21	羊肉蔬菜	27	羊头胗（白羊头炖熟切丝烩菜）
22	三羊开泰（焖羊肉）		

（四）羊肉酱卤糟腊制品类

表13-4　羊肉酱卤糟腊制品类

序号	菜品名称	序号	菜品名称
	酱制品		卤制品
1	酱羊肉（含花椒、茴香）	1	卤汁黄羊肉
2	酱羊肉（含白萝卜、红枣）	2	西卤羊肉（山西）
3	酱羊肉（含红麹粉）	3	香酥羊肉
4	酱羊肉（五香味）		糟制品
5	北京酱羊肉	1	红糟羊肉
6	北京月盛斋酱羊肉	2	红糟羊腹肉
7	北京聚宝源酱羊肉	3	南糟蒸羊肉条
8	张一品酱羊肉（浙江德清）	4	酒骨糟
9	酱黄羊肉		腊制品
10	家制酱羊肉	1	腊羊肉
11	湖式剪羊肉（带皮湖羊）	2	开封腊羊肉
12	咖喱羊肉	3	五香腊羊肉
13	五香腱子肉	4	老童家腊羊肉
14	羊花（羊肉腌渍后捆紧酱熟）	5	长沙风羊腿
		6	羊肉火腿（河南开封）

（五）羊肉煎炸制品类

表 13-5 羊肉煎炸制品类

序号	菜品名称	序号	菜品名称
	煎制品	16	焦烧羊肉
1	煎羊肉片	17	京烧羊肉
2	清煎羊肉片	18	扣烧羊肉
3	软煎羊肉片	19	锅烧羊肉（五花羊肉）
4	锅塌羊肉（生羊肉）	20	锅烧羊肉（酱羊肉）
5	锅塌羊肉（煮熟羊肉）	21	锅烧羊肉（白煮羊肉）
6	清煎羊排	22	软炸羊里脊
7	煎羊排带配菜	23	炸羊肉片
8	煎奶油羊排	24	干炸羊肉丁
	炸制品	25	炸羊肉串
1	干炸羊肉	26	炸羊肉串（裹面糊）
2	干炸羊肉（吉林）	27	酥炸羊脯
3	焦炸羊肉	28	炸羊肉块
4	香酥羊肉	29	炸羊肋
5	雪花羊肉（煮熟羊肉）	30	炸羊排（羊排）
6	广东羊肉	31	炸羊排（羊排肉）
7	烧羊肉	32	炸脂盖
8	烧羊肉（煮熟羊肉）	33	炸两样（肋条肉、羊腿肉）
9	烧羊肉（北京）	34	烧羊腿
10	烧羊肉（山西）	35	香酥羊腿（北京）
11	白魁烧羊肉	36	炸羊尾
12	北京月盛斋烧羊肉	37	炸羊尾（内蒙古）
13	济南一品香烧羊肉	38	拔丝羊尾
14	赤峰烧羊肉	39	金钱羊尾（贵州）
15	带沧烧羊肉（乌鲁木齐）	40	大炸羊

（六）羊肉炒制品类

表 13-6　羊肉炒制品类

序号	菜品名称	序号	菜品名称
1	醋熘羊肉（羊里脊肉）	32	清炒羊肉片
2	醋熘羊肉（羊腿肉）	33	葱头炒羊肉片
3	滑溜羊肉	34	醋熘羊肉片
4	桃仁炒羊肉	35	醋熘羊肉片加木樨
5	野葱炒羊肉	36	焦熘羊肉片
6	炒餶饹羊肉	37	爆羊里脊片
7	小烧羊肉	38	羊肉片炒豆腐
8	熘胸口（煮熟羊胸肉）	39	羊肉片炒虎皮豆腐
9	桂花羊肉	40	羊肉片扒鲜笋
10	菊花羊肉	41	葱爆羊肉片
11	银丝羊肉	42	葱爆羊肉丁
12	羊肉过油肉（山西）	43	葱爆羊肉丝
13	干爆羊肉	44	清炒羊肉丝
14	酱爆羊肉	45	韭菜炒羊肉丝
15	葱爆羊肉	46	羊肉丝炒茭白丝
16	葱爆羊肉（加水淀粉）	47	羊肉丝炒玉兰片
17	葱爆羊肉（新疆）	48	羊肉丝炒大头菜
18	盐爆羊里脊	49	冬笋羊肉丝
19	滑熘羊里脊	50	子姜羊肉丝
20	焦熘羊里脊	51	榨菜羊肉丝
21	辣子羊里脊	52	银鱼羊肉丝
22	炮羊肉	53	蔓干羊肉丝（江苏）
23	新疆炮肉（维吾尔族）	54	五彩羊肉丝
24	家常炮肉	55	炒羊肉末
25	铛炮肉	56	番茄羊肉末
26	炮肉片	57	家常羊肉碎末
27	炮糊（肉片焦而不糊）	58	羊肉末炒榨菜末
28	炮"鸳鸯"（羊肉、羊腰子）	59	糖熘羊尾
29	炮两样（羊肉、养肝）	60	酱扒羊脸
30	炮三样（羊肉、养肝、羊腰子）	61	甜似蜜（里脊、甜面酱、白糖）
31	炒羊肉片	62	爆糊（平板铛葱爆羊腿肉片）

（七）羊肉烤制品类

表 13-7　羊肉烤制品类

序号	菜品名称	序号	菜品名称
1	烤羊肉	24	烤小羊脊
2	烤羊肉（白糖、姜汁）	25	烤羊排（北京）
3	烤羊肉（含辣椒粉）	26	烤填馅羊胸排
4	烤羊肉（青海西宁）	27	烤羊"马鞍"
5	烤羊腿	28	烤羊羔
6	烤羊腿（含油炒面粉）	29	烤羊羔（含胡萝卜、芹菜、葱头）
7	烤羊腿白豆	30	烤全羊
8	烤羊腿配土豆饼	31	烤酿馅整羊
9	甜酱烤羊腿（北京）	32	哈萨克式碳烤羊肉卷
10	烤黄羊腿	33	叉烧羊肉
11	烧烤羊肉（羊臀腿肉）	34	烤羊肉串（含孜然、辣椒）
12	冷烤羊肉	35	烤羊肉串（含洋葱、胡椒）
13	威末酒烤羊肉	36	烤羊肉串（含花椒、辣椒）
14	亮良烤羊肩肉	37	烤羊肉串（含洋葱、芥末）
15	鲜辣烤羊肉	38	烤羊肉串（五香味）
16	北京南宛北季烤肉	39	北京烤羊肉串
17	铁板烤羊肉	40	维吾尔族烤羊肉串
18	焗羊肉	41	鲜薄荷烤羊肉串
19	石烹羊肉	42	白酸烤羊肉串（含白酸葡萄酒）
20	烤香辣羊肉块	43	烤加味羊肉串（含蘑菇、牛油）
21	焖烤蔬菜羊肉块	44	串烧香味羊肉
22	柴烤羊肉片（内蒙古）	45	碳烤酸奶羊肉蔬菜串
23	仙居羊肉干片（浙江）		

（八）羊杂、羊蹄、脑舌制品类

表 13-8　羊杂、羊蹄、脑舌制品类

序号	菜品名称	序号	菜品名称
	羊杂类		羊蹄类
1	白汤羊杂（北京）	1	炖羊蹄
2	砂锅羊杂（北京）	2	白水羊蹄
3	烩羊杂碎（宁夏）	3	酱香羊蹄
4	烩全羊（羊脊髓、羊脑、羊眼）	4	燕春楼炖羊蹄（天津）
5	砂锅全羊（含各种羊杂）	5	红扒羊蹄
6	筏子肉（羊内脏）（青海）	6	红烧羊蹄
	羊脑类	7	红烧登云
1	炖羊脑	8	大葱烧羊蹄
2	枸杞炖羊脑	9	红煨羊蹄
3	枸杞炖羊脑（含胡椒）	10	羊头蹄
4	枸杞益智炖羊脑（含益智仁）	11	淮杞羊头蹄
5	双子炖羊脑（菟丝子、枸杞子）	12	酸辣羊蹄花
6	炸羊脑	13	烧羊蹄筋
7	香爆天花（含芝麻）	14	燕春楼烹蹄筋（天津）
8	独羊三样（羊脑、脊髓、羊眼）	15	人参羊筋（青海）
	羊舌类	16	广州腊羊蹄筋
1	红焖羊舌土豆泥	17	天津干羊蹄筋
2	鸡腰蘑菇白烩羊舌	18	炖二筋（羊蹄筋、面筋）

（九）羊内脏制品类

表 13-9　羊内脏制品类

序号	菜品名称	序号	菜品名称
	肝肺类		肚肠类
1	夜明砂蒸羊肝	1	爆肚
2	烧羊肝（青海）	2	爆肚（含芝麻酱）
3	苍术烧羊肝	3	清汤羊肚（青岛）
4	酱羊肝（山西）	4	水爆羊肚
5	酱醋羊肝	5	水爆羊肚（含韭菜花、腐乳）
6	卤羊肝	6	油爆肚仁
7	酸辣卤羊肝	7	烤羊肚（云南怒族）
8	锅塌羊肝	8	翡翠羊肚
9	炒羊肝	9	爆炒麦花羊肚
10	爆炒羊肝	10	盐爆散丹
11	熘羊肝尖	11	炒散丹
12	煎羊肝	12	白煮羊大肠
13	当归羊肝	13	烧烩羊肥肠
14	黄焖参术羊肝	14	羊霜肠
15	象眼羊肝		羊肾类
16	羊肝排叉儿	1	煮羊肾
17	碳烤羊肝串	2	鹿茸炖羊肾
18	烤羊肝烟肉	3	核桃羊肾
19	滑熘羊肝丝	4	杜仲爆羊腰
20	四物肝片汤（熟地、当归、川芎、白芍）	5	炮腰片
21	面肺子（新疆）	6	熘羊腰花
22	熘羊肺片	7	炸核桃腰
23	羊肺汤	8	补阳汤

（十）羊肉丸子、羊肉羹、羊肉汤类

表 13-10　羊肉丸子、羊肉羹、羊肉汤类

序号	菜品名称	序号	菜品名称
	羊肉丸子类	4	归芪羊肉羹
1	羊肉丸子	5	草果羊肉羹
2	烧白菜丸子	6	火锅羊肉羹
3	核桃末焖羊肉丸子	7	羊肉苁蓉羹
4	炸焦熘丸子	8	羊肾壮阳羹
5	烤羊肉丸（新疆）	9	羊头羹
6	烤羊肉丸子	10	白羊肾羹
7	糖酥羊肉丸子	11	羊蜜膏（羊脂、羊髓、蜂蜜）
8	糖醋羊肉丸子	12	羊肾固泪膏
9	南煎丸子		羊肉汤类
10	羊肉汆丸子	1	萧县羊肉汤（安徽）
11	土豆羊肉丸子	2	单县羊肉汤（山东）
12	果馅羊肉丸子	3	当归生姜羊肉汤
13	软熘羊肉丸子	4	温阳羊肉汤
14	熘羊肉丸子	5	附片羊肉汤
15	四喜羊肉丸子	6	羊肉山药汤
16	红枣羊肉丸	7	羊肉胡辣汤
17	羊肉丸子胡辣汤	8	清和元头脑（山西太原）
	羊肉羹类	9	羊肉大米汤
1	羊肉羹	10	冬瓜羊肉汤
2	山药羊肉羹	11	温肾白羊肾汤
3	当归羊肉羹	12	枸杞羊脊骨补肾汤

（十一）羊肉饼、羊肉馍、羊肉饭类

表 13-11　羊肉饼、羊肉馍、羊肉饭类

序号	菜品名称	序号	菜品名称
	羊肉饼类	5	羊血泡馍
1	羊肉饼	6	羊肉烩馍
2	羊肉焖饼		羊肉饭类
3	羊肉馅饼（北京）	1	羊肉抓饭
4	煎羊肉馅饼	2	羊肉抓饭（新疆）
5	羊杂碎烩饼	3	羊肉焖米饭
6	串烤羊肉饼	4	豌豆焖羊肉饭
7	炸烤羊肉饼	5	羊肉素菜拌饭
	羊肉馍类	6	羊肉豌豆拌米饭
1	羊肉泡馍	7	羊肉菜花饭
2	羊肉泡馍（西安）	8	佘羊肉菜饭（山西太谷）
3	三鲜羊肉泡馍	9	羊肉饭带葡萄干
4	羊肉小炒泡馍		

（十二）羊肉小吃、羊肉粥类

表 13-12　羊肉小吃、羊肉粥类

序号	菜品名称	序号	菜品名称
	羊肉小吃类	8	炸卷果
1	羊肉茴头	9	羊肉土豆排
2	回回豆羊肉糕	10	酥羊肉
3	烤羊肉饺	11	芝麻羊肉
4	玻璃羊肉饺（内蒙古）	12	红松羊肉
5	烤羊肉卷	13	干炸松肉
6	碳烤羊肉卷	14	红扒肉松
7	如意肉卷	15	绣球羊肉

（续）

序号	菜品名称	序号	菜品名称
16	炸"鹅脖"（油皮羊肉卷）	16	羊肉粳米粥（上海）
17	肉豆腐盒（皮箱豆腐）	17	羊肉豆腐粥
18	荷包羊里脊	18	羊肉核桃粥
19	遵义羊肉粉（贵州）	19	羊肉蚕蛹粥
20	小干酪（羊腿肉、蟹黄、虾仁、面粉）	20	民族粥（新疆）
	羊肉粥类	21	精益羊肉羊肾粥
1	羊肉粥（含葱、姜）	22	官桂羊肉粥
2	羊肉粥（含生地黄、肉桂）	23	羊肉大补粥
3	羊肉粥（含胡萝卜、陈皮）	24	温肾羊肉羊脊骨粥
4	羊肉粥（上海）	25	羊骨粥
5	津门羊肉粥（天津）	26	羊骨红枣粥
6	山东羊肉粥	27	羊骨糯米粥
7	当归生姜羊肉粥	28	羊头蹄粥
8	苁蓉羊肉粥	29	羊肝粥
9	肉苁蓉羊肉米粥	30	羊肝胡萝卜粥
10	山药羊肉粥	31	羊肚粥
11	羊肉桂圆粥	32	羊肾粥
12	羊肉荔枝粥	33	枸杞羊肾粥
13	羊肉黄豆粥	34	羊脊髓粥
14	羊肉羊奶粥	35	羊杂粥
15	羊肉鱼肉粥		

第十四章
羊文化的现代传承与发展

人们常说，中华民族有着辉煌灿烂的文化历史，而在这辉煌灿烂的历史文化中，羊文化是不可或缺的重要内容。羊原本是自然界中一种普通的反刍类哺乳动物，但由于它很早就被人类驯化成为家畜之一，因此它不仅与我们远古先民的生活息息相关，而且与中华民族传统文化的发展有着深远的历史渊源。

羊文化影响着中华各民族的饮食、审美、道德、礼仪等多个方面，而且已经成为中华传统农耕文化的重要组成部分。在我国努力实现乡村振兴的历史背景之下，挖掘我国传统农耕文化中的羊文化资源，对于我们实现乡村振兴的发展目标，促进乡村第一、二、三产业融合发展，都具有十分重要的现实意义。

一、羊文化博物馆的兴起

（一）天津市滨海新区中塘镇"羊文化博物馆"

在天津市滨海新区的中塘镇的腾源畜牧养殖有限公司内，建立了一座"羊文化博物馆"。据天津市农委介绍，这是全国第一家以羊文化为主要内容的博物馆，其建筑面积为 1 300 平方米，布展主题为"产羊、观羊、品羊、用羊"。

这家"羊文化博物馆"由天津市腾源畜牧养殖有限公司投资建设，来这里参观不仅可以详细了解世界各国著名绵羊、山羊品种的相关知识，还能了解羊肉、羊毛、羊绒、羊奶、羊皮、羊肠衣等羊产品知识，同时也能了解羊肉、羊奶等产品的生产过程。展览还注重宣传羊文化，使展览增加了趣味性。

（二）陕西"羊文化博物馆"

陕西"羊文化博物馆"位于西安市雁塔区杜陵，建馆的目的是抢救保护羊文化的历史遗存和弘扬中国传统的羊文化。为进一步收集整理羊传统文化资源，深入挖掘羊文化的丰富内涵，探寻羊文化与中华优秀传统文化的关系及其当代传承价值，西安市文物局主导建设"羊文化博物馆"。

博物馆采用休闲园林式设计，主体格局为上下两层，一层设有主展厅、陈列厅、办公室、库房等；二层设有序厅、主展厅、主题展厅和多功能展厅等。目前博物馆已有300多件羊文物，其中包括不同朝代的石刻羊100多件，不同时代的陶羊、陶羊尊、羊角纹瓦当、羊饰物等200多件。

二、全国各地羊美食文化节庆的兴起

（一）江苏盐城"乾宝湖羊文化美食节"

"乾宝湖羊文化美食节"每年都在江苏省盐城市亭湖区盐东镇乾宝湖羊产业园区举办，时间都是在冬季。人们一般认为，冬季食用羊肉会有"进补"的功效。"乾宝湖羊文化美食节"举办之时，总是以热闹的锣鼓表演开场，迎来八方宾客，人们在寒冬中共享湖羊美食，体验盐城那种独特的湖羊文化和湖羊美食之旅。

图 14-1　乾宝湖羊文化美食节

　　湖羊原产于江浙一带，作为本土绵羊品种中应用潜力和养殖范围最广的绵羊品种之一，湖羊以其多胎多羔、生长速度快、母性好、适宜规模化舍饲等优势，已经成为养羊企业规模化饲养的首选养殖品种之一。正是由于湖羊所具有的这些特点，也就把湖羊这一优秀的地方品种推向了全国羊业的大舞台。

　　"乾宝湖羊文化美食节"的活动既包含当地的民间艺术展示（比如龙鼓表演、淮剧表演、糖画制作等），当地养羊的传统民俗展览，以"羊"为主题的现场书法绘画展演，多种羊肉美食制作展演（比如烤全羊、羊肉汤、烤羊腿、烤羊肉串等）等，也包括湖羊产业发展研讨，湖羊饲养技术推广等活动。

　　通过举办湖羊文化美食节，在进一步弘扬中国传统羊文化的同时，也很好地促进了湖羊产业的一、二、三产业融合发展。"乾宝湖羊"倡导绿色养殖、生态养殖，在人们体验湖羊传统文化、品尝湖羊羔羊肉制成的美食时，也让"乾宝湖羊"的品牌美誉度和品牌认知度大大提高，这为湖羊产业的进一步发展拓展了新的市场机遇。

图 14-2　乾宝湖羊

（二）浙江嘉兴"湖羊肉美食文化节"

　　浙江嘉兴"湖羊肉美食文化节"是在暮秋时节的南北湖举办。暮秋的南北湖，伴随着各色美食席卷而来，"湖羊肉美食文化节"也就正式开启了。"吃千年澉浦羊肉、喝百年沈荡老酒"，一场热闹纷呈的美食文化盛宴正在铺开。

图 14-3　南北湖 "湖羊肉美食文化节" 广告牌

在 "湖羊肉美食文化节" 上，除了澉浦羊肉、沈荡老酒，游客们还可以品尝到商玉客栈手打面、白酱油拌饭、朱氏梅花糕等传统美食，另外还有独具特色的 "羊肉长街宴"。在文艺表演环节，可以看到富有人文底蕴的《迎头羊》舞蹈、幽默风趣的《澉浦羊肉三句半》、非物质文化遗产《蚌精灯舞》等传统民俗节目。

总之，"湖羊肉美食文化节" 在传播羊美食文化的同时，也将南北湖风景区的柑橘文化、山水资源、个性民宿等作为当地丰富多彩的 "秋冬旅行线" 一并进行了展示，并使游客在参与 "湖羊肉美食文化节" 活动的同时也领略了南北湖的 "秋实"，让古老的湖羊文化与舌尖上的美味和指尖上的诗意互相交融。

（三）安徽省潜山县 "羊肉美食文化节"

安徽省潜山县 "羊肉美食文化节" 由潜山旅游局策划，在安庆市潜山县梅城镇举办，由潘铺生态农业旅游有限公司承办，时间在元旦到春节之间。

活动除了羊文化宣传、喝羊肉汤比赛、羊肉美食品尝之外，还有当地特有的许多文化活动，比如演出传统黄梅戏《夫妻观灯》、传统木偶戏《描药方》、原生态民歌《皖水十八问》、传统伞舞《江南梦》、春秋大刀表演、舞狮子表演、舞龙表演等。

图 14-4　羊肉美食节期间的舞狮表演

（四）长春开元名都"内蒙古羊肉美食节"

"不吃羊肉等于没过冬天"，这是在我国东北地区流行的一句口头禅。每到冬季，东北许多地方的街角就会出现让人馋得流口水的烤羊肉串摊。羊肉作为冬季必备的暖胃上品，烹饪方法花样繁多，东北人讲究的就是"豪吃"。为此，长春开元名都以"内蒙古羊肉美食节"为契机，为宾客奉上最纯粹的羊肉美味，将初冬的清冷化在热腾腾的羊肉之中，将羊肉的鲜、羊肉的嫩、羊肉的暖统统呈献给宾客。

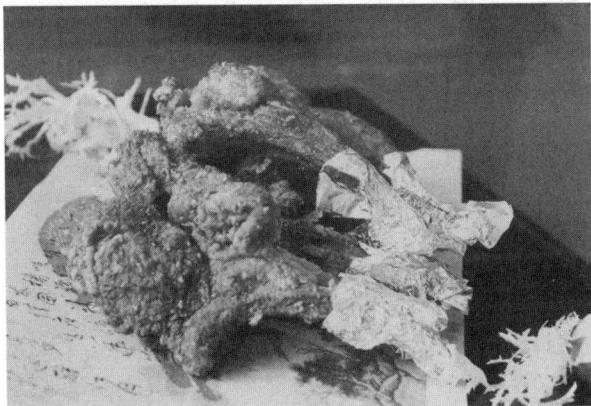

图 14-5　特色菜品——烤羊肉

在"内蒙古羊肉美食节"，长春开元名都为饕客呈献上游牧传统背景下古老的草原美味。他们选用内蒙古大草原的精致羊肉，辅以最纯粹的草原烹调手法，致力于发掘羊肉鲜嫩的肉质以及丰富的营养价值，将内蒙古的传统羊肉美食搬上餐桌。美食节开发的菜品餐食有原味草原羊、葱香烤羔羊肉、扒羊肋条、白酒烤羊排、文火板栗小羊肉、砂锅羊肉煲、羊肉胡萝卜蒸饺、羊肉香菜馅饼等。

图 14-6　特色餐食——羊肉胡萝卜蒸饺

（五）山西省怀仁县"羊肉美食节"

山西省怀仁县的"羊肉美食节"以展示和品尝精品特色羊肉美食为核心，可以使游客更加了解羊肉美食的制作过程与风味特色，当然也可以使食客们一饱口福。"羊肉美食节"期间，进行了羔羊肉品鉴大赛，以烹饪羊肉为中心评选出了怀仁县的"民间烹饪大师"，同时也展演了怀仁当地的各种民间歌舞和其他民间艺术。

图 14-7　怀仁县的"羊肉美食节"

怀仁县的"羊肉美食节"是一次精彩纷呈、令人流连忘返的盛会，"三阳开泰全羊宴""羊肉火锅宴"等吸引着各方宾客走进怀仁，感受到怀仁县的"宜居、宜业、宜商、宜学、宜游"，同时也体验了怀仁县的"养眼、养心、养生、养老"的幸福生活。

（六）重庆市秀山县"武陵山羊肉美食文化节"

重庆市秀山县"武陵山羊肉美食文化节"由秀山县旅游局、秀山县边城文化旅游开发管理委员会、秀山县西街文化旅游开发有限公司、重庆培君香熏食品有限公司等单位共同主办。为适应人们冬季食用羊肉进补的习俗，"武陵山羊肉美食文化节"在每年的冬日举办，举办地点为秀山西街民俗文化景区。

图 14-8　武陵山羊肉美食文化节

秀山西街已有几百年的历史，古香古色的吊脚楼群尽显土家族和苗族的独特风情，古屋瓦舍也展示出明清时代独特的建筑风格。"武陵山羊肉美食文化节"除了著名的烤全羊、煲羊杂汤等美食（活动对联"尝千人羊宴、饮万人羊汤"），还有唱"黄杨扁担"民歌、赏花灯歌舞、游天后宫、观八卦井、看风火墙等文化活动。

经过当地专业厨师精心烤制的烤全羊，可以展示出六十多种不同的口味，真的是"尝千人羊宴"。当孜然、辣椒、麻油……各种调料撒在鲜嫩的烤羊肉上时，六十多种美味顷刻间诞生，那真是唇齿留香、香飘十里，食之令人终生难忘。

"煨羊肥嫩数京中，酱用清汤色煮红。"没有比在冬日里喝上一碗煲羊杂汤更让人感到温暖的事了，秀山西街的这碗煲羊杂汤，必定是用天下第一的羊肉、由天下第一的厨师精心煲制而成，难怪能展现出"饮万人羊汤"的盛景。

(七) 贵州省遵义市"冬至羊肉粉美食文化节"

贵州省遵义市"冬至羊肉粉美食文化节"冬至日在凤凰山广场举办。遵义羊肉粉的历史，可以追溯到唐朝杨端入播（杨端割据播州），距今已有 1 100 多年。到清代中期，遵义羊肉粉已经闻名遐迩，享誉西南。

现在遵义市城区羊肉粉馆约有 1 000 余家，遍布遵义的大街小巷。中国烹饪协会专家组曾对遵义市羊肉粉进行过调研，通过调查论证，专家组一致认为，遵义市符合"中国羊肉粉之都"的美称，因此授予遵义市"中国羊肉粉之都"的称号。

图 14-9　冬至羊肉粉美食文化节

"围着大锅吃羊肉粉，暖和了胃也暖和了心"，这就是冬天在遵义消费者吃羊肉粉的真实写照。在"冬至羊肉粉美食文化节"上，市民和游客可以品尝到不同口味的羊肉粉，有传统的清汤羊肉粉、麻辣羊肉粉、红烧羊肉粉，也有适合于年轻人口味的甜酸羊肉粉、虾子羊肉粉等，热腾腾的羊肉粉实在是美味诱人，让过路的人都垂涎欲滴，结果只能是停下来品尝一碗。

图 14-10　围着大锅吃羊肉粉

（八）四川省成都市双流区"黄甲麻羊节"

四川省成都市双流区"黄甲麻羊节"每年冬天在双流区的黄甲镇举办。"大口吃羊肉、大碗喝羊肉汤"，这就是"黄甲麻羊节"展现的真实场景，因此，麻羊节期间黄甲镇上空始终弥漫着浓浓的羊肉香味儿。

图 14-11　黄甲麻羊节

"黄甲麻羊节"以"宣传羊品牌、丰富羊文化、推动羊产业"为目标，节庆期间推出的菜品都是用地道的黄甲麻羊精心烹制而成的。在老皇城羊肉大酒楼的门口，大厨正在现场烹制烤全羊，热闹的场景引来众多路人驻足围观。随着羊肉逐渐变黄,香味也蔓延开来,这让好吃的食客们情不自禁的咽口水。

图 14-12　麻羊帅哥靓妹评选

"黄甲麻羊节"还推出五大主题活动:"麻羊帅哥靓妹评选""坝坝电影会""群众拔河赛""双流简阳羊肉厨艺大赛"以及"黄甲麻羊节文艺盛典"。

(九) 四川省成都市"金堂黑山羊节"

四川省成都市"金堂黑山羊节"在成都市金堂县又新镇举办,活动以"富美金堂城,乐品美羊味"为主题,具体活动分为三大类,即"体验羊文化""品鉴羊美食""购买羊产品"。

图 14-13　金堂黑山羊节

"体验羊文化"活动,开展了羊文化展览、黑山羊饲养场开放观光、黑山羊健将抵角相斗等活动。"品鉴羊美食"活动推出了新鲜黑山羊肉加工成的十余道菜品。"购买羊产品"活动主要是推广优质黑山羊肉以及相关的深加工产品。

通过"金堂黑山羊节"的举办，切实提高了金堂黑山羊的综合产出效益，提高了"金堂黑山羊"品牌的知名度和美誉度，展示了金堂黑山羊的地域文化特色，促进了乡风文明建设，也促进了当地农民增收。

图 14-14　黑山羊节期间的斗羊赛

（十）四川阆中"博树羊肉文化节"

四川阆中的"博树羊肉文化节"冬至日在阆中市博树回族乡清真村举办。最为独特的是，"博树羊肉文化节"中还举办山羊选美比赛。山羊选美比赛要经过海选、初赛和复赛三个阶段，参赛羊的基本条件是体重要达到 50 千克以上。

图 14-15　"博树羊肉文化节"的山羊选美比赛

在清真村，首先通过海选选出 50 只符合条件的山羊，再从 50 只中选出 20 只进入初赛，初赛选出 10 只进入复赛，通过复赛最终评选出"最美山羊"。评判"最美山羊"的标准主要是综合品种优良、繁殖力强、适应性广、生长快速、抗病力强、肉质细嫩等指标，来做出综合判定。

图 14-16　"最美山羊"和它的主人

"博树羊肉文化节"通过"最美山羊"的评选，来带动山羊产业的发展，同时也以此吸引外来游客。博树乡围绕建设川东北的"回族风情特色乡，牛羊产业基地乡、美丽乡村生态乡"的目标，大力发展乡村休闲旅游，促进农民脱贫致富，形成了回族风情民俗村。

（十一）陕西省麟游县的"波尔山羊节"

陕西省宝鸡市的麟游县位于宝鸡市的东北部，地处渭北旱源丘陵沟壑区，自然条件适合于波尔山羊的生长与繁殖。当地在调整农业生产结构时，以养殖波尔山羊为发展畜牧业的突破口，促进了科技推广和农民收入的增长。

为了进一步促进波尔山羊产业的发展，麟游县举办了"波尔山羊节"，以展示波尔山羊产业发展的成果，促进波尔山羊产业提档升级和相关产品的品牌化建设。"波尔山羊节"的主要活动包括赛羊活动、竞价拍卖获奖羊只、经贸洽谈、项目签约、专家讲座等。

麟游县波尔山羊产业的发展目标是：建成全国最大的波尔山羊种羊基地，建成最大的波尔山羊杂交改良基地，建成肉用山羊新品种的培育基地。麟游县已经建成了陕西省波尔山羊良种繁育中心，年产冻精 100 万支。麟游县已建成 25 个波尔山羊养殖小区和育种小区，形成了 1 万多只饲养规模的育种核心群，并且初步建成了肉用山羊新品种培育基地。

图 14-17　麟游县养殖的波尔山羊

通过举办"波尔山羊节"，展示了麟游县波尔山羊产业发展的成果，提高了波尔山羊种羊基地和肉用山羊新品种培育基地的知名度，也使社会大众增加了对于波尔山羊的了解和认知，这为相关产品的品牌化建设奠定了坚实的基础，也必将促进当地山羊产业的进一步做大做强。

（十二）重庆市大足区"黑山羊节"

重庆市大足区的"黑山羊节"，首先是养羊人的节日，"黑山羊节"要举办赛羊会，并评选出"羊王"和"羊后"。进而才是人们品尝黑山羊美食的活动，其间烤全羊、羊肉汤锅、羊肉串等黑山羊肉系列美食会集中展现，这使游客们大饱口福，并大呼吃得"过瘾"。

大足黑山羊不仅肉质鲜嫩，而且其高繁殖性能和高成活率都是远近闻名的，丰富了我国山羊品种的基因库资源。在比赛现场，初选胜出的 32 只黑山羊由其主人牵着，依次走上红地毯，接受专业评委的现场评分。评委则根据黑山羊的年龄、体重、体长、体高、胸围、管围、已配母羊数、平均每窝产羔数、胎产活羔数等指标，对参赛黑山羊进行评分，最终根据得分高低，依次排出相应的名次。

图 14-18　"黑山羊节"的赛羊会

为提升大足黑山羊的知名度，推进大足黑山羊资源保护和产业化发展，"黑山羊节"期间，大足区还启动了申报黑山羊为"中国重要农业文化遗产"的工作。这将为大足黑山羊资源的产业化发展和品牌建设奠定良好的基础。

三、羊产业基地和羊产业园的兴起

羊产业基地和羊产业园的兴起，在促进羊业发展的同时，也会促进当地养羊产业与乡村旅游休闲产业的融合发展，同时促进当地羊文化的传承与发展。

（一）阿克苏肉羊产业基地

在新疆阿克苏地区温宿县，建成了新疆最大的肉羊繁育基地。肉羊基地在温宿县格拉克乡，占地面积 333.33 公顷，是目前新疆最大的肉羊繁育基地。

在温宿县恰格拉克乡肉羊繁育基地内，每只纯种羊都享受着特殊待遇，吃着上好的青贮草料，住着前有庭院、后有暖棚的圈舍，每只肉羊都有自己的编码和户籍档案。

近年来，新疆阿克苏地区肉羊发展较快，由于羊生长发育快、早熟，而且又大多分散圈养，因而饲养管理跟不上。由于缺乏科学的饲养管理，就使羊的耐寒品质有所下降。所以，改良这一地区肉羊的品种就成了当地羊产业发展的当务之急。

阿克苏本地有着优良的肉羊资源，通过有计划地推进与打造肉羊繁育基地，能促进当地羊产业的发展，也有利于提高肉羊的年产肉率及产羔率。阿克苏地区畜牧局的畜牧专家，从麦盖提县精选出950多只麦盖提羊，用地道的本地羊与品质、体质都较好的进口羊杂交，以加快优良品种的繁育。

（二）巴彦淖尔市肉羊产业基地

巴彦淖尔市政府与内蒙古小肥羊餐饮连锁有限公司联合，打造了现代肉羊产业基地。基地发展的目标是在巴彦淖尔地区建成全国最大的优质肉羊专业化养殖和深加工基地。

巴彦淖尔肉羊产业基地的诞生，源于2009年4月18日巴彦淖尔市政府与小肥羊餐饮连锁有限公司签署的现代肉羊产业战略合作协议。根据协议，双方利用各自在肉羊养殖和羊肉加工与营销方面的优势，建成国际领先、国内一流的现代羊肉产业基地，形成集肉羊标准化养殖、羊肉产品研发、羊肉精深加工、资源循环利用、肉羊市场交易为一体的肉羊产业集群。

肉羊产业基地与小肥羊集团的合作可谓是"强强联手"。巴彦淖尔市是内蒙古自治区最大的肉羊生产加工基地，年出栏肉羊1 500万只，并成功培育出具有自主知识产权的"巴美"肉羊品种，该品种已经被农业部审定为肉羊优良品种。而小肥羊集团则是中国最大肉羊加工和销售企业之一。

（三）新荣区养羊产业基地

山西省大同市新荣区养羊产业基地以"道士窑肉羊"品牌和"佰草

香"羊肉品牌为引领，通过加大政策扶持力度，把新荣区打造成为年饲养肉羊达 100 万只的肉羊养殖基地。

新荣区按照"种草种树、畜蔬结合、发展畜牧"的思路，大力扶持养羊产业发展，并与京津风沙源治理工程、雁门关生态畜牧经济区建设项目结合在一起，建设规范化养羊小区，推广标准化圈舍，并吸引了一批大型养羊龙头企业加入，建成了新荣区养羊产业基地。

通过新荣区养羊产业基地建设，并通过龙头企业的加入，延长了当地养羊的产业链，发展了羊肉产品的精深加工，带动了农民养羊的积极性，在实现农户增收的基础上，也促进了当地养羊产业的稳步发展。

（四）白城市肉羊产业园区

吉林省白城市打造了 300 万只肉羊的羊产业园区。吉林白城市是典型的半农半牧区，发展现代畜牧业具有得天独厚的优势。正是考虑到白城市畜牧业良好的发展态势，白城市吉西肉羊产业园经营有限公司才决定开发建设 300 万只肉羊产业园区项目，并致力于将白城市打造成中国的羊业名城。

白城市 300 万只肉羊产业园区项目总投资 65 亿元，分三期建设。主要进行肉羊养殖、屠宰分割以及羊肉产品加工。项目主要包括建设肉羊品种改良服务体系、种羊良种引育扩繁中心、良种肉羊养殖基地以及肉羊屠宰生产车间。同时，还要建设白城市畜产品交易和信息中心以及将羊粪加工成有机肥的有机肥料加工厂。

（五）灵武市养羊产业园

宁夏灵武市自古就有养羊的传统，自然条件也适合于农户适度规模养羊。近年来为了保护草场环境，农户变放牧羊群为舍饲，并适应市场需求改常年养殖为短期育肥，有力的推进了当地养羊产业的发展。

在当地政府的倡导下，出现了公司组织农户形成养羊产业园和农民合作社自办养羊产业园的两种经营模式。以公司为主导的产业园一般实行"公司＋基地＋农户"的组织模式，实现了"利益共沾、风险共担"。同时农户在公司的指导下养羊，也促进了养殖技术的推广和普及。以农民合作社为主导的产业园一般是"合作社＋农户＋市场"的组织模式，相对于农户自养，加入合作社增强了抗风险的能力。

（六）晴隆县养羊产业园区

贵州省晴隆县政府结合扶贫开发，制定了"建设生态文明县，建成百万只肉羊基地"的规划，明确提要通过羊产业园区建设实现羊存栏 100 万只的目标，并努力实现经济效益、社会效益和生态效益协调发展。

发展草地生态畜牧业是现阶段贵州扶贫开发的重点内容。为了实现富民兴县的目标，晴隆县确定以建设羊产业园区的方式，以发展草地畜牧业为路径，促进草地畜牧业向生态化、绿色化方向的发展。

羊产业园区按照"政府引导、市场运作、中心管理、农户参与"的模式，合理配置资源，有效保护和利用灌丛、草山、草坡等资源，充分利用荒弃地、退耕还林地、坡耕地种草和农作物秸秆等，来发展草地生态畜牧业，大力发展优质肉羊生产，实现"以种草来涵养水土、以养羊来增加农民收入"的目标。

通过财政扶贫资金的投入，全县人工草地面积已达 3.33 万公顷，改良草地达 3.47 万公顷，林下种草 0.67 万公顷，秸秆利用率达到 50%，羊存栏量也达到 100 万只。未来还要依靠养羊大户带动一般养羊农户，推动羊产业发展，并同时推进肉羊产品加工业的发展，以延长肉羊的产业链。

四、休闲农业中的羊文化传承与发展

（一）传承羊文化基因，丰富农耕文化的内容

城市化使越来越多的人进入城市生活，而城市生活的压力又使人倍感辛劳。乡村那种天然的宁静对于城市人永远具有吸引力，因而人类对于乡村总会有那么一种亲近感。如果不为工作只为休闲，人们走进乡村就会不知不觉地放松身心。在我国经济高速发展三十多年以后的今天，乡村休闲已经成为满足民生需求的重要内容，也成为衡量人们幸福指数的重要因素之一。

羊肉是人们生活中重要的肉食品来源，在发展养羊业的同时，努力挖

掘和传承我国乡村传统的羊文化，将有助于进一步丰富中华农耕文化的内容，也将为我国乡村经济发展增加新的活力。比如，在我国许多少数民族地区，由于对羊的图腾崇拜而产生了一系列与羊相关的民族习俗和民族文化活动，这些都可以作为当地发展乡村休闲产业的文化基因和创意源泉，通过深入挖掘一定能在养羊业发展的同时，也拓展出独具地方特色的乡村羊休闲产业。

总之，传统羊文化有助于丰富人们的精神世界，有助于培育一个社会对于"美""善""吉祥"与"正义"的追求氛围，有助于营造一个社会人与人和谐相处的"群体"氛围，能净化人们的心灵，感召人们的善意，提升人们的文化品味。

（二）挖掘羊文化要素，丰富乡村休闲活动

乡村休闲对于人们的生存与发展具有越来越重要的意义。通过挖掘乡村休闲中的羊文化内涵，可以丰富乡村休闲活动的内容，可以将具有乡土气息的羊文化拓展为乡村休闲产业发展的新思路。

羊文化可以作为发展乡村休闲产业的重要文化基因和创意源泉。通过传承乡村养羊的习俗和羊文化传统，有利于发掘各种时令节庆（比如囊羊会、剪羊毛节、伏羊节、送羊节、挠羊赛、剽羊节等）和乡村游戏（比如打羊皮鼓、叼羊、斗羊、羊皮戏、玩羊骨拐、跳山羊等），也可以使乡村羊美食更具有文化内涵（美食背后的传说与故事）。

总之，在促进乡村养羊产业发展的同时，不断挖掘羊文化要素，可以推动乡村休闲产业朝着更加具有地域文化特色的方向发展。这样能就使养羊业与休闲业更加紧密的结合在一起，并在提高经营收益的同时，提升人们的文化品味，增加人与人之间的善意，愉悦人们的心情，锻炼人们的身体，更好的满足民众休闲需求，提高人们的幸福指数。

（三）大力发展羊产业，推动乡村经济融合发展

我国乡村有着悠久的养羊历史，也有着悠久的羊文化传统，这是我国乡村经济发展中重要的产业基因和文化基因。充分挖掘这些基因，将会为我国乡村产业的融合发展和乡村经济的繁荣发展提供新的理念和新的发展

路径。

几千年以来传承至今的养羊习俗和文化传统，是我国乡村发展"灵感"来源的宝库，深入挖掘这一宝库，就能拓展出各地乡村养羊业和休闲产业融合发展的独特路径。各种美好的羊传说与掌故、各种有益健康的羊游戏活动、各地的不同时令节庆、逢年过节与羊相关的各种仪式习俗、各种羊美食及其渊源故事等，都可以在促进当地养羊产业发展的同时，增加养羊业的休闲附加价值，都能促进当地农民脱贫致富，推动乡村经济实现稳步发展。

总之，传承我国乡村传统文化中的羊文化基因，促进养羊业融合发展，对于发展我国乡村畜牧业和乡村休闲产业都具有十分重要的现实意义。养羊业在为社会提供物质产品（羊肉、羊毛、羊绒、羊皮等）的同时，也能通过在乡村休闲中感知羊文化而为社会提供精神产品（愉悦的心情、健康的心态、文化品位的提升、对善良与吉祥的追求等）。

参 考 文 献

巴娄. 贵州文物建筑中的羊文化. 小城镇建设, 2003 (3).

白振有. 羊·羊部字·羊文化. 延安大学学报 (社会科学版), 1996 (1).

常青, 姜怀志, 陈娟, 等. 世界山羊选育的现状及展望. 中国畜牧兽医, 2011 (8).

程海英, 吉晓东, 高建社. 沁水县龙港镇养羊园区的情况调查. 农业技术与装备, 2011
(10).

曹建华, 陈其斌. 东乡族羊文化的人类学调查研究. 青海民族大学学报 (教育科学版),
2011 (6).

邓蓉. 浅析中国乡村羊文化的传承与发展//2010 中国羊业进展. 北京: 中国农业科学技
术出版社, 2010.

邓蓉. 试论中国农耕文化中的羊文化//传承农耕文化 促进乡村旅游. 北京: 中国农业出
版社, 2010.

方发勇, 王官伦. 北川: 借"羊肉经济"再造旅游名片. 绵阳日报, 2012-01-07.

付秀峰. 古"羊"文化撷趣. 重庆科技学院学报 (社会科学版), 2007 (1).

葛泽生, 钱仓水. 未羊吉祥. 北京: 中国时代经济出版社, 2003.

郭俊华, 卫玲. 休闲产业是城乡一体化发展的重要连接点. 光明日报, 2009-05-26.

郭孔秀. 中国古代羊文化试探. 农业考古, 1997 (3).

呼格吉乐图. 世界山羊业的发展概况及特点. 中国草食动物, 2006 (1).

胡振勤. "羊"与中国传统文化. 安徽文学, 2009 (5).

黄杨. 论羊是华夏祥和循法的象征灵物. 延边大学学报 (社会科学版), 1999 (1).

黄杨. 羊文化与善、义、美的原始内涵. 南通师范学院学报 (哲学社会科学版), 2002
(3).

李爱云. 论"羊"的文化意蕴. 汉字文化, 2007 (2).

李华林. 羊文化在羌族服饰中的表现. 大众文艺, 2012 (11).

李慧文. 羊肉制品 678 例. 北京: 科学技术文献出版社, 2003.

李军, 李秉龙. 略论传统文化在现代经济发展中的作用——以中国羊文化为中心的考察//
全国养羊生产与学术研讨会议论文集, 2010.

李晓音. 浅谈羊文化. 大众文艺, 2014 (4).

刘波. 姜炎崇羊文化与中华民族传统精神. 宝鸡文理学院学报 (社会科学版), 2004
(3).

刘付靖．百越民族稻谷起源神话与广州五羊传说新解．中南民族大学学报（人文社会科学版），2003（2）．

罗燚英．广州五羊传说与五仙观考论．扬州大学学报（人文社会科学版），2012（2）．

孟志学．陕西省肉羊产业发展刍议．畜牧兽医杂志，1997（1）．

潘家懿，李小平．山西的羊文化．语文研究，1993（2）．

濮家骢．亚洲山羊生产近况．四川草原，1991（10）．

邱晔．审美视角下的"羊文化"解读．辽宁行政学院学报，2010（10）．

权富生，李艳芳．国内外毛用山羊发展、杂交育种研究综述．草食家畜，1997（4）．

任亮．十二生肖——羊．郑州：大象出版社，2008.

陕西省麟游县人民政府．突出特色办"羊节"大力发展"羊经济"．中国草食动物，2003（6）．

宋炜，李宁，郭旭．一曲和谐的田园牧歌——靖边县现代羊产业成果展示．榆林日报，2015-09-14.

舒大丰．年轮的记忆·解读生肖文化·羊．南昌：百花洲文艺出版社，2006.

孙淑萍，杨少林，杨海燕，等．灵武市规模化万只养羊园区发展现状与对策//2010中国羊业进展．北京：中国农业科学技术出版社，2010.

田可川．羊产业发展历程与趋势//2013中国羊业进展，2013.

王保国．羊文化：中国传统文化的新诠释．中州学刊，2006（3）．

王芳．陕北羊文化与非物质文化遗产保护．中华文化论坛，2011（3）．

王磊．浅谈中国的羊文化//2013中国羊业进展，2013.

王琪斐．民间美术中"生肖羊"形象的创作新探．美与时代，2016（1）．

王圣军，张宇．休闲农业与社会主义新农村建设．农村经济，2007（2）．

王永厚．祥和之年话羊史．农业农村农民，2003（2）．

王园园．十二生肖羊的隐喻意义．吉林广播电视大学学报，2015（10）．

魏怀芳．山羊业及其产品．甘肃农业大学学报，1978（1）．

韦静波．我国少数民族有关羊的节日．农家之友，2003（8）．

吴长青．羊年趣说羊文化．教育文汇，2003（2）．

吴夏娜．中西"羊文化"对比分析．郑州航空工业管理学院学报（社会科学版），2011（5）．

吴正光．羊年话羊——浅谈贵州文物中的"羊文化"．当代贵州，2003（2）．

西南民族大学"川羊产业"发展研究课题组．四川省"川羊产业"市场发展研究．西南民族大学学报（人文社科版），2004（8）．

夏雨．商周青铜器兽面纹中下卷角形制和纹饰与羊文化释考．装饰，2014（2）．

尹利欣．羊文化与人生．沈阳：辽宁古籍出版社，1996.

张德鹏. 世界主要绒山羊品种种质特性及种用价值比较. 干旱地区农业研究, 2007 (6).

张念, 毕存箭. 我国西北少数民族传统体育叼羊文化研究. 体育科技文献通报, 2011 (8).

张月鹏, 何尧. 伏羊文化搭台 经济旅游唱戏. 锦州日报, 2012-08-06.

张钊. 对百万肉羊基地建设的几点思考. 鄂尔多斯日报, 2007-06-29.

郑梦娟. 羊与中国传统文化. 黄冈师范学院学报, 2004 (2).

周建民. "羊文化"让我们走得更远. 中国大学生就业, 2008 (3).

朱虹, 康与民, 刘璇. 文化羊里正昂扬. 莱芜日报, 2013-06-04.

庄俊康. 念"羊"经 发"羊"财——甘肃肉羊产业发展纪实. 甘肃经济日报, 2014-10-29.